SASKIA SASSEN
BRUTALIDADE E COMPLEXIDADE NA ECONOMIA GLOBAL

Tradução
Angélica Freitas

2ª edição

Paz & Terra
Rio de Janeiro | São Paulo
2024

Copyright © 2014 by the President and Fellows of Harvard College
Publicado mediante acordo com a Harvard University Press
Copyright da tradução © Paz e Terra, 2016

Título original: *Expulsions: Brutality and Complexity in the Global Economy*

Design de capa: COPA (Rodrigo Moreira e Steffania Paola)

Imagem de capa: Foz do rio Doce poluída pela lama com rejeitos de minério da barragem da Samarco de Mariana/MG. Foto realizada em Linhares/ES por Fernando Madeira/Jornal A Gazeta, em novembro de 2015.

Direitos de edição da obra em língua portuguesa no Brasil adquiridos pela EDITORA PAZ E TERRA. Todos os direitos reservados. Nenhuma parte desta obra pode ser apropriada e estocada em sistema de bancos de dados ou processo similar, em qualquer forma ou meio, seja eletrônico, de fotocópia, gravação etc., sem a permissão do detentor do copyright.

Editora Paz e Terra Ltda.
Rua Argentina, 171, 3º andar, São Cristovão
Rio de Janeiro, RJ – 21209-380
http://www.record.com.br

Seja um leitor preferencial Record.
Cadastre-se e receba informações sobre nossos lançamentos e nossas promoções.

Atendimento e venda direta ao leitor:
sac@record.com.br

Texto revisado segundo o novo Acordo Ortográfico da Língua Portuguesa.

CIP-BRASIL. CATALOGAÇÃO NA FONTE
SINDICATO NACIONAL DOS EDITORES DE LIVROS, RJ

S264e
2ª ed.

Sassen, Saskia
  Expulsões: brutalidade e complexidade na economia global / Saskia Sassen; tradução Angélica Freitas. – 2ª ed. – Rio de Janeiro/São Paulo: Paz e Terra, 2024.
  336 p.; 23 cm.

  Tradução de: Expulsions
  ISBN 978-85-7753-351-0
  1. Sociologia. 2. Economia.
  3. Globalização. I. Título.

CDD: 306
CDU: 316.7

Impresso no Brasil
2024

Para Richard

Sumário

Introdução: A seleção selvagem   9

1. Economias em contração, expulsões em expansão   21
2. O novo mercado global de terras   99
3. As finanças e suas capacidades: A crise como lógica sistêmica   143
4. Terra morta, água morta   179

Conclusão: no limiar do sistema   251

Referências bibliográficas   265

Agradecimentos   315

Índice   317

Introdução
A SELEÇÃO SELVAGEM

Enfrentamos um terrível problema em nossa economia política global: o surgimento de novas lógicas de *expulsão*. Nas duas últimas décadas, houve grande crescimento da quantidade de pessoas, empresas e lugares expulsos das ordens sociais e econômicas centrais de nosso tempo. Essa guinada em direção à expulsão radical foi possibilitada por decisões elementares em alguns casos; em outros, por algumas de nossas conquistas econômicas e técnicas mais avançadas. O conceito de expulsões leva-nos além daquela ideia que nos é mais familiar da desigualdade crescente como forma de entender as patologias do capitalismo global atual. Também põe em primeiro plano o fato de que algumas formas de conhecimento e inteligência que respeitamos e admiramos muitas vezes estão na origem de longas cadeias de transação que podem terminar em simples expulsões.

Concentro-me em modos complexos de expulsão porque podem exercer a função de janelas para as maiores dinâmicas da nossa época. Além disso, seleciono casos extremos por tornarem claramente visível o que poderia, de outra forma, permanecer vago e confuso. Um exemplo comum no Ocidente, ao mesmo tempo complexo e extremo, é a expulsão de trabalhadores de baixa renda e de desempregados dos programas governamentais de bem-estar social e saúde, assim como dos seguros corporativos e do auxílio-desemprego. Além das negociações e da elaboração de novas leis necessárias para realizar essa expulsão, existe o fato extremo de que o fosso entre aqueles com acesso a esses benefícios e aqueles a quem estes foram negados aumentou e poderia ser irreversível nas condições atuais. Outro exemplo é o aumento das técnicas avançadas de mineração, sobretudo o fraturamento hidráulico, que têm o poder de transformar ambientes naturais em terras e águas mortas, uma expulsão da biosfera de fragmentos da vida em si. Juntas, as diversas expulsões que examino neste livro podem ter um impacto maior na conformação do nosso mundo do que o rápido crescimento econômico da Índia, da China e de outros países. De fato, e essa é uma questão-chave em minha argumentação, essas expulsões podem coexistir com o crescimento econômico tal como é medido pelas formas tradicionais.

Essas expulsões são causadas. Os instrumentos para sua realização vão desde políticas elementares até instituições, sistemas e técnicas complexos, que requerem conhecimento especializado e formatos organizacionais intricados. Um exemplo disso é o grande aumento da complexidade dos instrumentos financeiros, produto de cursos brilhantes e criativos e da matemática avançada. No entanto, quando utilizada para criar um tipo especial de hipoteca *subprime*, essa complexidade acabou levando, alguns anos mais tarde, à expulsão de milhões de pessoas de seus lares nos Estados Unidos, na Hungria, na Letônia e em outros países. Outro exemplo é a complexidade dos componentes legais e contábeis dos contratos que permitem a um governo soberano comprar vastas extensões de terra em outro Estado-Nação soberano, como uma espécie de extensão de seu próprio território – para produzir alimentos para suas classes médias, por exemplo –, expulsando ao mesmo tempo habitantes dos povoados e acabando com a economia rural local. Mais um exemplo é a brilhante engenharia que nos possibilita extrair de forma segura o que queremos das profundezas de nosso planeta enquanto desfiguramos, *en passant*, sua superfície. Nossas economias políticas avançadas criaram um mundo em que a complexidade tende a produzir brutalidades elementares com demasiada frequência.

Os canais da expulsão variam muito. Incluem políticas de austeridade que ajudaram a contrair as economias da Grécia e da Espanha, políticas ambientais que negligenciam as emissões tóxicas de enormes operações de mineração em Norilsk, na Rússia, e no estado americano de Montana, e assim por diante, constituindo um número interminável de casos. Neste livro, as características específicas de cada caso têm importância. Por exemplo, se a destruição ambiental nos preocupa mais do que as políticas interestatais, o fato de que essas duas operações de mineração sejam grandes poluidoras é mais importante do que o fato de que uma está na Rússia e a outra nos Estados Unidos.

Os diversos processos e condições que incluo sob o conceito de expulsão têm um aspecto em comum: todos são agudos. Embora o caso mais extremo sejam as pessoas que vivem em pobreza abjeta no mundo inteiro, incluo condições tão diferentes quanto o empobrecimento das classes médias nos países ricos, a expulsão de milhões de pequenos agricultores em países pobres em decorrência dos 220 milhões de hectares de terras adquiridos por investidores e governos estrangeiros desde 2006 e as práticas destrutivas de mineração em países tão diferentes quanto Estados Unidos e Rússia. Além disso, existem as inúmeras pessoas deslocadas, armazenadas em campos formais e informais de refugiados, os grupos convertidos em minorias nos países ricos e que são amontoados em prisões e os homens e mulheres em boas condições físicas que estão desempregados e armazenados em guetos e favelas. Algumas dessas expulsões vêm ocorrendo há muito tempo, mas não na escala atual. Há tipos novos de expulsões, como é o caso dos 9 milhões de famílias nos Estados Unidos que perderam a casa por execução da hipoteca durante uma crise de habitação breve e brutal que durou uma década. Em suma, o caráter, o conteúdo e o local dessas expulsões variam enormemente, atravessando estratos sociais e condições físicas no mundo inteiro.

A globalização do capital e o aumento brusco das capacidades técnicas produziram enormes efeitos em escala. O que na década de 1980 podia ter sido deslocamento e perda menor, como a desindustrialização no Ocidente e em vários países africanos, tornou-se desastre na década de 1990 (pense em Detroit e na Somália). Entender esses efeitos como mais da mesma desigualdade, pobreza e capacidade técnica é perder de vista a tendência maior. Situação similar ocorre com o meio ambiente. Usamos a biosfera e causamos danos localizados há milênios, mas somente nos últimos trinta anos esses danos se tornaram tão grandes que se transformaram num acontecimento planetário, que volta como um bumerangue, atingindo com frequência lugares que não tiveram nada a ver com a destruição original, como o gelo permanente do Ártico. E o mesmo acontece em outros domínios, cada qual com as próprias especificidades.

Os diversos tipos de expulsões examinados neste livro, em conjunto, equivalem a um processo de seleção selvagem. Costumamos escrever sobre as capacidades organizacionais complexas de nosso mundo como algo que gera sociedades capazes de complexidade cada vez maior, e consideramos isso um desenvolvimento positivo. Mas muitas vezes só é positivo de forma parcial, ou por pouco tempo. Se ampliamos o leque de situações e a estrutura temporal, ficam visíveis limites bem demarcados que obscurecem o que pode estar além deles. Isso suscita uma pergunta: tenderá boa parte da sociedade, hoje, à condição de simplicidade brutal contra a qual advertia o grande historiador Jacob Burckhard no século XIX? Pelo que tenho observado, a complexidade não leva inevitavelmente à brutalidade, mas pode fazê-lo — e, atualmente, o faz com frequência. Muitas vezes leva à simples brutalidade. Não chega nem a um tipo de grande brutalidade que poderia ser equivalente, mesmo que de forma negativa, àquela complexidade, como ocorre com a escala da destruição ambiental hoje.

Como a complexidade produz brutalidade? Argumentarei que parte da resposta diz respeito à lógica organizadora de alguns dos mais importantes sistemas que põem em ordem domínios tão diversos quanto a proteção ambiental global e as finanças. Deixem-me ilustrar meu argumento brevemente com dois casos analisados em detalhe neste livro. A principal "inovação" política nos acordos interestatais para proteger o meio ambiente é o mercado de carbono, o que significa, falando de forma prática e brutal, que a tendência é os países lutarem para aumentar o direito de poluir a fim de poder comprar ou vender uma cota maior de emissões de carbono. No caso das finanças, a lógica organizacional evoluiu e se converteu em busca implacável por enormes lucros e por necessidade de desenvolver instrumentos que a permitam expandir o escopo do que se pode "financeirizar". Isso levou à disposição de "financeirizar" até mesmo a subsistência daqueles que perderão tudo se o instrumento não funcionar como se esperava. Foi este o caso das hipotecas *subprime* lançadas nos Estados Unidos em 2001. O que talvez ainda seja mal compreendido é que esse era um projeto com objetivo de gerar lucros para o alto mercado financeiro. Seu propósito não era ajudar pessoas de renda modesta a comprar uma casa, era, portanto, o contrário dos projetos governamentais lançados décadas antes, como o G.I.* Bill e os empréstimos concedidos pela Federal Housing Administration. As capacidades que estimularam o desenvolvimento desses sistemas e inovações não são necessariamente brutalizadoras. Mas podem ser quando operam dentro de certos tipos de lógica organizadora. A capacidade de as finanças gerarem capital não é intrinsicamente destrutiva, mas é um tipo de capital que deve ser posto à prova: pode se materializar em uma infraestrutura de transporte, uma ponte, um sistema de tratamento de água, uma fábrica?

Temos aqui um enigma social. Essas capacidades deveriam ter servido para desenvolver a esfera social, para ampliar e fortalecer o bem-estar de uma sociedade, o que inclui trabalhar com a biosfera. Em vez disso, quase sempre serviram para desmembrar o social por meio de uma desigualdade extrema, para destruir boa parte da vida prometida pela democracia liberal à classe média, para expulsar pessoas pobres e vulneráveis de terras, empregos e casas, e para expulsar pedaços da biosfera de seu espaço vital.

---

* Benefício para veteranos da Segunda Guerra Mundial instituído em 1944, nos Estados Unidos. (*N. da E.*)

Uma questão que perpassa este livro é se a mistura de casos aqui discutidos, que atravessam as habituais divisões de urbano e rural, Norte global e Sul global, Oriente e Ocidente, entre outras, é a manifestação superficial, a forma localizada, de dinâmicas sistêmicas mais profundas que articulam boa parte do que agora parece desconectado. Essas dinâmicas sistêmicas podem operar em um nível subterrâneo, com mais elementos a conectá-las do que podemos compreender quando dividimos o mundo em categorias familiares e separadas – a economia capitalista, a China comunista, a África subsaariana, o meio ambiente, o mercado financeiro, e daí por diante. Usamos esses rótulos para dar formas e significados familiares a condições que podem ter origem em tendências mais profundas e não familiares. Essa possibilidade é uma das principais forças motrizes de cada capítulo deste livro.

Utilizo a noção de tendências subterrâneas como forma de abreviar o que são, estritamente falando, tendências *conceitualmente* subterrâneas. São difíceis de enxergar quando pensamos com os indicadores geopolíticos, econômicos e sociais que nos são familiares. O único campo em que talvez estejam mais visíveis é o do meio ambiente. Sabemos que estamos usando e destruindo a biosfera, mas nossas "políticas ambientais" não refletem nem levam a uma compreensão clara de suas condições atuais. Portanto, o mercado de carbono como forma de proteger o ambiente somente faz sentido dentro de uma perspectiva interestatal, porém não em uma perspectiva planetária, em que destruições locais fazem aumentar sua escala e atingem a todos. Novas dinâmicas podem ser filtradas através de nossas espessas realidades familiares – pobreza, desigualdade, economia, política – e assumir formas familiares, quando na verdade indicam acelerações ou rupturas que geram novos significados.

Utilizar o conceito de tendências subterrâneas é uma maneira de questionar categorias familiares de organização do conhecimento sobre nossas economias, nossas sociedades e nossa interação com a biosfera. Ajuda-nos a avaliar se os problemas de hoje são versões extremas de antigas dificuldades, ou manifestações de alguma coisa ou coisas novas e perturbadoras. Investigo se a enorme variedade de expulsões que está ocorrendo obscurece dinâmicas subterrâneas maiores que podem estar sob essa variedade superficial. A prevalência dessa característica específica – a possibilidade de expulsões – através de nossas diferenciações familiares é o que me levou à noção dessas tendências subterrâneas. A especialização da pesquisa, do conhecimento e da interpretação, cada qual com seus próprios cânones e métodos para proteger fronteiras e significados, nem sempre ajuda no esforço para detectar tendências subterrâneas que atravessam nossas distinções familiares. Mas a especialização nos oferece, sim, o conhecimento detalhado de especificidades, fazendo-nos voltar a elementos básicos que podem ser comparados entre si.

Em vez de dar significado aos fatos processando-os, levando-os para cima por meio da teorização, faço o contrário, traga-os para baixo, para seus elementos mais básicos, num esforço de desteorização. Por meio dessa desteorização, posso revisitar a desigualdade, o mercado financeiro, a mineração, as aquisições de terras etc., a fim de enxergar o que perderíamos com categorizações mais abstratas. Um exemplo é enxergar esse fato mais radical das expulsões, em vez de apenas mais desigualdade, mais especulação financeira, avanços da mineração etc. Em suma, um dos objetivos deste livro é ficar perto do chão, para descobrir por meio da suspensão do peso esmagador das categorias com as quais interpretamos as tendências atuais.

Em sua forma mais aguda, minha hipótese é que debaixo das características específicas das diversas crises globais existem tendências sistêmicas emergentes conformadas por algumas poucas dinâmicas básicas. Por esse motivo, é necessário que a pesquisa empírica e a recodificação conceitual ocorram juntas. Empiricamente, um fenômeno pode parecer "chinês", "italiano" ou "australiano", mas isso pode não nos ajudar a detectar o DNA da nossa época, apesar de esses rótulos captarem algumas características. Por exemplo, a China ainda pode conservar muitas características de uma sociedade comunista, mas a crescente desigualdade e o recente empobrecimento de sua modesta classe média podem ter sua origem em tendências mais profundas que também estão em ação nos Estados Unidos. Apesar de suas diferenças históricas, é possível que os dois países abriguem importantes lógicas contemporâneas que organizam a economia, em especial o mercado financeiro impulsionado pela especulação e pela busca de enormes lucros. Esses paralelismos e suas consequências podem ser muito mais importantes para a compreensão de nossos tempos do que as diferenças entre o comunismo e o capitalismo. De fato, num nível mais profundo, esses "paralelismos" podem ser materializações, em muitos lugares, de tendências mais profundas do que a especulação e os grandes lucros, mas que ainda são invisíveis porque não foram detectadas, nomeadas ou conceituadas. Meu foco na materialização de tendências globais dentro dos países contrasta com o foco mais comum na desregulamentação das fronteiras nacionais, onde a fronteira é vista como o lugar de nossa transformação atual.

Tal como o vejo, o problema é de interpretação. Quando confrontamos a abrangência atual das transformações – desigualdade, pobreza e dívida governamental crescentes –, as ferramentas usuais para interpretá-las acabam sendo antiquadas. Caímos então em nossas explicações familiares: governos que não são responsáveis no âmbito fiscal, lares que contraem mais dívida do que podem pagar, alocações de capital ineficientes porque há demasiada regulamentação, e assim por diante. Não nego que essas explicações tenham algum uso, mas me interessa mais investigar se existem também outras dinâmicas em ação, dinâmicas que atravessam essas fronteiras conceituais/históricas já familiares e bem estabelecidas.

Os amplos conjuntos de fatos e casos que utilizo em todo este livro apontam para as limitações de nossas categorizações atuais fundamentais. Apesar de todas as diferenças, sob o comunismo ou sob a democracia liberal, na África ou na América do Norte, determinadas práticas dominam o modo como realizamos a mineração ou a manufatura, como usamos as pessoas e como conseguimos sair impunes de assassinatos, para falar de forma figurada. As ordenações político-econômicas em que essas práticas ocorrem as imbuem de diferentes significados, e me pergunto se estes não escondem mais do que revelam. Utilizo os casos neste livro como fatos na prática, "sobre o chão", como exemplos materiais que podem ajudar a detectar tendências *conceitualmente* subterrâneas que atravessam nossas divisões geopolíticas. O enorme aumento da quantidade de pessoas deslocadas na África subsaariana tem alguma *afinidade sistêmica* com o crescimento do número de pessoas desempregadas de forma permanente e frequentemente encarceradas nos Estados Unidos? As classes médias empobrecidas na Grécia têm alguma afinidade sistêmica com as classes médias empobrecidas no Egito, apesar de esses dois países terem economias políticas muito diferentes? O grande complexo de mineração em Norilsk, na Rússia, há muito tempo fonte de grande toxicidade na região, tem alguma afinidade sistêmica com as operações de mineração de Zortman-Landusky, no estado americano de Montana, também há muito tempo tóxicas? Esses fatos "ao nível do chão" ajudam a eliminar velhas superestruturas conceituais, como capitalismo contra comunismo.

As transformações de época que me interessam aqui têm suas raízes em histórias e genealogias diversas, muitas vezes antigas. Mas meu ponto de partida é a década de 1980, um período vital de mudanças tanto no Sul quanto no Norte, tanto para as economias capitalistas quanto para as comunistas. Para caracterizar o período, destaco duas mudanças profundas nas vastas e ricas histórias que iniciam nessa década. Essas duas mudanças ocorrem no mundo inteiro, mas evoluem em cada local com características muito específicas, e é essa característica que as torna um cenário útil para a investigação deste livro.

Uma delas é a transformação material de áreas cada vez maiores do globo em zonas extremas para operações econômicas cruciais. De um lado, assume a forma de uma terceirização global de manufaturas, serviços, trabalho administrativo, extração de órgãos humanos e aumento da produção de colheitas industriais, cada vez mais em áreas com baixos custos e regulamentação fraca. De outro, está a construção de cidades globais no mundo inteiro como espaços estratégicos para funções econômicas avançadas. Isso inclui cidades construídas do zero e a renovação muitas vezes brutal de cidades antigas. A rede de cidades globais funciona como uma nova geografia da centralidade, que atravessa as velhas linhas divisórias Norte-Sul e Oriente-Ocidente, assim como a rede de locais que oferecem bens e serviços terceirizados.

A segunda é a ascensão do setor financeiro na rede de cidades globais. As finanças em si não são novidade: elas têm sido parte de nossa história há milênios. O que é novo e característico em nossa era é a capacidade de o mercado financeiro desenvolver instrumentos de enorme complexidade que permitam securitizar a maior variedade de entidades e processos conhecidos na História até agora. Além disso, avanços contínuos em redes e ferramentas eletrônicas produzem efeitos multiplicadores aparentemente ilimitados. Essa ascensão das finanças é importante para a economia maior. Enquanto o negócio do sistema bancário tradicional é vender o dinheiro que o banco tem, o do setor financeiro é vender algo que não tem. Para fazer isso, o sistema financeiro precisa invadir – isto é, securitizar – setores não financeiros e obter seu material. E nenhum instrumento é tão bom para esse fim quanto o derivativo. Um exemplo que ilustra essa capacidade das finanças: por volta de 2005, muito antes do começo da crise, o valor (hipotético) dos derivativos em aberto era de US$ 630 trilhões. Isso equivalia a 14 vezes o valor do Produto Interno Bruto (PIB) global. De certa forma, o desequilíbrio entre o valor do PIB e o valor das finanças não era sem precedentes na história do Ocidente. Mas nunca havia sido tão extremo. E mais: representava um grande afastamento do período keynesiano, quando o crescimento econômico era impulsionado não pela financeirização de tudo, mas pela enorme expansão das economias materiais, como a manufatura em grande escala e a construção, também em grande escala, de infraestruturas e de subúrbios.

Podemos caracterizar a relação do capitalismo avançado com o capitalismo tradicional em nossa era como marcada pela extração e pela destruição, o que não é muito diferente da relação do capitalismo tradicional com as economias pré-capitalistas. Em sua forma mais extrema, pode levar à miséria e à exclusão de cada vez mais pessoas, que deixam de ter valor como produtores e consumidores. Mas hoje isso também pode significar que atores socioeconômicos outrora cruciais para o desenvolvimento do capitalismo, como as pequenas burguesias e as burguesias nacionais tradicionais, deixaram de ter valor para o sistema maior. Essas tendências não são anômalas, nem são o resultado de uma crise. São parte do atual aprofundamento sistêmico das relações capitalistas. E, como argumentarei, também é parte disso o encolhimento do espaço econômico, à diferença do financeiro, na Grécia, na Espanha, nos Estados Unidos e em muitos outros países desenvolvidos.

A população – enquanto trabalhadores e consumidores – tem desempenhado um papel cada vez menor nos lucros de muitos setores econômicos. Por exemplo, da perspectiva do capitalismo atual, os recursos naturais de grande parte da África, América Latina e da Ásia Central são mais importantes do que as pessoas que vivem naquelas terras, na condição de trabalhadores ou consumidores. Isso nos mostra que nosso período não é igual ao de formas anteriores do capitalismo que floresceram com base na expansão acelerada de classes trabalhadoras e médias prósperas. A maximização do consumo por residência foi uma dinâmica essencial desse período anterior, como o é, hoje, nas chamadas economias emergentes do mundo. Mas, em geral, não é mais o motor sistêmico estratégico que foi na maior parte do século XX.

O que vem depois? Historicamente, os oprimidos com frequência se levantaram contra seus senhores. Mas hoje os oprimidos, em sua maioria, foram expulsos e sobrevivem a uma grande distância de seus opressores. Além do mais, o "opressor" é cada vez mais um sistema complexo que combina pessoas, redes e máquinas, sem ter um centro visível. E apesar disso há lugares em que tudo se reúne, onde o poder se torna concreto e pode ser desafiado, e onde os oprimidos são parte da infraestrutura social *pelo* poder. As cidades globais são um desses lugares.

Essas são as dinâmicas contraditórias que examino neste livro. Partes dele aparecem na bibliografia geral sobre assuntos contemporâneos, mas nunca foram narrados como uma dinâmica geral que nos leva a uma nova fase de um certo tipo de capitalismo global. O que procuro fazer é contribuir com uma teorização que comece com os fatos "ao nível do chão", livres da intermediação de instituições familiares, e que nos leve ao outro lado das diferenciações geopolíticas, econômicas e culturais tradicionais.

1
Economias em contração, expulsões em expansão

O objetivo deste capítulo é dar corpo à ideia de que talvez tenhamos entrado em uma nova fase do capitalismo avançado na década de 1980, período que reinventou os mecanismos de acumulação primitiva. Hoje a acumulação primitiva é executada por meio de operações complexas e de muita inovação especializada, que vai desde a logística das terceirizações até os algoritmos das finanças. Depois de trinta anos desse tipo de desenvolvimento, testemunhamos em boa parte do mundo economias em contração, a escalada de destruição da biosfera no mundo inteiro e o ressurgimento de formas extremas de pobreza e de brutalização onde achávamos que já tinham sido eliminadas ou estavam em vias de desaparecer.

O que se costuma chamar de desenvolvimento econômico dependeu, por muito tempo, da extração de materiais de uma parte do mundo e de seu transporte até outra. Nas últimas décadas essa geografia da extração se expandiu rapidamente por meio de novas tecnologias complexas e agora se caracteriza por desequilíbrios ainda maiores em sua relação com os recursos naturais e sua utilização. A combinação de inovações que aumenta nossa capacidade de extração agora ameaça componentes essenciais da biosfera, deixando-nos com extensões cada vez maiores de terras e águas mortas.

Parte dessa história já é antiga. O crescimento econômico nunca foi benigno. Mas as escaladas das últimas três décadas assinalam uma nova época, pois ameaçam um número cada vez maior de pessoas e de lugares em todo o mundo. Esse crescimento ainda adota formas e conteúdos diferentes no conjunto de países diversamente desenvolvidos que chamamos de Norte global, em comparação com o grupo de países menos desenvolvidos, ou diversamente desenvolvidos, a que nos referimos como Sul global. Há muito tempo as elites predatórias, por exemplo, têm sido associadas a países pobres com abundantes recursos naturais, não a países desenvolvidos. Contudo, cada vez mais verificamos um pouco disso também nestes últimos, porém de formas muito mais intermediadas.

Minha tese é a de que estamos assistindo à constituição não tanto de elites predatórias, mas de "formações" predatórias, uma combinação de elites e de capacidades sistêmicas na qual o mercado financeiro é um facilitador fundamental, que empurra na direção de uma concentração aguda.[1] A concentração no topo não é nada nova. O que me preocupa são as formas extremas que ela hoje assume, em uma quantidade cada vez maior de domínios em grande parte do mundo. Vejo a capacidade de gerar concentração extrema nas seguintes tendências, para mencionar apenas algumas: 1) A riqueza daquele 1% de pessoas mais ricas do mundo aumentou 60% nos últimos vinte anos. No topo desse 1%, os mais ricos "cem bilionários acrescentaram US$ 240 bilhões às suas fortunas em 2012 – o suficiente para acabar com a pobreza mundial quatro vezes".[2] 2) Os ativos bancários cresceram 160% entre 2002 – muito antes da crise plena – e 2011, quando a recuperação financeira já havia começado: foram de US$ 40 trilhões para US$ 105 trilhões, mais de uma vez e meia o valor do PIB global.[3] 3) Em 2010, ainda no período da crise, os lucros das 5,8 milhões de empresas nos Estados Unidos aumentaram 53% em relação a 2009, mas apesar desses lucros gigantescos os impostos que pagaram ao país diminuíram em US$ 1,9 bilhão, ou 2,6%.

Indivíduos ricos e empresas multinacionais, sozinhos, não conseguiriam chegar a concentrações tão extremas da riqueza mundial. Precisaram do que poderíamos chamar de uma ajuda sistêmica: uma interação complexa desses atores com sistemas reorientados a possibilitar a concentração extrema. Essas capacidades sistêmicas são uma combinação variável de inovações técnicas, de mercado e finanças, mais a permissão governamental. Constituem uma condição que é, em parte, mundial, embora geralmente funcionem de acordo com as características dos países, suas economias políticas, leis e governos.[4] Elas contêm enormes capacidades de intermediação que agem como uma espécie de névoa, reduzindo nossa capacidade de enxergar o que está acontecendo. Contudo, à diferença de um século atrás, nessa névoa não veríamos magnatas fumando charutos. Hoje, as estruturas através das quais essa concentração ocorre são um agrupamento de múltiplos elementos, em vez dos feudos de alguns barões gatunos.

Parte do meu argumento é que um sistema com a capacidade de concentrar riqueza nessa escala é peculiar. É diferente, por exemplo, de um sistema com capacidade de gerar a expansão de classes trabalhadoras e médias prósperas, como ocorreu durante a maior parte do século XX no Norte global, em boa parte da América Latina e em vários países africanos, em especial na Somália. Esse sistema anterior estava longe de ser perfeito: havia desigualdade, concentração de riqueza, pobreza, racismo etc. Porém, era um sistema com uma capacidade de gerar um setor médio crescente que continuou se expandindo por várias gerações, e os filhos, em sua maioria, viviam em melhores condições do que seus pais. Além disso, esses resultados distributivos não eram simplesmente uma função das pessoas envolvidas. Foram necessárias capacidades sistêmicas específicas. Mas na década de 1980 essas capacidades prévias já haviam se enfraquecido, e vimos o surgimento de outras, que impulsionam a concentração no topo, em vez do desenvolvimento de um centro amplo. Assim, por exemplo, o fato de que os 10% no topo nos Estados Unidos obtiveram 90% do crescimento da renda na década de 2000 indica algo mais do que capacidade individual: foi possibilitada por aquela mistura complexa que concebo como formação predatória.

Na primeira seção deste capítulo, explicarei em mais detalhes como o crescimento econômico pode ser constituído de diferentes maneiras, com efeitos distributivos distintos. Entendo que em nossa modernidade global vemos um aumento repentino do que se costuma definir como formas primitivas de acumulação, geralmente associadas a economias anteriores. O formato não é mais semelhante à colocação de cercas nas terras dos criadores de ovelhas para a produção de lã, como se fazia na Inglaterra, no intuito de satisfazer as demandas dos fabricantes de têxteis durante a Revolução Industrial. Hoje são necessárias enormes complexidades técnicas e legais para executar o que são, basicamente, extrações elementares. Para citar apenas alguns casos, trata-se da colocação de cercas, por parte de empresas financeiras, ao redor dos recursos de um país e dos impostos de seus cidadãos, do reposicionamento de porções cada vez maiores do mundo como locais de extração de recursos, e do redirecionamento dos orçamentos governamentais nas democracias liberais, afastando-os das necessidades da sociedade e dos trabalhadores. Retomarei esses assuntos na terceira seção.

Na segunda seção, examino a desigualdade global através desta lente crítica. Se a desigualdade continuar crescendo, em algum momento poderá ser descrita, mais precisamente, como uma forma de expulsão. Para aqueles que estão na parte mais baixa da escala, ou em sua metade pobre, isso significa a expulsão de um espaço de vida. Para os que estão no topo, parece ter significado o fim das responsabilidades como membros da sociedade por meio da autosseparação, a extrema concentração de riqueza disponível numa sociedade e a falta de inclinação a redistribuir essa riqueza. Para aprofundar a discussão dos casos extremos de desigualdade, a terceira seção concentra-se em situações familiares que, quando levadas ao extremo, se tornam desconhecidas: o outro lado da curva. Para tornar visível a atual capacidade sistêmica acelerada de tornar extremo o que é familiar, concentro-me no mundo desenvolvido. A Grécia e a Espanha, em particular, ingressaram numa fase de contração ativa de suas economias a um ponto que não pensávamos ser possível no mundo desenvolvido há alguns anos.

As três primeiras seções do capítulo destacam a velocidade com a qual o que se experimentava como mais ou menos normal pode evoluir e se transformar no oposto. As duas seções finais concentram-se nos tipos agudos de expulsões que devem se tornar mais frequentes em determinadas regiões do mundo. Uma delas é o crescimento da população deslocada, sobretudo no Sul global, nas duas décadas passadas, e a outra é o rápido aumento da população encarcerada num número crescente de países no Norte global. Essas e muitas outras condições antigas, mas em mutação, apontam para uma transformação sistêmica em múltiplos lugares. No Sul global, tanto as diferentes causas do deslocamento quanto o futuro daqueles que foram deslocados questionam as classificações formais das Nações Unidas sobre o que são pessoas deslocadas, porque a maioria delas jamais voltará para casa: a casa agora fica em uma zona de guerra, fazenda, operação de mineração ou em terra morta. Uma mudança equivalente é visível no Norte global, onde o que até pouco tempo atrás era encarceramento como resposta a um crime (quer tenha sido ele cometido ou não), agora está se convertendo no armazenamento de pessoas, o que, além do mais, é feito cada vez mais com fins lucrativos – com os Estados Unidos sozinhos na vanguarda.

CONTRADIÇÕES INSUSTENTÁVEIS? DA INCORPORAÇÃO À EXPULSÃO

As formas como o crescimento econômico ocorre têm importância. Determinada taxa de crescimento pode descrever economias diferentes, desde uma economia com pouca desigualdade e uma classe média próspera até outra com extrema desigualdade e concentração da maior parte do crescimento em uma pequena camada superior. Essas diferenças existem entre os países e também dentro deles. Alemanha e Angola tiveram a mesma taxa de crescimento do PIB no ano 2000, mas é evidente que apresentavam economias muito distintas e experimentaram efeitos distributivos também muito diversos. Embora a Alemanha esteja diminuindo isso, o país ainda dedica boa parte dos recursos à infraestrutura nacional e oferece uma ampla variedade de serviços à população, desde assistência médica até transporte público. O governo de Angola não faz nada disso: escolheu apoiar uma pequena elite, que por sua vez procura satisfazer seus próprios desejos, entre eles imóveis de luxo na capital, Luanda, hoje considerada a cidade mais cara do mundo. Essas diferenças também podem ser vistas em um único país ao longo do tempo, como os Estados Unidos nos últimos cinquenta anos. Nas décadas após a Segunda Guerra Mundial, o crescimento estava amplamente distribuído e formou uma classe média forte. Já a década de 2000 viu o surgimento de uma classe média empobrecida, com 80% do crescimento indo para aquele 1% no topo.

Na era pós-Segunda Guerra Mundial, os componentes essenciais das economias de mercado no Ocidente eram a intensidade do capital fixo, a produção padronizada e a construção de novas unidades de habitação nas cidades, nos subúrbios e em novas localidades. Esses padrões eram evidentes em vários países nas Américas do Norte e do Sul, na Europa, na África e Ásia, sobretudo no Japão e nas economias dos chamados Tigres Asiáticos. Essas formas de crescimento econômico contribuíram para uma vasta expansão da classe média. Não eliminaram a desigualdade, a discriminação ou o racismo, mas reduziram tendências sistêmicas à desigualdade extrema ao constituir um regime econômico com foco na produção e no consumo em massa, com sindicatos fortes em alguns setores e diversos apoios governamentais. Outras maneiras de deter a desigualdade foram as formas culturais que acompanharam esses processos, particularmente pelo modo como ajudaram a moldar as estruturas da vida cotidiana. Por exemplo, a cultura da grande classe média suburbana, evidente nos Estados Unidos e no Japão, contribuiu para o consumo em massa e, portanto, para a padronização da produção, o que por sua vez facilitou o sindicalismo na manufatura e na distribuição.[5]

Em conjunto com políticas governamentais, a indústria desempenhou um papel particularmente importante nessa conjunção de tendências. Como setor principal nas economias com base no mercado durante boa parte do século XX, a manufatura em massa criou as condições econômicas para a expansão da classe média porque (1) facilitou a organização dos trabalhadores, sendo o sindicalismo seu formato mais comum; (2) era baseada em grande parte no consumo doméstico, e por isso os níveis salariais eram importantes, porque criavam uma demanda efetiva em economias que eram, na maioria, relativamente fechadas; e (3) os níveis salariais relativamente altos e os benefícios sociais típicos dos setores industriais mais importantes tornaram-se um modelo para setores mais amplos da economia, mesmo aqueles que não eram sindicalizados ou industriais. A manufatura também desempenhou esse papel em economias industriais que não eram de estilo ocidental, principalmente em Taiwan e na Coreia do Sul, e, de forma própria, em partes da União Soviética. Também teve papel significativo no crescimento de uma classe média na China desde a década de 1990, embora não tão relevante como no Ocidente no século XX.

Nos anos 1990, essas histórias e geografias econômicas já tinham sido parcialmente destruídas. O fim da Guerra Fria desencadeou uma das fases econômicas mais brutais da era moderna. Levou a uma reorganização radical do capitalismo, com o efeito de abrir terreno global para modos novos ou muito ampliados de extração de lucros mesmo em domínios improváveis, como as hipotecas *subprime* de casas modestas, ou por meio de instrumentos improváveis, como os *credit default swaps* (permutas de descumprimento creditício), que foram um elemento-chave do sistema bancário paralelo. Vejo o rápido crescimento industrial da China como parte dessa nova fase do capitalismo global iniciada na década de 1980.[6] Isso também ajuda a explicar por que esse crescimento não levou a uma grande expansão das prósperas classes média e trabalhadora na China. Essa diferença também caracteriza um crescimento da manufatura em outros países que passaram a fazer parte do mapa de terceirizações no Ocidente.

Duas lógicas atravessam essa reestruturação. Uma é sistêmica e está inserida nas políticas econômicas e de (des)regulamentação da maioria dos países, das quais as mais importantes são a privatização e a eliminação de tarifas sobre importações. Nas economias capitalistas isso se manifesta na alteração e no desaparecimento de fronteiras nos arranjos fiscais e monetários existentes, embora com graus de intensidade variados em diferentes países.

A segunda lógica é a transformação de áreas cada vez maiores do mundo em zonas extremas para esses modos novos ou muito maiores de extração de lucros. As mais conhecidas são as cidades globais e os espaços para o trabalho terceirizado. Cada um deles é uma espécie de denso cenário *local* que contém as diversas condições de que as firmas *globais* necessitam, embora cada uma o faça em etapas muito diferentes do processo econômico global: computadores para o alto mercado financeiro, por exemplo, e a fabricação de componentes para esses computadores. Outros cenários locais na economia global atual são as fazendas e os ambientes para extração de recursos, todos produzindo principalmente para a exportação. A cidade global é um espaço para a produção de alguns dos insumos mais avançados de que as firmas globais necessitam. Já a terceirização diz respeito a espaços para a produção padronizada de componentes, inúmeros call centers, trabalho administrativo padronizado, e outros, todos de forma maciça e padronizada. Esses dois tipos de espaços estão entre os fatores mais estratégicos na construção da economia global de hoje, além de setores intermediários, como o dos transportes. Concentram os diversos mercados de trabalho, infraestruturas específicas e ambientes construídos essenciais para a economia global. E esses são os lugares que tornam visíveis as múltiplas desregulamentações e garantias de contrato desenvolvidas e implementadas por governos ao redor do mundo, e pelos principais órgãos internacionais, que se beneficiaram delas – em ambos os casos, trabalho na maior parte pago pelos contribuintes de quase todo o mundo.

A desigualdade nas capacidades de geração de lucro dos diferentes setores da economia e nas capacidades de ganho de diferentes tipos de trabalhadores é, há muito tempo, uma característica das economias de mercado avançadas. Mas, hoje, na maior parte do mundo desenvolvido, as ordens de magnitude distinguem os processos atuais daqueles das décadas do pós-guerra. Os Estados Unidos provavelmente estão entre os casos mais extremos, o que torna o padrão brutalmente claro. As Figuras 1.1 e 1.2 mostram o aumento extraordinário dos lucros e bens corporativos nos últimos dez anos, e isso num país que vem tendo resultados corporativos extraordinários há muito tempo.

Figura 1.1 – Lucros corporativos depois de impostos nos Estados Unidos, 1940-2010 (em bilhões de dólares)

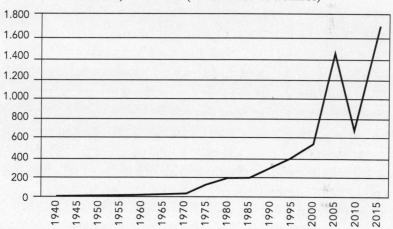

Fonte: Federal Reserve Bank of St. Louis, 2013a (sem reajuste de inflação).

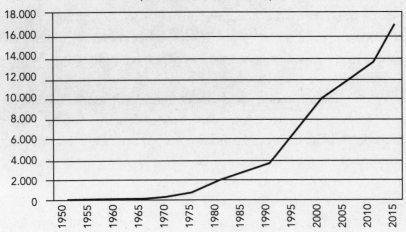

Figura 1.2 – Bens corporativos nos Estados Unidos, 1950-2010 (em bilhões de dólares)

Fonte: Federal Reserve Bank of St. Louis, 2013b (sem reajuste de inflação).

A década de 2000 ajuda a iluminar esse incessante aumento dos lucros corporativos e a redução dos impostos corporativos como parte das receitas tributárias federais. A crise no fim da década trouxe uma queda acentuada, porém momentânea, dos lucros corporativos, mas que, em conjunto, continuaram crescendo. O grau de desigualdade e os sistemas em que a crise está incorporada e através da qual esses resultados foram produzidos geraram enormes distorções no funcionamento de diversos mercados, de investimentos a habitação e trabalho. Por exemplo, utilizando dados do Serviço de Receitas Internas (Internal Service Revenue, ou ISR, na sigla em inglês) sobre as declarações de impostos das empresas, David Cay Johnston descobriu que, em 2010, as 2.772 empresas que eram proprietárias de 81% do total de ativos empresariais nos Estados Unidos, com uma média de US$ 23 bilhões em ativos por empresa, pagaram uma média de 16,7% de seus lucros em impostos (21,1% a menos que em 2009), embora seus lucros combinados tivessem aumentado 45,2%, um novo recorde.[7] Os lucros aumentaram três vezes mais rápido que os impostos, o que significa, de fato, que os impostos federais caíram.[8] Os efeitos são visíveis na composição das receitas fiscais federais: a parcela de impostos individuais aumenta e a parcela de impostos corporativos diminui. Estima-se que a parcela de impostos individuais cresça de 41,5% das receitas federais no ano fiscal de 2010 para 49,8% no ano fiscal de 2018. Em comparação, espera-se que o imposto sobre a renda corporativa – levando-se em conta as taxas atuais – cresça apenas 2,4 pontos percentuais no mesmo período, de 8,9% das receitas federais em 2010 para 11,3% em 2018.[9]

A trajetória dos governos nesse mesmo período é de endividamento crescente. Hoje, a maioria dos governos dos países desenvolvidos não poderia empreender os projetos de infraestrutura em grande escala tão comuns nas décadas do pós-guerra. Utilizando dados do Fundo Monetário Internacional (FMI), a Organização para a Cooperação e Desenvolvimento Econômico (OCDE) encontrou um crescimento geral do endividamento dos governos centrais como porcentagem do PIB. A Tabela 1.1 apresenta números para vários países, em sua maioria desenvolvidos. Essa tendência se verifica em tipos muito diferentes de governos: a Alemanha viu a dívida de seu governo central aumentar de 13% do PIB em 1980 para 44% em 2010; a dívida do governo dos Estados Unidos passou dos 25,7% do PIB em 1980 para 61% em 2010, e a dívida do governo da China aumentou de 1% do PIB em 1984 para 33,5% em 2010.

O crescimento dos déficits governamentais também foi alimentado pelo aumento da evasão fiscal, favorecido em parte pelo desenvolvimento de instrumentos contábeis, financeiros e legais complexos. Em um projeto de investigação de 2012 para a Tax Justice Network, o contador Richard Murphy estimava em US$ 3 trilhões a taxa de evasão no mundo inteiro em 2010, o que representava 5% da economia mundial e 18% do recolhimento mundial de impostos nesse mesmo ano.[10] O estudo englobava 145 países, com US$ 61,7 trilhões de produto interno bruto, ou 98,2% do total mundial. A evasão fiscal foi estimada ao se justapor dados do Banco Mundial sobre o tamanho estimado das economias paralelas e uma análise da Heritage Foundation sobre a média das cargas tributárias por país.[11] A Figura 1.3 apresenta estimativas de evasão fiscal para uma série de países desenvolvidos, incluindo aqueles considerados bem administrados e com bom funcionamento, como Alemanha, França e Reino Unido. Vão desde 8,6% do PIB, nos Estados Unidos, a 43,8% do PIB, na Rússia. Para Murphy, uma razão crucial para essa evasão fiscal são regulamentos fracos para a contabilidade e a declaração, combinados com orçamentos inadequados para fazer cumprir as leis tributárias. Os Estados Unidos têm a maior quantidade de evasão fiscal absoluta, o que claramente é, em parte, função do tamanho de sua economia. Murphy estima a evasão fiscal americana em US$ 337,3 bilhões, ou seja, 10,7% da evasão global. O número não é muito diferente das estimativas oficiais do ISR sobre as receitas previstas e não arrecadadas. De acordo com as medidas utilizadas no relatório, exclui-se a evasão fiscal "legítima", que como sabemos aumentou muito na década passada graças a uma contabilidade extremamente criativa, que inclui o uso de arranjos contratuais privados capazes de esquivar as regulamentações governamentais *legitimamente*, por assim dizer.[12]

Tabela 1.1 – Dívida dos governos centrais (em % do PIB) em 11 países, 1980-2010

País	1980	1990	2000	2010
Alemanha	13,0	19,7	38,4	44,4
Austrália	8,0	6,1	11,4	11,0
Canadá	26,1	46,6	40,9	36,1
China	1,0[a]	6,9	16,4	33,5
Espanha	14,3	36,5	49,9	51,7
Estados Unidos	25,7	41,5	33,9	61,3
Grécia	n.d.	97,6[b]	108,9	147,8
Itália	52,7	92,8	103,6	109,0
Japão	37,1	47,0	106,1	183,5[c]
Portugal	29,2	51,7	52,1	88,0
Suécia	38,2	39,6	56,9	33,8

Fonte: OCDE, 2014.
Notas: a. Dados relativos a 1984; b. Dados relativos a 1993; c. Dados relativos a 2009.

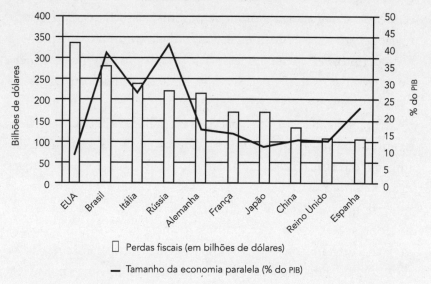

Figura 1.3 – Países com os maiores níveis absolutos de evasão fiscal, 2011

☐ Perdas fiscais (em bilhões de dólares)
— Tamanho da economia paralela (% do PIB)

Fonte: Johnston, 2011.

Em grande parte disso tudo, os perdedores são a maioria dos cidadãos e o governo de seus países. Os governos ficam mais pobres, como resultado da evasão fiscal e porque um número maior de cidadãos está mais pobre – portanto, menos capazes de cumprir com suas obrigações sociais. O Índice de Progresso Genuíno (IPG) é uma medida abrangente que inclui condições sociais e custos ambientais: ajusta os gastos utilizando 26 variáveis de modo a contabilizar custos como poluição, crime e desigualdade, e atividades benéficas em que o dinheiro não é utilizado, como trabalhos domésticos e voluntários. Uma equipe internacional liderada por Ida Kubiszewski, da Universidade Nacional da Austrália, reuniu estimativas do IPG para 17 países, que juntos somam a metade da população e do PIB mundial, para gerar um panorama geral das mudanças no índice nas últimas cinco décadas. A equipe descobriu que o IPG por pessoa atingiu o ponto máximo em 1978 e desde então tem diminuído lentamente, mas de forma constante.[13] Em comparação, o PIB *per capita* tem aumentado de forma constante desde 1978. Segundo a equipe de pesquisa, isso indica que aspectos sociais e ambientais negativos avançaram mais rápido que o crescimento da riqueza monetária, a qual, como sabemos por meio de outros dados examinados neste capítulo, vai se concentrando cada vez mais no topo.

Utilizando dados do FMI sobre gastos públicos e medidas de ajuste em 181 países, Isabel Ortiz e Matthew Cummins examinaram o impacto da crise, de 2007 até as previsões para 2013-2015. Os autores descobriram que os dados do FMI usados em 314 estudos mostram que um quarto dos países está sofrendo uma contração excessiva. A "contração excessiva" é definida como um corte nas despesas governamentais como porcentagem do PIB no período pós-crise de 2013-2015, em comparação com a medida equivalente nos níveis pré-crise de 2005-2007. A contração fiscal é mais severa no mundo em desenvolvimento. A projeção é de que ao todo 68 países em desenvolvimento devam cortar os gastos públicos em 3,7% do PIB, em média, no período 2013-2015, em comparação com 2,2% em 26 países de alta renda. Em termos populacionais, a austeridade iria afetar 5,8 bilhões de pessoas, ou 80% da população global, em 2013; esse número deve chegar a 6,3 bilhões de pessoas no mundo inteiro em 2015, ou 90% da população global. Isso leva os autores a questionar a vantagem de uma contração fiscal como saída para a crise. Eles argumentam que a propensão mundial à consolidação fiscal deverá agravar o desemprego, encarecer alimentos e combustíveis e reduzir o acesso de muitos lares a serviços essenciais em todos esses países. Esses lares estão arcando com os custos de uma "recuperação" que simplesmente passou por eles.[14]

Alguns dos principais processos que alimentam a crescente desigualdade nas capacidades de ganhos e de geração de lucros são parte integral da economia da informação avançada. Assim, a desigualdade crescente não é uma anomalia nem, no caso dos ganhos, o resultado da mão de obra imigrante barata, como se costuma afirmar. Um desses processos é a ascensão e transformação do mercado financeiro, principalmente por meio da securitização, da globalização e do desenvolvimento de novas tecnologias de telecomunicação e de redes de computadores. Outra fonte de desigualdade na geração de lucros e nos ganhos é a crescente intensidade dos serviços na organização da economia em geral, isto é, a demanda cada vez maior de serviços por parte de empresas e de domicílios.[15] Na medida em que exista no setor de serviços uma forte tendência à polarização nos níveis de conhecimento técnico de que os trabalhadores necessitam, assim como em seus salários, o crescimento da demanda de serviços reproduz essas desigualdades na sociedade como um todo.

A excepcionalmente alta capacidade de obtenção de lucros de muitas das principais indústrias de serviços está incorporada a uma complexa combinação de novas tendências. Entre as mais significativas, nos últimos vinte anos, estão as tecnologias que possibilitam a hipermobilidade do capital em escala global; a desregulamentação do mercado, que maximiza a implementação dessa hipermobilidade, e as invenções do ramo financeiro, como a securitização, que dá liquidez a capitais que até então não eram líquidos e permite que circulem com mais rapidez, gerando mais lucros (ou perdas). A globalização eleva a complexidade dessas indústrias de serviços, seu caráter estratégico e também seu glamour. Isso, por sua vez, contribuiu para sua valorização e, frequentemente, supervalorização, como ilustram os aumentos astronômicos altos do salário daqueles profissionais de mais alto nível que se iniciaram na década de 1980, uma tendência que se normalizou em muitas economias avançadas.[16]

Figura 1.4 – Porção da renda[a] que vai para os 10% dos lares mais ricos nos EUA, 1917-2002 (em %)

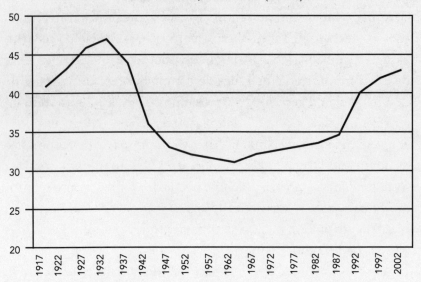

Fonte: Mishel, 2004, Tabela 1.
Nota: a. A renda é definida como renda de mercado, mas exclui ganhos de capital.

De todos os países altamente desenvolvidos, é nos Estados Unidos que essas tendências estruturais profundas são mais legíveis. Dados em âmbito nacional mostram um crescimento marcante da desigualdade no país. Por exemplo, o aumento dos ganhos durante o nível pré-crise de 2001 a 2005 foi alto, porém distribuído de forma muito desigual. A maior parte se destinou aos 10% dos lares no topo da escala, sobretudo para o 1% mais alto. Os 90% restantes dos lares experimentaram um declínio de 4,2% em sua renda baseada no mercado.[17] A Figura 1.4 mostra um padrão a longo prazo, desde o *boom* e a bancarrota da década de 1920, o crescimento dos setores médios nas décadas do período keynesiano e o retorno ao rápido crescimento da desigualdade em 1987. Foi nesse período imediatamente após a guerra, que se estendeu até o fim da década de 1960 e o início da de 1970, que a incorporação de trabalhadores às relações formais do mercado de trabalho chegou ao nível mais alto nas economias mais avançadas. Nos Estados Unidos, isso ajudou a diminuir a porção do total de ganhos salariais que iam para os 10% no topo: de 47%, no seu máximo, na década de 1920 e início da de 1930, para 33% de 1942 a 1987. A formalização das relações trabalhistas nesse período ajudou a implementar uma série de regulamentações que, em conjunto, protegiam os trabalhadores e asseguravam suas conquistas obtidas por meio de lutas muitas vezes violentas. Não que tudo estivesse bem, é claro. Essa formalização também implicou a exclusão de diferentes segmentos da força de trabalho, como as mulheres e as minorias, em especial em algumas indústrias fortemente sindicalizadas. Quaisquer que tenham sido suas virtudes e seus defeitos, esse período de ouro para os trabalhadores organizados chegou ao fim na década de 1980. Em 1987, a desigualdade estava novamente em ascensão, e com força. A Figura 1.5 mostra que o 1% dos assalariados com ganhos mais altos teve um aumento de 280% em sua renda familiar entre 1979 e 2007, tendência confirmada no censo de 2010 e que continua hoje.

Figura 1.5 – Mudança percentual a partir dos níveis de renda depois de impostos nos Estados Unidos, 1979-2007

Fonte: Sherman e Stone, 2010.

O Sul global teve sua própria versão da contração, um assunto que abordo de forma mais ampla no Capítulo 2. Dito de forma muito resumida, depois de vinte anos ou mais dos programas de reestruturação do FMI e do Banco Mundial, muitos desses países têm agora uma dívida muito maior com diversos credores privados representados pelo FMI do que antes da intervenção financeira internacional. Seus governos pagam aos credores mais do que investem em componentes básicos do desenvolvimento, como saúde e educação. A Tabela 1.2 traz dados sobre alguns dos governos que mais devem.

Tabela 1.2 – Governos de renda baixa e médio-baixa com os maiores pagamentos de dívida externa, 2012

País	Pagamento da dívida (% da receita do governo)
Belize	28,1
Filipinas	27,1
Butão	26,6
El Salvador	25,8
Sri Lanka	24,1
São Vicente	18,6
Santa Lúcia	18,1
Angola	17,1
Maldivas	14,4
Gâmbia	13,9
Paraguai	13,3
Guatemala	12,7
Indonésia	11,9
Laos	11,5
Paquistão	10,5

Fonte: Jubilee Debt Campaign, 2012, Tabela 3.

Essas são algumas das tendências destrutivas principais que começaram na década de 1980, ganharam força no mundo inteiro nos anos 1990 e alcançaram alguns de seus níveis mais altos na década de 2000. Embora muitas tenham se iniciado antes da crise de 2008, ainda não eram muito visíveis. O que se podia ver eram a renovação e a gentrificação de vastas áreas urbanas, que davam uma *impressão* de prosperidade geral, de Paris a Buenos Aires, de Hong Kong a Dublin. Essas tendências foram exacerbadas e agora são visíveis. Em suas formas mais extremas, servem como janelas para uma realidade mais complexa e esquiva de um empobrecimento em expansão, gerado em parte pelo que se enxergava, sobretudo, como um crescimento explosivo de riquezas e de lucros, um processo de vinte anos que examinei em detalhe em outro trabalho.[18]

A seguir, examino mudanças agudas numa série de domínios muito diferentes. Vão desde o rápido crescimento dos lucros das empresas, paralelamente ao rápido aumento do déficit dos orçamentos governamentais, até o aumento das populações deslocadas no Sul global e as crescentes taxas de encarceramento no Norte global. Cada um dos domínios examinados é extremamente específico e funciona dentro de um conjunto particular de instituições, leis, objetivos e obstáculos. À medida que as condições se agravam, contribuem para uma terceira fase que está apenas começando, e que é marcada pelas *expulsões* – de projetos de vida e de meios de sobrevivência, de um pertencimento à sociedade, e do contrato social que está no centro da democracia liberal. Isso significa mais do que simplesmente mais desigualdade e mais pobreza. Em minha leitura, trata-se de um processo que ainda não é inteiramente visível e reconhecível. Não é uma condição enfrentada pela maioria, embora possa vir a ser, em alguns casos. Implica uma generalização gradual de condições extremas que começam nas bordas dos sistemas, em microambientes. Isso é importante, porque boa parte dessa mudança aguda que tento descrever ainda é invisível para os estatísticos. Mas também é invisível para os transeuntes: as classes médias empobrecidas que ainda podem morar em suas belas casas, com perdas escondidas por trás das fachadas decoradas. Cada vez mais, esses lares têm vendido a maior parte de seus bens para conseguir fazer pagamentos. Começaram por vender coisas básicas, incluindo a mobília, e convivem com filhos adultos. Suponho que, em seu caráter extremo, essas condições se tornem heurísticas e nos ajudem a compreender uma dinâmica maior, menos extrema e mais abrangente, de nossas economias políticas.

A seguir, descreverei tendências gerais do crescimento da desigualdade tanto em países ricos quanto em pobres, e prosseguirei com um exame mais detalhado da contração ativa das economias grega, espanhola e portuguesa.

Desigualdade de renda no mundo

O crescimento da desigualdade nos últimos trinta anos tem sido implacável.[19] Em vez de oferecer um panorama de um assunto já familiar, gostaria de rever alguns aspectos particulares da desigualdade. Apesar das discordâncias sobre medições, recortes temporais e interpretação, há muitos indícios que mostram desigualdades de renda e de riqueza consideráveis, tanto entre países quanto dentro dos países, no mundo inteiro. A maior parte dessa desigualdade pode ser explicada pelas diferenças entre países, medidas pela média do país.

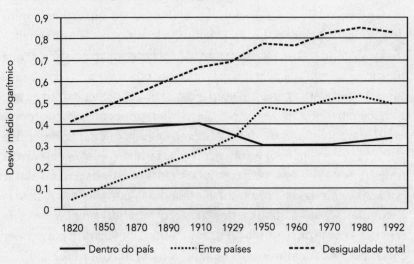

Figura 1.6 – Desigualdade, 1820-1992

Fonte: Bourguignon e Morrison, 2002, Tabela 2.

Embora exista um consenso de que o nível de desigualdade econômica no mundo tem aumentado de forma acentuada durante o último século e meio (ver Figura 1.6), há um debate em andamento sobre os últimos vinte anos. Vários autores demonstraram que muito depende da maneira como se mede a desigualdade mundial. Se, em vez de utilizarmos a média do país, empregássemos a soma dos números reais de pessoas pobres em cada país, segundo os padrões básicos, chegaríamos a outra medida, diferente da desigualdade global. Porém, está claro que a lacuna entre as rendas em nações ricas e pobres é grande e crescente. Numa medição da desigualdade entre rendas nacionais, Milanovic mostra que o quintil mais pobre de algumas nações de alta renda (que inclui países como a Dinamarca) será mais rico, em média, do que o quintil mais rico de nações de baixa renda (que inclui países como Mali).[20]

Ainda que a desigualdade entre países continue representando a maior parte da desigualdade global, sua participação tem diminuído desde o final da década de 1980, o que confirma algumas das tendências que discuto: de acordo com Atinc *et al.*, caiu de 78% em 1988 para 74% em 1993, e para 67% em 2000.[21] O que apoia minha tese é que, desde a década de 1980, a desigualdade interna – desigualdade *dentro* dos países – tem aumentado (ver Figura 1.7), ainda que não necessariamente em todos eles. Além disso, houve aumentos significativos em vários países membros da OCDE, para os quais há dados de longo prazo disponíveis (ver Figura 1.8 para uma amostra). Em alguns países da OCDE – principalmente Estados Unidos, Reino Unido e Israel –, a desigualdade de renda dentro do país vem aumentando desde o fim da década de 1970. Nos anos 2000, a desigualdade de renda dentro do país começou a aumentar rapidamente em nações com pouca tradição de desigualdade, como Alemanha, Finlândia e Suécia. A evidência nos integrantes da OCDE indica um crescimento da desigualdade dentro do país.

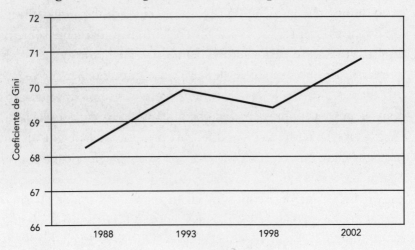

Figura 1.7 – Desigualdade dentro dos países, 1988-2002

Fonte: Milanovic, 2009.

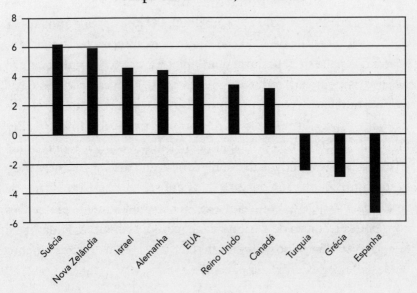

Figura 1.8 – Mudança na desigualdade interna em países da OCDE, 1980-2000

Fonte: OCDE, 2013b.

Desigualdade de renda nos Estados Unidos

Os Estados Unidos podem servir como uma espécie de experimento natural, mostrando-nos a que ponto pode chegar a desigualdade no que se costuma considerar um "país altamente desenvolvido" (ver Figura 1.9). De acordo com Milanovic, mesmo que as pessoas mais pobres nos Estados Unidos estejam, em média, numa situação muito melhor do que a dos mais pobres em muitos países em desenvolvimento, a desigualdade *dentro* dos Estados Unidos está entre as maiores do mundo. Em 2010, aquelas famílias que ocupavam o quinto mais alto representavam 47% do total da renda nacional; desse montante, 20% ia para os 5% das famílias com renda no topo da escala. Esses números excluem a riqueza herdada, os ganhos de capital e outras rendas não relacionadas a um trabalho. Enquanto isso, o quinto mais baixo representava apenas 3,8% do total.[22] A dis-

Figura 1.9 – Porcentagem de crescimento de 1979 a 2006 em salários e vencimentos médios nos Estados Unidos, por ranking domiciliar

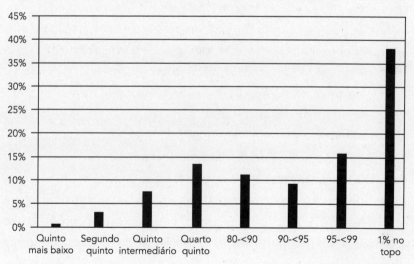

Fonte: Economic Policy Institute, 2011d.

paridade entre o mais alto e o mais baixo cresceu de forma crítica: a porção da renda que vai para os 10% no topo da população americana aumentou de forma marcante desde a década de 1980. No mesmo período, os 90% da base só tiveram aumentos modestos. Nos Estados Unidos, o 1% dos assalariados no topo viu seus salários aumentarem 144% entre 1979 e 2006 (um pouco antes da crise), ao passo que os 90% da base tiveram um aumento de apenas 15% no mesmo período.[23] Entre 2000 e 2007 a renda média nos Estados Unidos aumentou em US$ 1.460, mas *todos* os ganhos foram para os 10% mais ricos. Já a renda dos 90% que estavam na base declinou.[24]

As disparidades na riqueza nos Estados Unidos costumam refletir as disparidades na renda. A distribuição da riqueza nesse país está seriamente distorcida, não apenas para o quintil mais alto dos donos de riquezas, mas em particular para o 1% no topo (ver Figura 1.10). Além disso, o 1% dos maiores donos de riquezas nos Estados Unidos viu sua riqueza aumentar durante as décadas de 1980 e 1990, alcançando o ponto mais alto em 2007, quando foi 103% maior do que em 1983, antes de cair, depois da crise financeira, para um número 48% maior do que em 1983.[25] Ao longo desse mesmo período, a riqueza média dos lares nos Estados Unidos atingiu seu ponto máximo em 2007, chegando a ser 48% maior do que os níveis de 1983, antes de cair abruptamente, depois da crise financeira, para um número 13,5% *menor* do que os níveis de 1983.[26]

Mais ainda do que a renda, os ganhos em riqueza real foram desviados fortemente na direção dos americanos mais ricos no período de 1983 a 2009. Durante esse período *todos* os ganhos sobre riquezas se destinaram aos dois quintis mais altos, com os 5% dos americanos mais ricos recebendo 81,7% do total. Os quintos médio, médio-baixo e o mais baixo tiveram uma diminuição de sua riqueza ao longo desse período (ver Figura 1.11).

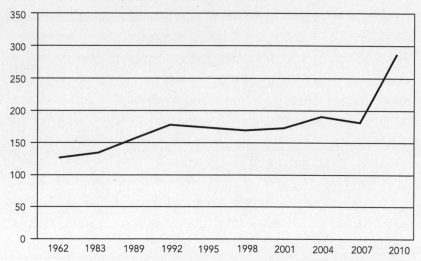

Figura 1.10 – Relação entre a riqueza do 1% no topo e a mediana da riqueza nos Estados Unidos, 1962-2010

Fonte: Economic Policy Institute, 2011e.

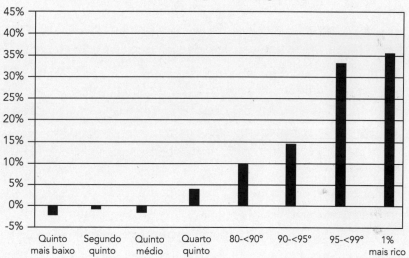

Figura 1.11 – Mudança na participação no total de riqueza de 1983 a 2010 nos Estados Unidos, por ranking de domicílios

Fonte: Economic Policy Institute, 2011g.

Expulsões | 45

Condições extremas em países ricos

Se os Estados Unidos nos mostram quão grave a desigualdade interna pode chegar a ser, a Grécia, a Espanha e Portugal podem nos mostrar quão abruptamente uma economia inteira pode se contrair. Uso esses três países como os lugares mais extremos de uma tendência disseminada no mundo desenvolvido, incluindo o restante da zona do euro: a contração do espaço da economia nos países desenvolvidos. Essa contração é uma tendência incomum nesses países quando não estão em guerra entre si. A linguagem mais comum para descrever essas tendências é a do crescimento baixo e do desemprego alto. É vaga demais, dada a condição extrema de grandes partes da população e da economia nesses três países e, de fato, em muitos outros, incluindo os Estados Unidos. Aumentos modestos no crescimento do número de empregos não são suficientes para eliminar essa contração. O objetivo aqui não é oferecer uma descrição detalhada desse aumento já muito documentado do desemprego e das falências. Meu propósito é utilizar essas tendências para explorar a contração do espaço econômico e suas consequências.

Quando as medidas habituais não dão conta de contrações muito fortes, há uma redefinição de fato da "economia". Os desempregados que perdem tudo – emprego, casa, seguro de saúde – caem facilmente para fora do limite do que é definido como "a economia" e que se conta como tal. É o caso dos donos de pequenas lojas e fábricas que perdem tudo e cometem suicídio. O mesmo ocorre com os números crescentes de estudantes e profissionais bem preparados que emigram e abandonam a Europa de vez. Essas tendências redefinem o espaço da economia. Tornam-no menor e expulsam uma boa parcela dos desempregados e dos pobres das medidas-padrão. Essa redefinição torna "a economia" mais apresentável, por assim dizer, permitindo-lhe mostrar um leve crescimento na medição do PIB *per capita*. A realidade ao nível do chão parece mais uma espécie de versão econômica da limpeza étnica: para resolver a questão de elementos considerados problemáticos, eles são simplesmente eliminados. Essa contração e redefinição do espaço econômico para que as economias aparentem estar "novamente nos trilhos" vale para um número cada vez maior de países na União Europeia e em outros lugares. Uma diferença é o papel central do FMI e do Banco Central Europeu na narração do que é preciso para voltar a crescer. Até certo ponto, vão tendo sucesso, pelo menos enquanto suas vozes são praticamente as únicas a serem ouvidas sobre o assunto. E não falam em economias em contração, mas numa volta ao crescimento do PIB. De fato, no começo de janeiro de 2012, o Banco Central Europeu afirmou que a economia da Grécia estava no caminho de uma retomada do crescimento, e a agência Moody's aumentou em um ponto a qualificação da dívida grega. Ainda é uma qualificação baixa, mas essas mudanças são importantes porque os investidores as levam em conta. O que fica de fora das medições que mostram a volta a um certo crescimento é que uma parte significativa dos lares, empresas e lugares foram expulsos do espaço econômico medido. Os expulsos passam a ser invisíveis para as medições formais e, dessa forma, sua pressão negativa sobre as taxas de crescimento é neutralizada.

Uma segunda característica importante da posição das instituições e dos governos da União Europeia que lideram o chamado esforço de resgate da Grécia é que estes o consideram um caso único: um país pobre com fraude fiscal extrema e uma burocracia governamental disfuncional. Até certo ponto, Portugal e Espanha também são vistos como casos extremos, mas por razões diferentes da Grécia. Isso quer dizer que esses três países não são vistos como indicadores de uma tendência relevante e sistêmica. Mas o quadro muda se olharmos para outros países da União Europeia que enfrentam crescimento baixo, desemprego relativamente alto e pressões para cortar programas sociais.

Defendo que não podemos presumir que Grécia, Espanha e Portugal sejam casos únicos. Precisamos examinar se realmente o são. O que adota uma forma extrema na Grécia, e em certa medida em Portugal e Espanha, pode estar presente em outros lugares da zona do euro e também fora dela. Isso nos alertaria para uma condição estrutural mais profunda nesta fase do capitalismo avançado que começou na década de 1980 e se afirmou na de 1990. Assim, a explicação não se limitaria a condições excepcionais como a pobreza e a corrupção na Grécia, mas teria que considerar características estruturais da economia política presentes em toda a União Europeia.

Os dados nas Figuras 1.12 e 1.13 oferecem evidências de 2000 a 2011 de que a Grécia e a Espanha são exemplos extremos de uma tendência maior que afeta a zona do euro e a União Europeia de forma geral.[27] A dívida do governo da Grécia quase dobrou de 2000 a 2013. A dívida da Espanha diminuiu durante a excelente década de 2000, mas já em 2011 a dívida aumentou de forma mais acentuada do que a média da UE (e sua dívida privada foi superior à média da zona do euro). Apesar das grandes diferenças entre os países, a União Europeia viu um declínio do crescimento econômico e, como mostra a Figura 1.14, um aumento considerável do endividamento do governo. E por toda a Europa os trabalhadores realizaram protestos contra o crescente desemprego e as medidas de austeridade.

Figura 1.12 – Dívida da Grécia comparada com a média da União Europeia, 1996-2011

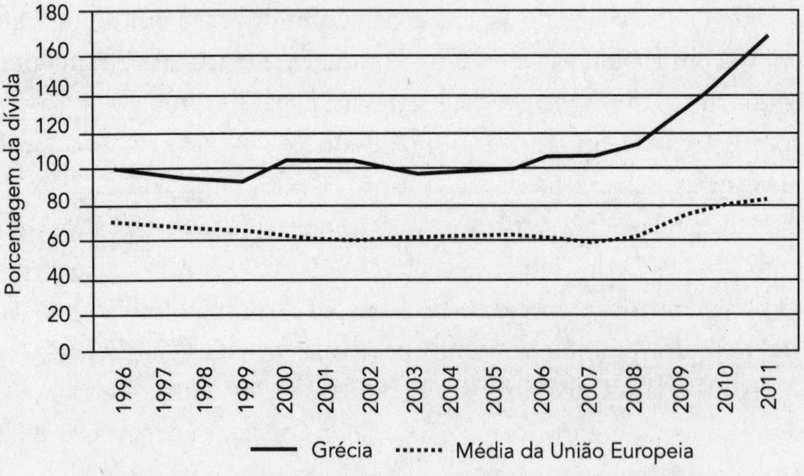

Fonte: Eurostat, "Government Deficit and Debt", 2013a.

Figura 1.13 – Dívida da Espanha comparada com a média da União Europeia, 1996-2011

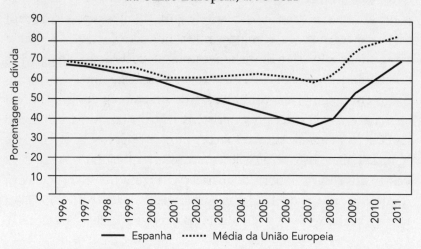

Fonte: Eurostat, "Government Deficit and Debt", 2013a.

Figura 1.14 – Balanço financeiro governamental geral, 1999-2012

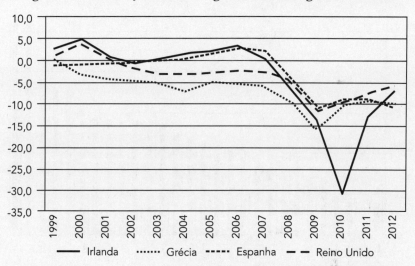

Fonte: OCDE, 2012.

Num estudo detalhado do G20, grupo que inclui muitos países não europeus, a Organização Internacional do Trabalho e a OCDE descobriram que, no ano "pós-crise" de 2012, 17 desses países tinham níveis de desemprego acima dos níveis pré-crise de 2007.[28] Somente na Alemanha, Rússia e Brasil houve uma queda do desemprego. Mais especificamente, em mais da metade dos países examinados, o desemprego em longo prazo como fração do desemprego total continua acima dos níveis anteriores à crise. Por fim, a taxa de desemprego na Europa aumentou ainda mais em todos os países, sobretudo na França, Itália e Espanha. O desemprego juvenil na Europa em 2012 passou dos 20% na maioria dos países (ver Figura 1.15) e chegou a um número muito maior em alguns casos. Só em quatro países do G20 a taxa ficou abaixo dos 5% (China, Índia, Japão e República da Coreia).

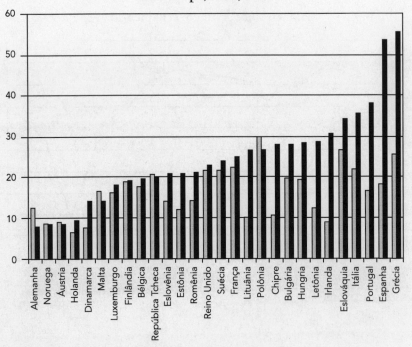

Figura 1.15 – Desemprego juvenil (menos de 25 anos) na Europa, 2006, 2012

Fonte: Eurostat, 2013b.

Uma segunda variável, a taxa de emprego de mulheres em relação à de homens, mudou pouco desde 2007, demonstrando um impacto relativamente neutro da crise na perda de empregos em relação ao gênero, o que provavelmente indica a profundidade da perda de postos de trabalho.[29] As exceções são Espanha e Turquia, onde essa relação aumentou. Uma terceira variável considera o desemprego juvenil em 2012, que no G20 era quase duas vezes maior que o desemprego entre adultos. Apesar ser uma taxa alta, sabemos que está muito subestimada, pois uma parcela importante dos jovens nos países do G20 não está nem na força de trabalho nem em escolas ou programas de treinamento. De uma forma geral, a taxa de participação dos jovens na força de trabalho caiu em nove países do G20. A taxa média de participação dos jovens na força de trabalho oscila em torno de 60%, de um mínimo de 49,4% na Itália até um máximo de 69,8% na China, o que nos faz pensar que onde existem postos de trabalho disponíveis, como na China, a participação dos jovens é alta.

Esse tipo de indício nos ajuda a ver que boa parte das economias mais ricas do mundo experimentava dois anos negativos depois do fim da crise. Os cortes extremos em benefícios sociais, a queda nos números da força de trabalho e os aumentos nos tributos sobre a renda impostos à Grécia e à Espanha anos após a crise de 2008 tornam visíveis um profundo projeto de reestruturação. Mas versões mais amenas dessa reestruturação estão ocorrendo em toda a zona do euro, assim como em outros países ricos, como os Estados Unidos.

Um projeto que parece ser parte dessa reestruturação implica manter em funcionamento uma economia cada vez mais privatizada e corporatizada, eliminando os gastos excessivos relacionados ao contrato social. O pagamento da dívida e os programas de austeridade são mecanismos disciplinadores que servem a esse projeto maior de proteger determinado tipo de economia. Seu objetivo não é ajudar nem contribuir para o aumento do emprego e da produção. A recessão da Grécia, que entrou em seu quinto ano em 2012, está cada vez mais profunda como resultado de privilegiar o pagamento da dívida, os cortes de empregos, as reduções em programas sociais e os impostos mais altos. Essas políticas continuam a se intensificar, com anúncios periódicos de mais cortes por parte do governo grego: por exemplo, no fim de 2012, uma redução de 22% no salário mínimo do setor privado, a extinção de empregos permanentes em empresas estatais e a eliminação de mais 150 mil empregos no setor público até 2015. As limitações e os efeitos contraproducentes de tais políticas são amplamente reconhecidos. A respeito da Grécia, Charles Dallara, diretor-gerente do Instituto de Finanças Internacionais (IIF, na sigla em inglês) e porta-voz dos credores do país, disse que as respostas à crise da dívida grega colocavam muita ênfase na austeridade a curto prazo e pouca na melhoria da competitividade do país a longo prazo. Além disso, em relação a quanto custaria à Grécia pagar os credores estrangeiros, Dallara afirmou que seria necessário "algo entre 15 bilhões e 20 bilhões de euros, apenas... O que pode ser facilmente conseguido, em parte, reduzindo as taxas de juros sobre os empréstimos que a Europa e o FMI fizeram à Grécia em termos mais favoráveis".[30]

Qualquer que seja a lógica por trás da classificação de ganhadores e perdedores na Europa, é importante observar que esta tende a cortar muito fundo no tecido social e econômico de um país. Na Grécia, Espanha e Portugal, a produção econômica caiu nos últimos anos. Isso nos faz questionar a visão predominante na Europa de que as medidas fiscais de "apertar os cintos" favorecem o crescimento. E fica claro nos dados oficiais, mesmo que mostrem a contração menor do que realmente é, porque excluem a medição direta do que já foi expulso da economia formal. Nos três primeiros meses de 2013, a economia grega passou pelo seu décimo nono trimestre consecutivo de contração, com a queda do consumo e dos investimentos: uma queda de 16% do PIB desde o fim de 2007. Além disso, essa diminuição se acelera: o PIB da Grécia diminuiu 5,6% somente no primeiro trimestre de 2013, uma queda mais abrupta do que se havia estimado, considerando-se um retorno ao crescimento formalmente medido em várias economias europeias. O declínio do PIB em Portugal também se acelera, segundo o Instituto Nacional de Estatística do país. No último trimestre de 2012, estima-se que o PIB de Portugal tenha caído 5,3%, com uma queda total de 3,2% nesse ano. No primeiro trimestre de 2013, a contração de Portugal superou as projeções iniciais.[31] A Espanha, quarta maior economia da zona do euro, contrai-se anualmente há muito tempo, e tanto o governo quanto o FMI previram mais contração para 2013.[32] Os números do primeiro trimestre de 2013 mostram que a recessão espanhola se aprofundou ainda mais, pelo sétimo trimestre de contração econômica consecutiva. E não havia expectativa de expansão até 2014. Embora a taxa de contração na Espanha seja menor do que a da Grécia, o desemprego oficial, em 27,2%, também era elevado.

Essas economias são campos de testes para aqueles que determinam as políticas da Europa, que postulam que a redução dos gastos do governo e o aumento dos impostos vão trazer a recuperação da economia e a renovação da confiança dos investidores. É importante observar que as severas contrações econômicas na Grécia e em Portugal não afetaram de forma significativa o PIB da zona do euro.[33] Essas duas economias somadas representam apenas 4% do total da economia de 9,5 trilhões de euros (12,6 trilhões de dólares) do bloco. Mas a Espanha é outro assunto, e isso pode estar refletido no empréstimo de 100 milhões de dólares do FMI exclusivo para os bancos espanhóis. Significativamente, esse empréstimo não se destinava a possibilitar que o governo prestasse os serviços de saúde e educação necessários ou que estimulasse o emprego por meio de serviços governamentais em geral. Esses usos foram explicitamente excluídos nas condições do empréstimo. De forma geral, essas três economias podem estar tornando visíveis tendências profundas ativas em toda a Europa, como indicam os dados que apresentarei na próxima seção.

Até agora, não existe evidência de que a estratégia para o crescimento econômico funcione conforme se anunciava. As economias grega, portuguesa e espanhola continuam a se contrair. E, embora o PIB da Grécia tenha experimentado um leve crescimento desde o início de 2013, a medição desse aumento exclui tudo o que foi expulso do espaço da economia, como já vimos. Portanto, é uma medida de crescimento que existe em paralelo à crescente pobreza, ao desemprego, aos sem-teto, à fome, à distribuição de alimentos por organizações de caridade, às taxas de suicídio entre os donos de pequenos negócios falidos e muito mais. Tudo isso nos leva a perguntar se essa reestruturação brutal não terá sido realizada precisamente para obter um espaço econômico menor, porém administrável, que mostrasse o crescimento do PIB segundo as métricas tradicionais, mesmo quando imponha a expulsão, da economia e de suas medições, de porções consideráveis da força de trabalho e do setor de pequenas empresas. Afinal, o menor indício de aumento do PIB pode ser um sinal positivo para investidores e mercados financeiros, e isso é uma importante conquista do ponto de vista das políticas atuais do FMI e do Banco Central Europeu, e não apenas da União Europeia. As economias alternativas de subsistência que estão surgindo existem em um espaço econômico diferente, fora das medidas e dos indicadores formais. Por enquanto não são suficientes para responder às necessidades dos expulsos e dos empobrecidos.

Condições adversas à prosperidade econômica

A contração abrupta do espaço considerado a economia formal, em especial, mas não exclusivamente, na Grécia, em Portugal e na Espanha, causa diversos impactos negativos sobre a população. Mais desemprego, pobreza, suicídios e medidas de austeridade passaram a fazer parte da vida diária da maioria dos gregos, portugueses e espanhóis. Depois de duas décadas de crescimento econômico sem precedentes como novos membros da União Europeia, Grécia, Portugal e Espanha enfrentam hoje condições excepcionalmente adversas à recuperação econômica. Nas seções seguintes, me concentrarei brevemente no desemprego, na emigração, na pobreza e na execução de hipotecas, colocando Grécia, Portugal e Espanha em diálogo com outros países-membros da União Europeia, e com outros países desenvolvidos do Norte global, como os Estados Unidos.

Emprego

A condição extrema do emprego na Grécia e na Espanha se torna evidente quando comparamos esses dois países a outros tão diferentes quanto a China e os Estados Unidos (ver Figura 1.16).[34] A força de trabalho da Grécia e da Espanha tem taxas de desemprego duas a três vezes maiores do que as dos Estados Unidos. Aqui é preciso levar em conta que a medição do desemprego na Europa inclui uma porção muito maior de desempregados que a dos Estados Unidos. Em 2013, as taxas de desemprego entre jovens passaram dos 56% na Espanha, e a Grécia hoje lidera o Norte global com assombrosos 62,5% de sua força de trabalho jovem desempregada.[35]

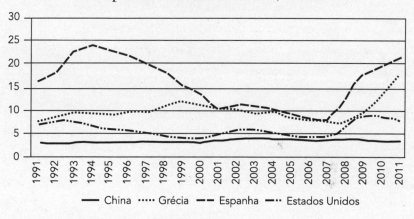

Figura 1.16 – Taxas de desemprego na China, na Grécia, na Espanha e nos Estados Unidos, 1991-2011

Fonte: "Unemployment and Inflation (11-19)" e "Key Supply Side Data (20-22)" em OCDE, 2012; FMI, 2012b.

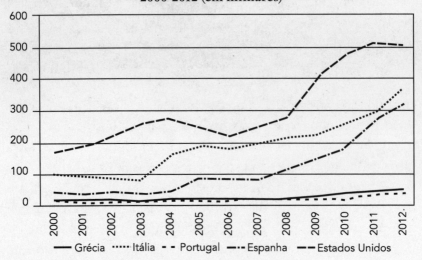

Figura 1.17 – Trabalhadores involuntários de meio expediente, homens, entre 25 e 54 anos de idade, na Grécia, na Itália, em Portugal, na Espanha e nos Estados Unidos, 2000-2012 (em milhares)

Fonte: OCDE, 2013c.

A quantidade de trabalhadores involuntários de meio período aumentou nos últimos dez anos. As Figuras 1.17 e 1.18 indicam a medida em que o mercado de trabalho de adultos tem se tornado cada vez mais precário na Grécia, na Itália, em Portugal, na Espanha e nos Estados Unidos. É importante observar que existe uma grande sobrerrepresentação de mulheres entre os trabalhadores involuntários de meio período. Por exemplo, na Espanha o número aumentou de menos de 300 mil para quase 1 milhão, uma sobrerrepresentação que não pode ser explicada apenas pela crise econômica. Na Itália, na Espanha e nos Estados Unidos, o número de homens em trabalho involuntário em tempo parcial duplicou e o de mulheres triplicou.

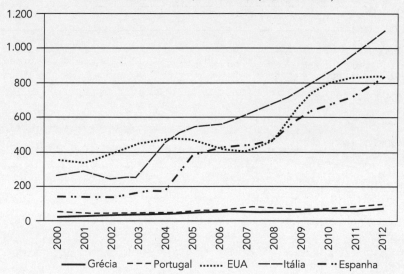

Figura 1.18 – Trabalhadoras involuntárias de meio expediente, entre 25 e 54 anos de idade, na Grécia, na Itália, em Portugal, na Espanha e nos Estados Unidos, 2000-2012 (em milhares)

Fonte: OCDE, 2013c.

Emigração

As economias em contração no sul da Europa geraram novos padrões de mobilidade geográfica, em especial entre suas populações de imigrantes residentes.[36] A Figura 1.19 mostra uma tendência ascendente na emigração da Espanha por cidadania, principalmente a partir de 2007. É provável que o desemprego crescente nos últimos dois anos tenha contribuído para intensificar essa emigração.[37] Esses novos padrões deverão afetar o grau de crescimento econômico e os níveis socioeconômicos do sul da Europa num futuro próximo.

Entre os imigrantes, aqueles de origem europeia e latino-americana apresentam as maiores taxas de emigração, especialmente se comparados aos africanos e asiáticos (Figura 1.20). Dada a longa história de emigração europeia para a América Latina e a facilidade com que os latino-americanos na Europa podem repatriar-se, não surpreende que muitos europeus e latino-americanos tenham

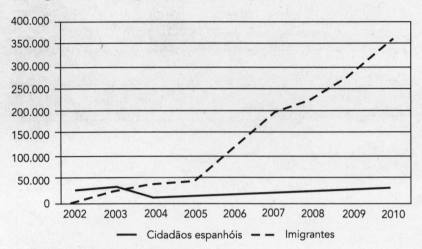

Figura 1.19 – Emigração da Espanha por cidadania, 2002-2010

Fonte: Eurostat, 2012c.

partido para a América do Sul. Em comparação, as restrições que africanos e asiáticos enfrentam para atravessar fronteiras torna mais provável sua permanência no país de residência, neste caso a Espanha.

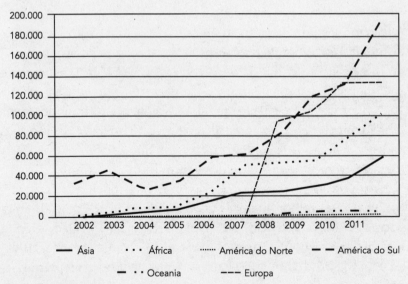

Figura 1.20 – Emigração da Espanha por continente de origem, 2002-2011

Fonte: Eurostat, 2012c.

Execuções hipotecárias

Uma das formas mais brutais de expulsão é o despejo de pessoas de suas casas por não terem pago uma dívida hipotecária. Essa é uma tendência particularmente devastadora na Europa, onde os despejados continuam responsáveis pela totalidade do empréstimo, mesmo depois da execução da hipoteca.

Na Espanha, onde a porcentagem dos que têm casa própria (80%) é uma das mais altas na Europa, as execuções atingiram os números mais elevados.[38] Isso se deve em parte ao *boom* da construção de moradias nos anos 2000 e à disposição de os bancos inovarem no terreno das hipotecas. Desde 2008, foram milhares de despejos todos os meses. Somente em 2009, foram mais de 93 mil. Entre 2007 e 2012, as execuções na Espanha passavam de 400 mil.

Mas as taxas de execução hipotecária aumentaram em toda a Europa (ver Tabela 1.3). A análise mais abrangente das tendências europeias chega somente até 2009, e é depois desse ano que as coisas pioraram de uma forma geral, como indicam os dados fragmentários.[39] Os aumentos vão de um máximo de 205% entre 2008 e 2009 na Letônia, a um mínimo de 10,83% na Suécia. Em alguns países houve diminuição na *taxa* de execuções, apesar de os números gerais de execuções terem sido extremamente altos. A taxa de despejos na Hungria, por exemplo, diminuiu 70% de 2008 a 2009, mas isso é porque houve um enorme aumento no número de despejos no país em 2007 e 2008. No fim de 2012, a Hungria acumulava quase um milhão de despejos desde 2009.

Esses números precisam ser interpretados com precaução, é claro. O aumento de 63% na Finlândia, por exemplo, parece muito elevado, mas o número total de procedimentos de despejo ainda não chega a mil (e a medição utilizada também inclui empréstimos hipotecários não residenciais). As taxas de despejo em alguns dos países-membros da União Europeia começaram a aumentar a partir de uma base muito baixa. E o volume total de procedimentos de despejo ainda é

Tabela 1.3 – Países europeus com os números mais altos e mais baixos de execução de hipotecas, 2007-2009

	Número de execuções			% de variação		
	2007	2008	2009	2007-2008	2008-2009	Aumento?
Maior número de execuções:						
Hungria	225.663	245.597	71.683	8,83	–70,81	Não
Alemanha	91.788	88.379	86.617	–3,71	–1,99	Não
Espanha	25.943	58.686	93.319	126,21	59,01	Sim
Reino Unido	27.869	46.984	54.014	68,59	14,96	Sim
Menor número de execuções:						
Bulgária	449	886	1.570	97,33	77,20	Sim
Finlândia	506	825	1.036	63,04	25,58	Sim
Dinamarca	1.015	1.942	2.860	91,33	47,27	Sim
Holanda	1.811	1.961	2.256	8,28	15,04	Sim

Fonte: White, 2013.

relativamente pequeno em relação ao número total de empréstimos hipotecários residenciais vigentes. Por exemplo, os 42.825 despejos realizados no Reino Unido em 2008 constituem um número elevado, mas a cifra ainda representava menos de 1% do total das hipotecas vigentes naquele ano.

O que fica claro a partir desses dados e de outros mais recentes é que os *números totais* de despejos desde 2007 aumentam anualmente, ainda que possam diminuir em alguns anos. Em segundo lugar, a tendência ainda não acabou, e os países se encontram em estágios diferentes desse processo. Por exemplo, entre o final de 2007 e o final de 2009, as taxas de inadimplência em Portugal e no Reino Unido aumentaram levemente, ao passo que as taxas de inadimplência no Chipre, na Hungria e na Polônia mais do que dobraram, e na Irlanda triplicaram. As taxas de inadimplência na Dinamarca, Espanha, Estônia, Bulgária e Letônia aumentaram mais que três vezes. Contudo, excluindo Bulgária, Chipre, Estônia, Grécia, Hungria, Irlanda, Letônia e Polônia, em nenhum dos estados-membros ou na Noruega os empréstimos com mais de três meses de atraso pareciam representar mais do que 3% do total dos empréstimos hipotecários pendentes em 2009. Por fim, os estados-membros experimentaram o impacto da crise de maneiras muito diferentes. Cada um dos três estados-membros com os maiores aumentos (Dinamarca, Estônia e Letônia), por exemplo, mostram taxas de inadimplência muito diferentes, o que sugere que os aumentos relativos nessas taxas devem ser vistos lado a lado com a taxa absoluta de inadimplência, que em alguns desses casos é baixa.

Pobreza

Essas taxas crescentes de inadimplência, ainda que baixas, ganham maior significado se considerarmos a incidência cada vez maior da pobreza nos países da UE-27. A pobreza aumenta em toda a Europa, independentemente dos diferentes níveis de desenvolvimento socioeconômico. Por exemplo, entre 2010 e 2011, a porcentagem da população em risco de pobreza ou exclusão social aumentou de 41,6% para 49,1% na Bulgária, de 27,7% para 31% na Grécia, de 25,5% para 27% na Espanha, de 29,9% para 31% na Hungria e de 15% para 16,1% na Suécia (ver Tabela 1.4).

No fim de 2012, o Eurostat, órgão oficial de estatística da União Europeia, publicou números atualizados sobre o risco de pobreza ou exclusão social ao longo de 2011.[40] De acordo com esses números, 119,6 milhões de pessoas – ou 24,2% da população nos países da UE-27 – estavam em risco de pobreza ou passavam por privações materiais sérias, ou viviam em residências com intensidade de trabalho muito baixa.[41] Nesse grupo de 27 países, 9% da população sofria privações materiais sérias, o que significa que suas condições de vida estavam limitadas pela falta de recursos (por exemplo, não conseguiam pagar contas, manter suas casas suficientemente aquecidas ou tirar uma semana de férias fora de casa). A parcela de pessoas com privações materiais sérias variava de forma considerável entre os estados-membros, de 1% em Luxemburgo e Suécia a 44% na Bulgária e 31% na Letônia. Em 2011, as maiores parcelas de população em risco de pobreza ou exclusão social foram registradas na Bulgária (49%), Romênia e Letônia (ambas com 40%), Lituânia (33%) e Grécia e Hungria (ambas com 31%). As mais baixas foram registradas na República Tcheca (15%), Holanda e Suécia (ambas com 16%) e em Luxemburgo e na Áustria (ambos com 17%). Além disso, de acordo com o relatório, 27% dos jovens menores de 18 anos eram afetados por pelo menos uma das três formas de pobreza ou exclusão social, segundo dados de 2010. Os jovens eram os mais afetados em vinte estados-membros, ao passo que os idosos eram os mais atingidos na Bulgária, Eslovênia, Finlândia e Suécia. Na Dinamarca, a população em idade produtiva era a mais afetada.

Tabela 1.4 – Pobreza e exclusão social em países da UE e Suíça, 2008-2011

	% de população total excluída, por tipo de exclusão social			% de população total excluída, por tipo de exclusão social			Número de excluídos, 2011 (em milhões)
	Risco de pobreza	Privações materiais graves	Lares com baixa intensidade de trabalho	2008	2010	2011	
UE-27	16,9	8,8	10	23,5	23,4	24,2	119,6
Alemanha	15,8	5,3	11,1	20,1	19,7	19,9	16,1
Áustria	12,6	3,9	8	18,6	16,6	16,9	1,4
Bélgica	15,3	5,7	13,7	20,8	20,8	21	2,3
Bulgária	22,3	43,6	11	38,2	41,6	49,1	3,7
Chipre	14,5	10,7	4,5	22,4	22,9	23,5	0,2
Croácia	21,1	14,8	17	n/a	31,3	32,7	1,4
Dinamarca	13	2,6	11,4	16,3	18,3	18,9	1
Eslováquia	13	10,6	7,6	20,6	20,6	20,6	1,1
Eslovênia	13,6	6,1	7,6	18,5	18,3	19,3	0,4
Espanha	21,8	3,9	12,2	22,9	25,5	27	12,4
Estônia	17,5	8,7	9,9	21,8	21,7	23,1	0,3
Finlândia	13,7	3,2	9,8	17,4	16,9	17,9	0,9
França	14	5,2	9,3	18,6	19,2	19,3	11,8
Grécia	21,4	15,2	11,8	28,1	27,7	31	3,4

(Continua)

Tabela 1.4 – Pobreza e exclusão social em países da UE e Suíça, 2008-2011

(Conclusão)

	% de população total excluída, por tipo de exclusão social			% de população total excluída, por tipo de exclusão social			Número de excluídos, 2011 (em milhões)
	Risco de pobreza	Privações materiais graves	Lares com baixa intensidade de trabalho	2008	2010	2011	
Hungria	13,8	23,1	12,1	28,2	29,9	31	3,1
Irlanda	n/a	n/a	n/a	23,7	29,9	n/a	n/a
Islândia	9,2	2,1	6,2	11,8	13,7	13,7	0
Itália	n/a	n/a	n/a	25,3	24,5	n/a	n/a
Letônia	19,3	30,9	12,2	33,8	38,1	40,1	0,9
Lituânia	20	18,5	12,3	27,6	33,4	33,4	1,1
Luxemburgo	13,6	1,2	5,8	15,5	17,1	16,8	0,1
Malta	15,4	6,3	8,3	19,6	20,3	21,4	0,1
Noruega	10,5	2,3	7,1	15	14,9	14,6	0,7
Polônia	17,7	13	6,9	30,5	27,8	27,2	10,2
Portugal	18	8,3	8,2	26	25,3	24,4	2,6
Reino Unido	16,2	5,1	11,5	23,2	23,1	22,7	14
República Tcheca	9,8	6,1	6,6	15,3	14,4	15,3	1,6
Romênia	22,2	29,4	6,7	44,2	41,4	40,3	8,6
Suécia	14	1,2	6,8	14,9	15	16,1	1,5
Suíça	15	1,3	4,7	18,6	17,2	17,3	1,3

Fonte: Eurojobs, 2012.

Os números da pobreza são calculados com base em medidas diferentes na Europa e nos Estados Unidos. Mas algumas tendências importantes podem ser observadas nas duas regiões, nas taxas de falta de moradia por tempo de vida (segundo pesquisas por residência), na desigualdade de renda e em programas fiscais e de benefícios que aumentam ou reduzem a pobreza. Essas medições mostram que antes do colapso econômico os Estados Unidos e o Reino Unido tinham taxas sistematicamente mais altas de falta de moradia por tempo de vida, mais desigualdade de renda e políticas de bem-estar menos generosas do que a maioria dos países europeus.[42] Em todos os países, minorias raciais e pessoas com doenças mentais sofriam com altas taxas de falta de moradia. Em anos recentes, porém, essas tendências chegam a ser extremas na Grécia. Organizações não governamentais que trabalham com os sem-teto na Grécia estimam que seu número havia chegado a 20 mil no fim de 2010, se forem contados todos os sem-teto em situação de rua, os que não têm casa própria, os que não têm moradia adequada ou que vivem em condições inseguras. Isso é mais do que mostra uma estimativa de 2009, de 17 mil pessoas, o que indica uma tendência perturbadora que cresce rapidamente.

Um indicador do nível de desespero da população de um país por causa da economia é um aumento marcante no número de suicídios.[43] Essa tendência é evidente em diversos países do mundo, da Índia aos Estados Unidos, embora por motivos diferentes, que vão desde a perda de terras ou de um negócio até a experiência de total abandono por parte do Estado e da sociedade. O que importa para minha análise aqui é o fato de que houve um aumento no número de suicídios, e não o número total. Em 2011, o ministro da Saúde da Grécia, Andreas Loverdos, afirmou que os suicídios nos primeiros cinco meses do ano poderiam ter aumentado 40% em relação ao mesmo período de 2010. O relatório do ministro informava ainda que a maioria desses suicídios tinha ligação com a crise financeira, com o aumento brusco das falências e com a elevação do desemprego – de 13,9% para 20,9% – no espaço de doze meses. Uma das principais organizações de assistência, Klimaka, informou que durante o mesmo período as chamadas telefônicas de pessoas consideradas em sério risco de suicídio mais do que duplicaram, chegando a 5.500 em 2011.

Os deslocados do mundo

Uma maneira de trazer uma perspectiva global a essas condições extremas de expulsão social em países ricos é considerar as principais tendências internacionais dos deslocamentos em países pobres nos últimos anos. As taxas de desemprego, emigração, deslocamentos, pobreza e suicídios são variáveis úteis nos países do Norte global. Os deslocamentos por causa de guerras, as doenças e a fome talvez sejam variáveis mais úteis no Sul global. O principal organismo encarregado de monitorar os deslocados é a Alta Comissão das Nações Unidas para os Refugiados (ACNUR). A ACNUR contabiliza tipos específicos de deslocamentos vinculados a conflitos armados. Portanto, seus resultados são uma sub-representação do número total.[44] Os números da ACNUR deixam de fora pessoas deslocadas pelas aquisições de terra em grande escala no Sul global – que serão discutidas no Capítulo 2 –, pessoas deslocadas no Norte global por causa das manipulações financeiras de suas dívidas – discutidas no Capítulo 3 – e aquelas deslocadas por força de mudanças climáticas catastróficas em todo o mundo, discutidas no Capítulo 4.

No fim de 2011, o último ano para o qual existiam dados estatísticos abrangentes da ACNUR quando da escrita deste livro, 42,5 milhões de pessoas no mundo inteiro haviam saído à força de suas casas como consequência de conflitos novos ou persistentes em diferentes partes do globo. Esse foi o quinto ano em que o número de pessoas deslocadas à força superou os 42 milhões. A classificação "pessoas deslocadas" inclui várias populações diferentes. Em 2011, a distribuição era de 15,2 milhões de refugiados (10,4 milhões sob os cuidados da ACNUR e 4,8 milhões registrados na Agência das Nações Unidas para os Refugiados Palestinos), 26,4 milhões pessoas deslocadas dentro de seu próprio país por causa de conflitos e 895 mil pessoas em busca de asilo (refugiados atravessando fronteiras internacionais, deslocados à força), com aproximadamente um décimo deste último grupo somente na África do Sul. O total de 2011 contém, entre outras, três alarmantes tendências de crescimento que gostaria de destacar aqui. Uma é que se estimava que 4,3 milhões de pessoas eram novos deslocados em decorrência de conflitos ou perseguições. A segunda tendência era que os 895 mil solicitantes de asilo que acabei de mencionar representavam o maior número nessa categoria em mais de dez anos. A terceira era que outras 3,5 milhões de pessoas eram novos deslocados dentro das fronteiras de seu próprio país, um aumento de 20% em relação a 2010.

A seguir, examino algumas dessas tendências em maior detalhe, a fim de averiguar como esses resultados são constituídos.

Criação dos deslocamentos em massa

A ACNUR era responsável por 35,4 milhões do total internacionalmente reconhecido de 42,5 milhões de pessoas deslocadas em 2011. Desses 35,4 milhões, 25,9 milhões eram refugiados e pessoas deslocadas dentro de seu país. O aumento em relação a 2010 deveu-se em grande parte a novos deslocamentos relacionados a conflitos no Afeganistão, Costa do Marfim, Líbia, Sudão do Sul e Iêmen. O Afeganistão continuou sendo o principal ponto de origem de refugiados no mundo em 2011. Em média, um em cada quatro refugiados em todo o mundo é originário do Afeganistão, e 95% deles encontraram asilo no Paquistão ou na República Islâmica do Irã. O Iraque ficou em segundo lugar, sendo a origem de 1,4 milhão de refugiados, seguido pela Somália, com quase 1,1 milhão, pelo Sudão, com 500 mil, e pela República Democrática do Congo, com 491.500.

Deslocamentos prolongados de cinco anos ou mais afetam 7,1 milhões de refugiados, quase três quartos da população de refugiados sob o mandato da ACNUR, que define uma situação de refúgio prolongado como aquela em que 25 mil refugiados ou mais do mesmo país estão no exílio há cinco anos ou mais. Isso é de particular preocupação para os ativistas de direitos humanos, que criaram o termo *armazenamento de refugiados* para descrever o impacto de múltiplos anos de mobilidade restringida, inatividade forçada e dependência em acampamentos e outros assentamentos segregados.[45] Esses são os expulsos que provavelmente nunca voltarão a uma vida normal.

A Tabela 1.5 traz uma análise global das pessoas deslocadas à força em 2011 por categoria. A Tabela 1.6 apresenta uma lista dos países com os números mais elevados de novas pessoas deslocadas internamente (PDIs), e a Tabela 1.7 resume alguns dos principais fatos e números das tendências globais de deslocamentos internos em 2011. Por fim, a Tabela 1.8 mostra onde as pessoas deslocadas à força procuram refúgio, por categoria de deslocamento e continente de asilo.

Tabela 1.5 – Deslocados à força no mundo sob os cuidados da ACNUR, 2011

Categorias de população deslocada	Número de pessoas (em milhões)
Refugiados	10,4
Solicitantes de asilo (casos pendentes)	0,9
Refugiados de regresso	0,5
PDIS assistidas pela ACNUR	15,5
PDIS que regressaram	3,2
Pessoas sem Estado	3,5
Vários	1,4
Total	35,4

Fonte: ACNUR, 2012b.

Tabela 1.6 – Países com o maior número registrado de pessoas deslocadas internamente, 2011 (em milhares)

País	Início de 2011	Fim de 2011	% de variação
Afeganistão	351	448	27
Azerbaijão	592	599	1
Colômbia	3.672	3.888	6
Costa do Marfim	517	127	−75
Iraque	1.343	1.332	1
Paquistão	952	452	−52
Quênia	300	300	0
República Democrática do Congo	1.721	1.709	−1
Somália	1.463	1.356	−7
Sudão	1.526	2.340	53

Fonte: ACNUR, 2012b.

Tabela 1.7 – Fatos e números principais sobre pessoas deslocadas, 2011

Número de deslocados internos ao final de 2011	15,5 milhões
Região mais afetada	África (7 milhões de PDIS)
Região com maior aumento relativo no número de PDIS em 2009	Sul e Sudeste da Ásia (com 23% de aumento ano a ano, de 2,5 milhões para 4,3 milhões)
Países com mais de um milhão de pessoas identificadas como PDIS	5 (Colômbia, Iraque, República Democrática do Congo, Somália, Sudão)
Países com pelo menos 200 mil pessoas identificadas como PDIS ao final de 2011	14 (Afeganistão, Azerbaijão, Birmânia, Colômbia, Geórgia, Iêmen, Iraque, Paquistão, República Democrática do Congo, Sérvia, Somália, Sudão do Sul, Sudão)
Países aos quais mais de 200 mil pessoas regressaram durante 2009 (em ordem de escala)	6 (Paquistão, República Democrática do Congo, Uganda, Sudão, Quênia, Filipinas)
Países com novos deslocamentos em 2009	23
Países com uma proporção significativa de PDIS vivendo em deslocamento prolongado	Pelo menos 34
Países em que quase todas as PDIS viviam em lugares identificados	3 (Burundi, Chade, Uganda)
Países com PDIS em ambientes urbanos	Pelo menos 48
Países com legislação ou políticas dirigidas diretamente aos deslocamentos internos	16

Fonte: ACNUR, 2012b.

Tabela 1.8 – Número estimado de pessoas deslocadas à força, por categoria de deslocamento e continente de asilo, 2011 (em milhares)

Continente de asilo	Total de refugiados[a]	Refugiados assistidos pela ACNUR	Solicitantes de asilo	PDIS protegidas/assistidas pela ACNUR[b]	PDIS que regressaram[c]	Pessoas sem Estado[d]	Diversos[e]	População total nesta situação
África	2.924	2.562	391	6.961	2.196	21	174	13.054
Ásia	5.104	3.302	83	4.254	1.048	2.759	1.132	14.526
América Latina e Caribe	378	101	50	3.888	n/a	n/a	n/a	4.316
América do Norte	430	n/a	54	n/a	n/a	n/a	n/a	483
Europa	1.534	91	313	370	1	697	104	3.021
Oceania	35	2	5	n/a	n/a	n/a	n/a	40
Total	10.405	6.058	896	15.473	3.245	3.477	1.412	35.440

Fonte: ACNUR, 2012b.

Notas: a. Inclui pessoas em situação similar à de refugiados.
b. Inclui pessoas em situação similar à de deslocados internos.
c. Deslocados internos protegidos pela ACNUR que regressaram a seu lugar de origem durante esse ano.
d. Pessoas que não são consideradas cidadãos por nenhum Estado de acordo com suas leis. Engloba pessoas sem Estado de jure e de facto, e pessoas que não conseguem demonstrar sua nacionalidade.
e. Indivíduos que não pertencem diretamente a nenhuma das outras categorias, mas que a ACNUR pode proteger e oferecer serviços de assistência, por razões humanitárias ou outras especiais.

CARREGANDO O ÔNUS DOS DESLOCAMENTOS

Como mostram os números anteriores, os países do Sul global abrigavam 80% dos refugiados do mundo. Quase 5 milhões de refugiados residiam em países onde o PIB *per capita* era menor do que US$ 3 mil. Os 48 países menos desenvolvidos concederam asilo a quase metade desses refugiados. Em 2011, Paquistão, Irã e Síria tinham as maiores populações de refugiados: 1,7 milhão, 886.500 e 755.400, respectivamente. O país do Norte global com a maior população de refugiados era a Alemanha, que abrigava mais de meio milhão de pessoas.

A população refugiada causa um impacto econômico muito maior no Sul global do que no Norte. O Paquistão teve o maior impacto econômico, com 605 refugiados por dólar de seu PIB *per capita*, seguido pela República Democrática do Congo e pelo Quênia, com 399 e 321 refugiados por dólar do PIB *per capita*, respectivamente. Em comparação, a população de refugiados causou um impacto mínimo na economia da Alemanha, com 15 refugiados por dólar do PIB *per capita*. Evidentemente, é possível que o impacto econômico seja mínimo, ao mesmo tempo que o impacto social é alto.

António Guterres, alto comissário das Nações Unidas para os Refugiados, atribuiu à xenofobia esse desequilíbrio na quantidade de pessoas recebidas. "O medo de supostas enxurradas de refugiados em países industrializados é enormemente exagerado, ou combinado de forma errônea com os problemas de migração", afirmou numa declaração da ACNUR. "São os países pobres que estão tendo que carregar esse peso."[46]

A reconceitualização das forças-chave dos deslocamentos

Enquanto a vasta maioria de pessoas deslocadas no mundo inteiro continua a ser expulsa de suas casas por causa de novos ou persistentes conflitos políticos, existe também um aumento no número das pessoas expulsas por causa de desastres ambientais.[47] Fatores como pobreza e conflitos políticos, capazes de impulsionar sozinhos as dinâmicas globais de expulsão, também intensificam o impacto dos desastres ambientais sobre as pessoas pobres no mundo. Bangladesh e Moçambique são dois estudos de caso ilustrativos.

Bangladesh é conhecido por ser um dos países mais vulneráveis a ciclones e enchentes, cujas intensidade e frequência aumentaram em anos recentes. Atualmente, cerca de 40 milhões de pessoas nesse país moram em zonas costeiras ameaçadas pela elevação do nível do mar. Estima-se que cerca de 3% da área litorânea estará debaixo d'água até 2030, e 6% até 2050. Com o avanço das mudanças climáticas, porém, essa perda de terra pela elevação do nível do mar deve gerar um impacto ainda mais desastroso para os que vivem nas regiões costeiras. A elevação do nível do mar agrava as enchentes, causa tormentas mais fortes na estação dos ciclones e provoca níveis mais altos de salinidade no litoral. Isso prejudicará plantações e estoques de água potável. O aumento da salinidade na costa de Bangladesh é um grave problema para as comunidades locais, pois destrói as possibilidades de subsistência ao tornar incultiváveis grandes trechos de terras aráveis e contaminar a água potável destinada a pessoas e animais. Além desses iminentes desastres costeiros, graves secas e inundações estão causando deslocamentos temporários e em longo prazo no interior. Estima-se que 6,5 milhões de pessoas em Bangladesh já tenham sido deslocadas por causa das mudanças climáticas, um número que, segundo as estimativas, só deve crescer.

Moçambique está entre aquele punhado de países que sofre tanto a desertificação quanto a elevação do nível do mar. Grandes inundações ocorreram em 2001, 2007, 2008, 2010 e 2012. O país teve relativo sucesso no reassentamento de sua população deslocada pelo clima, mas, segundo o relatório dos pesquisadores das Nações Unidas, embora o reassentamento salve os deslocados do perigo de graves enchentes, este pode levar a outras dificuldades ambientais, sociais e econômicas. Agricultores e pescadores de subsistência perdem acesso a terras férteis nas margens dos rios e são confinados a áreas mais altas e propensas à seca. Ainda que alguns retornem periodicamente às terras e águas férteis, é difícil que conservem a posse das terras e a capacidade de subsistir da agricultura. Cada vez mais, passam a depender da *"ajuda governamental e internacional"*.[48] Como em Bangladesh, o principal motor dos deslocamentos em Moçambique tem sido a perda de meios de sobrevivência por causa das mudanças climáticas.

Juntas, essas dinâmicas globais de pobreza extrema, deslocamento em massa, desastres ambientais e conflitos armados criaram níveis de expulsão social nunca vistos antes, sobretudo no Sul global, mas que agora já se iniciaram no Norte global, ainda que em decorrência de acontecimentos diferentes.

O encarceramento como expulsão

Um último mecanismo de expulsão deve ser considerado se quisermos apreciar plenamente os matizes do capitalismo avançado em que vivemos: o rápido aumento do encarceramento. De fato, está se tornando uma forma brutal de expulsão de excedentes da população trabalhadora no Norte global, em especial nos Estados Unidos e cada vez mais no Reino Unido. De uma perspectiva mundial, podemos ver ressonâncias sistêmicas entre os encarcerados em massa, os refugiados armazenados e os deslocados à força. Os três indicam a presença de grandes dinâmicas básicas de expulsão que aparecem através das espessas realidades de diferentes localidades e lugares sistêmicos. Essas realidades espessas "a nível do chão", junto com os campos especializados e muito diferentes de investigação para cada um desses temas, afastam-nos de conceituações que poderiam indicar paralelismos sistêmicos. Em minha interpretação, trata-se mesmo de diferentes formas localizadas de tendências conceitualmente subterrâneas mais profundas, que atravessam as diferenciações estabelecidas.

O encarceramento em massa tem estado presente em ditaduras extremas há muito tempo. Hoje também aparece ligado de forma inextricável ao capitalismo avançado, ainda que por meio do vínculo formal do crime. A maior parte das pessoas que estão sendo encarceradas também não tem um trabalho, e não poderá encontrar trabalho em nossa época. Não era assim há vinte anos, quando um detento tinha mais possibilidades de ser considerado reabilitado e merecedor de um emprego. Nesse sentido, então, os presos de hoje nos Estados Unidos e no Reino Unido são cada vez mais a versão atual do excedente de população trabalhadora que era comum no começo brutal do capitalismo moderno.

Três tendências são visíveis quando examinamos o encarceramento, um processo antigo que hoje atinge novas ordens de magnitude e que diversifica seus espaços institucionais para incluir prisões privadas com fins lucrativos.[49] A mais visível delas é o aumento no número de pessoas encarceradas, uma tendência evidente num número cada vez maior de países. Os Estados Unidos são o caso mais dramático, e nesse aspecto (novamente) nos mostram como a coisa pode piorar. A população encarcerada nos Estados Unidos aumentou 600% nas últimas quatro décadas. Os 2,3 milhões de presos no país correspondem a 25% das pessoas encarceradas no mundo, conferindo aos Estados Unidos a maior população encarcerada mundial. A segunda é o marcante crescimento global do número de pessoas que se encontram sob alguma forma de supervisão penal prolongada. Somente nos Estados Unidos, outras 5 milhões de pessoas estão em liberdade condicional atualmente, o que significa que são na verdade cidadãs de segunda classe e que não conseguirão emprego ou moradia facilmente. A terceira é o crescimento da privatização das prisões e dos serviços prisionais, mais desenvolvida nos Estados Unidos, mas que se amplia a um número cada vez maior de países. A privatização de serviços carcerários ocorre em áreas tão diferentes quanto serviços policiais, tribunais, supervisão em comunidade

(monitoramento eletrônico), liberdade condicional e *halfway houses**
para os que conseguem sair da prisão mais cedo.

Em relação a cada uma dessas tendências, as estatísticas globais são irregulares nos critérios e na cobertura. Os censos da população carcerária mundial costumam deixar de fora quem está em liberdade condicional ou sob outras modalidades de supervisão penal. Em suas muitas formas, a supervisão penal fora da prisão está se tornando um mecanismo considerável de exclusão social, que, levado ao limite, pode se tornar mais um mecanismo de expulsão. É difícil medi-la na maioria dos países, o que dirá numa escala global. O aumento mundial da privatização das múltiplas áreas do conjunto carcerário, desde as prisões até os serviços, também é difícil de acompanhar. Os dados atuais sobre as instalações carcerárias privadas concentram-se nos Estados Unidos, país pioneiro nesse processo, seguido por países com iniciativas em várias etapas de desenvolvimento, como África do Sul, México, Nova Zelândia, Peru e Reino Unido.[50]

Para começar a entender a condição emergente da expulsão por meio do encarceramento, analisarei o encarceramento nos Estados Unidos dentro do contexto global e depois examinarei em detalhe o aumento da privatização carcerária nas últimas quatro décadas.

O encarceramento nos EUA dentro do contexto global

Atualmente, um em cada cem americanos está detido numa prisão estadual ou federal, ou numa cadeia de sua cidade enquanto aguarda julgamento.[51] Se somarmos as pessoas em liberdade condicional, o número total ultrapassa 7 milhões: 1 em 31 americanos. E se contarmos todas as pessoas que já foram presas ou condenadas, o número

---

* Halfway houses são moradias provisórias que objetivam recuperar e reinserir na sociedade pacientes psiquiátricos, dependentes químicos, alcoolistas e egressos do sistema prisional. Por não haver correspondente no Brasil, optou-se por não traduzir o termo. (N. da E.)

chega a 65 milhões, 1 em cada 4 americanos. Hoje, o sistema de justiça penal dos Estados Unidos atinge 25% da população total, o que é muito extremo em comparação com a maioria dos países do Norte global. Se algo demonstra o caráter excepcional dos Estados Unidos é a proliferação do complexo carcerário estadual e privado. Além de os Estados Unidos serem o primeiro país do mundo em número de encarceramentos, o estado da Louisiana tornou-se a capital carcerária mundial, com 1 em cada 55 habitantes vivendo atualmente atrás das grades.

Um estudo das taxas de encarceramento por estado no país deixa claro que o *boom* carcerário está longe de ser uniforme. Mostra também a necessidade de diferenciações político-legais mais finas dentro dos países nas análises de país a país em todo o mundo. Estados do Sul como Louisiana, Mississippi, Oklahoma, Alabama e Texas estão na dianteira no número de residentes presos, ao passo que estados da Nova Inglaterra – New Hampshire, Massachusetts, Rhode Island e Maine – estão em último lugar. Costuma-se dizer que os estados com altos níveis de encarceramento sofrem de uma tendência regional à criminalidade. Porém, o que esses estados têm em comum são regras e práticas administrativas, como encarceramentos pré-processuais prolongados, leis e penas mais pesadas e mínimas oportunidades de soltura antecipada. Estados com alto nível de encarceramento compartilham ainda outra característica: a proliferação de prisões e de serviços carcerários com fins lucrativos.

A essa lista de variáveis que são parte da organização e do funcionamento de um sistema de justiça penal, o International Center for Prison Studies acrescenta várias outras para determinar a especificidade da situação carcerária americana dentro de uma perspectiva global. De acordo com a nona edição da "World Prison Population List", publicada em 2011, calcula-se que existam mais de 10,1 milhões de pessoas detidas em instituições penais no mundo inteiro, a maioria aguardando julgamento ou já condenada.[52] Esse número exclui sete países para os quais não havia dados disponíveis.

Note-se que o relatório de 2011 não controla as diferenças nas práticas carcerárias entre países, o que poderia levar a grandes diferenças nos dados gerais. Não se incluem entre as variáveis o fato de todos os presos jovens ou à espera de julgamento estarem sob a autoridade da administração carcerária, ou se as prisões são usadas para abrigar pessoas com doenças mentais e/ou detidas por dependência de drogas ou álcool. Além disso, geralmente não se incluem nos números totais nacionais de presos aqueles mantidos sob alguma forma de custódia não subordinada à autoridade da administração da prisão – por exemplo, as 5 milhões de pessoas nos Estados Unidos em liberdade condicional.

Apesar dessas discrepâncias, o International Center for Prison Studies faz várias conclusões importantes em sua análise das tendências globais da população encarcerada. Uma delas é que "quase a metade [daqueles que estão presos] estão nos Estados Unidos (2,29 milhões), Rússia (0,81 milhão) e China (1,56 milhão de presos condenados)", com outros 650 mil em centros de detenção na China. A Figura 1.22 mostra o crescimento constante do número de presos estaduais e federais em instituições privadas de 2000 a 2010.

Mais difícil é estimar um equivalente global do número americano de 7 milhões de pessoas sob alguma forma de supervisão penal (penitenciária, prisão, liberdade vigiada, liberdade sob palavra). A liberdade sob palavra (*parole*) não é muito utilizada mundialmente: continua sendo prática judicial dos países ocidentais ricos. Por outro lado, países pobres costumam ter muito mais gente encarcerada aguardando julgamento. Em 2008, o International Center for Prison Studies fez uma análise global dos presos que aguardavam julgamento e outros em prisão preventiva nos cinco continentes, e estimou que houvesse até 2,5 milhões de detentos aguardando julgamento no mundo. Na Libéria, Mali, Haiti, Andorra, Níger e Bolívia, 75% ou mais da população carcerária *total* aguarda julgamento. Em 2008, a Open Society Foundation lançou uma campanha mundial sobre esses presos como parte de uma iniciativa de defesa dos direitos humanos e da Justiça. Segundo suas estimativas, a cada dia cerca de 3 milhões de pessoas estão atrás das grades aguardando serem julgadas. A estimativa anual é de 10 milhões de indivíduos.[53]

Figura 1.22 – Presos estaduais e federais em instituições privadas, 2000-2010

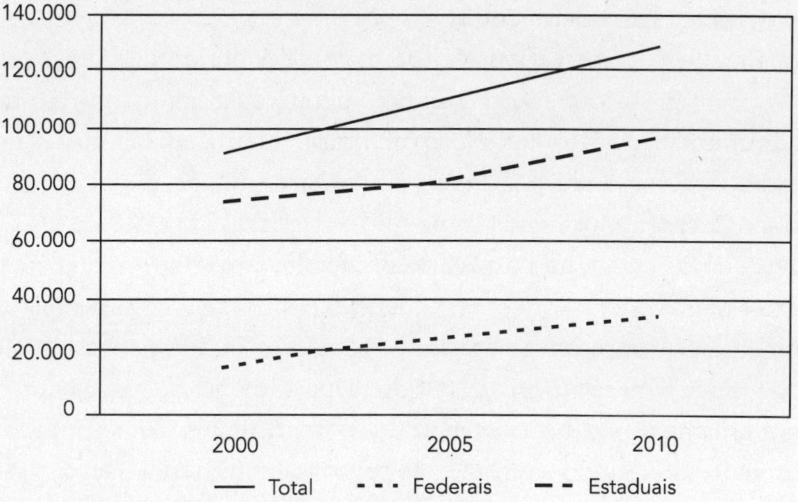

Fonte: Guerino, Harrison e Sabol, 2012, Tabela apêndice 19.

Prisões privadas

A proliferação de prisões e serviços com fins lucrativos nos grandes sistemas carcerários dos Estados Unidos serve como amostra do que esse sistema efetivamente implica.[54]

No caso dos Estados Unidos, historiadores costumam vincular o *conceito* de prisões privadas ao sistema de *convict leasing* (algo como "aluguel de presos") surgido com os Black Codes (Códigos Negros) após a abolição da escravatura no país. Mas o surgimento de instituições penais distintas de operação privada é definitivamente um processo do século XX. Desde os anos 1970, empresas privadas começaram a tomar conta da administração de *halfway houses* nos

Estados Unidos, em um momento em que as taxas de encarceramento aumentavam rapidamente em razão de condenações relacionadas a drogas. As instituições públicas não tinham como lidar com esses números crescentes. Na década de 1980, empresas privadas continuaram a se aprofundar no sistema penal ao celebrar contratos com o Immigration and Naturalization Service (INS) para prender imigrantes sem documentos.

Em 1984, a Corrections Corporation of America (CCA) foi a primeira empresa carcerária com fins lucrativos a obter contrato de administração de um complexo carcerário inteiro, em Hamilton, no estado do Tennessee. Alguns anos mais tarde, a Wackenhut Corrections Corporation (agora Grupo GEO) foi estabelecida. Na década de 1990, tanto a CCA quanto a Wackenhut voltavam seus olhares para o exterior e se esforçavam para influenciar políticas governamentais e/ou ganhar contratos carcerários nos Estados Unidos, na Austrália e na França. Um relatório de 2001 do Departamento de Justiça norte-americano estimou a existência de 184 instituições penais privadas ao redor do mundo, com 132.346 pessoas em custódia. Destas, 158 localizavam-se nos Estados Unidos. Eram distribuídas por trinta estados, além de Porto Rico e do Distrito de Colúmbia, mas concentradas nas regiões Sul e Oeste do país. As outras 26 instituições, do total de 184, incluíam dez no Reino Unido e 12 na Austrália.

As prisões privadas continuaram a se proliferar durante toda a primeira década do século XXI nos Estados Unidos, com taxas quase proporcionais ao crescimento geral da população carcerária no país (ver Figura 1.22). No fim de 2010, as instituições privadas nos Estados Unidos abrigavam 128.195 presos estaduais e federais. Cerca de 16% dos presos federais (33.830) e quase 7% dos presos estaduais (94.365) estavam em instituições privadas em 31 de dezembro de 2010. A Tabela 1.9 analisa os presos estaduais e federais mantidos em prisões privadas, por região, em 2000, 2009 e 2010. Em 2010, trinta estados americanos contavam com algum nível de privatização e sete estados tinham mais de um quarto de seus detentos em prisões privadas.

Em 2005 a privatização das prisões – muitas vezes sob a forma de incipientes parcerias público-privadas – estava presente em todos os continentes, ainda que não em nível comparável ao dos Estados Unidos.[55] Laura McTighe analisou uma série de dados sobre a privatização nas prisões publicados pela Public Services International Research Unit e encontrou os seguintes padrões e condições no ano de 2005:

- Na Europa, os países que estavam tomando decisões sobre prisões privadas ou envolvimento do setor privado nas prisões eram Bélgica, República Tcheca, França, Alemanha, Hungria, Irlanda e o Reino Unido. A famosa parceria público-privada francesa com trinta instituições carcerárias serviu de modelo para a expansão da detenção juvenil com fins lucrativos. O Reino Unido continuou a aumentar o papel do setor privado em seu sistema carcerário, incluindo um novo programa privatizado de monitoramento eletrônico. A expansão continuou apesar da atenção cada vez maior da imprensa às condições deploráveis nas instituições privadas. A Hungria iniciou a construção de uma prisão privada de setecentas camas e planejava a abertura de uma segunda em 2007, e a República Tcheca estava em fase de planejamento de sua primeira prisão privada. A Irlanda também fazia planos para sua primeira prisão privada: abriu nove tribunais privados, privatizou o monitoramento eletrônico e converteu duas prisões vazias em *halfway houses* com fins lucrativos. Na Alemanha, a empresa britânica Serco ganhou um contrato de cinco anos para fornecer serviços psicológicos, médicos e educacionais, vigilância por meio de câmeras, além de cozinhas, oficinas e serviços de administração institucional e trabalho industrial para trezentos detentos em parceria com outras empresas. A Grécia fechava a lista com a abertura de seis novas prisões no fim daquele ano e a aprovação de uma nova lei que forneceu o modelo para futuras parcerias público-privadas.

Tabela 1.9 – Presos estaduais e federais em instituições privadas nos EUA, por regiões e estados com as maiores populações em prisões privadas, 2000-2010

Região	2000	2009	2010	% do total de presos (2010)
total EUA	87.369	129.333	128.195	8
Federal	15.524	34.087	33.830	16,1
Estadual	71.845	95.246	94.365	16,1
NORDESTE	2.509	5.423	5.301	3
Nova Jersey	2.498	2.950	2.841	11,4
Pensilvânia	0	920	1.015	2
MEIO-OESTE	7.836	4.895	5.885	2,2
Indiana	991	2.479	2.817	10,1
Ohio	1.918	2,195	3.038	5,9
SUL	45.560	58.737	60.491	9,2
Flórida	3.912	9.812	11.796	11,3
Texas	13.985	19,207	19.155	11
OESTE	15.940	26.191	22.688	7,3
Arizona	1.430	8.971	5.356	13,3
Novo México	2.155	2.822	2.905	43,6

Fonte: National Prisoner Statistics Program, 2013.

- Na Ásia e no Pacífico, os países que desenvolviam projetos de prisões privadas em 2005 eram Israel, Tailândia, Rússia e Hong Kong. Israel foi o primeiro a assinar um contrato carcerário. A Tailândia realizou um grande estudo da viabilidade da privatização das prisões. O ministério da Economia da Rússia considerava a construção de prisões privadas solução ao custo estimado de US$ 9 bilhões para modernizar o sistema

penitenciário existente. Membros do governo da Região Administrativa Especial de Hong Kong viajaram ao Reino Unido para estudar projetos de parcerias público-privadas em prisões.
- Na África, a África do Sul terminou o ano com suas duas prisões privadas funcionando de forma satisfatória e quatro novas instituições em construção. A liderança do New Partnership for Africa's Development (Nova Aliança para o Desenvolvimento da África), programa de desenvolvimento econômico mantido pela União Africana, tinha o olhar voltado cada vez mais para a África do Sul como modelo para o financiamento pelo setor privado de prisões e outros serviços públicos em dificuldades.
- Na região da Austrália e da Oceania, o grupo americano GEO perdeu seu único contrato carcerário na Nova Zelândia e estava sob intensa investigação em relação a questões penitenciárias na Austrália. Porém, no fim do ano a Austrália já havia privatizado as delegacias de polícia em Nova Gales do Sul e dado as boas-vindas a um grupo de lobistas de prisões privadas.
- Na América do Sul, o ministro do Interior do Equador defendeu a expansão acelerada da privatização das prisões. Ao mesmo tempo, um tribunal constitucional na Costa Rica bloqueou a tentativa de conceder um contrato de administração de uma prisão privada a uma empresa de Utah, nos Estados Unidos.
- Na América do Norte, o Canadá deu um passo muito importante na direção da privatização ao contratar uma empresa com fins lucrativos para realizar serviços de monitoramento carcerário.

Esse panorama de um ano da expansão das prisões privadas é instrutivo por diversas razões. Muito já se pesquisou sobre todo o processo de privatização carcerária nos Estados Unidos, mas as prisões com fins lucrativos só se transformaram definitivamente em fenômeno global na virada do século XXI. Várias empresas que lideraram o desenvolvimento da privatização nos Estados Unidos obtinham até 20% de seus lucros de contratos carcerários no exterior. Esse panorama global também ajuda a esclarecer os mecanismos legais e legislativos pelos quais a privatização foi muitas vezes introduzida e a compreender a ampla variedade de cenários prisionais em que o financiamento privado pôde prosperar. Portanto, análises das prisões privadas no mundo inteiro com foco exclusivo em adultos condenados e presos que aguardam julgamento podem deixar de fora evoluções importantes – por exemplo, a expansão da privatização de penitenciárias juvenis na França, das *halfway houses* na Irlanda e dos programas de monitoramento eletrônico no Reino Unido e no Canadá. Além dessas instituições com fins lucrativos e das estratégias de supervisão penal, houve também o surgimento das prisões que terceirizavam para empresas com fins lucrativos os serviços de saúde, educação, alimentação e transporte, como na Alemanha. A transformação das prisões públicas em prisões privadas começou, muitas vezes, com debates parlamentares e por meio de legislação: foi o que aconteceu na Grécia, na Rússia, em Hong Kong e no Equador. O lobby das empresas carcerárias privadas serviu para expandir a privatização, mesmo (e especialmente) diante de provas oferecidas pela imprensa e pelo monitoramento independente sobre as falhas dessas prisões, como ocorreu na Austrália.

Nos Estados Unidos, as prisões privadas e as empresas de serviços carcerários perseguem seus objetivos como qualquer outra empresa privada (ver Figura 1.23). No período eleitoral de 2010, as contribuições de duas importantes corporações a campanhas políticas em Washington chegaram a vários milhões de dólares (ver Figura 1.23), e eram maiores ainda no âmbito estadual. Em economias nas quais a privatização é entendida como algo eficiente, é fácil argumentar a favor das prisões privadas. Mas prisões não são uma maneira qualquer de obter lucros.[56] Estes provêm da ocupação de camas e da venda de serviços carcerários estaduais. Inclusive há provas de subornos a fim de manter as camas das prisões ocupadas e os lucros elevados. Em um caso provavelmente extremo, a Suprema Corte da Pensilvânia anulou cerca de 4 mil sentenças decididas pelo juiz Mark Ciavarella, que foi apelidado de juiz Kids for Cash [garotos por dinheiro], por ter aceitado suborno de US$ 1 milhão de proprietários de penitenciárias juvenis e depois presidido os julgamentos que mandavam jovens para esses mesmos centros.[57] Embora em versões mais leves, existem diversos exemplos em todos os estados americanos desse esforço para manter as camas das prisões ocupadas: o aumento do número de sentenças mais longas mesmo para delitos menores, a legislação *three-strikes-and-you're-out* [três faltas e você está fora: uma terceira condenação criminal significa prisão perpétua], a probabilidade maior de que mesmo idosos e pessoas debilitadas sejam mantidos presos. Em conjunto, essas e outras medidas resultam numa população carcerária em expansão, que gera uma demanda maior por camas nas prisões. Direta ou indiretamente, cria uma demanda maior por prisões e serviços carcerários privados. Apesar de falhas tão graves da Justiça, o mito de que a privatização diminui custos e aumenta a segurança permanece praticamente intacto.

Figura 1.23 – Contribuições a campanhas políticas em Washington (em milhares de dólares), 2002-2012

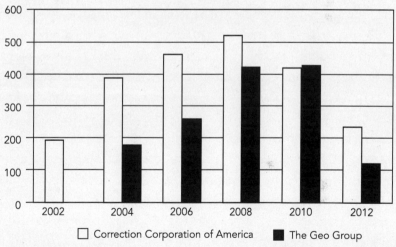

Fonte: Kirkham, 2012.

Além da privatização de prisões, penitenciárias, instituições para jovens, *halfway houses*, programas de monitoramento eletrônico e serviços carcerários, muitas empresas transnacionais estabeleceram fábricas dentro das prisões. Isso frequentemente é facilitado pelos contratos prisionais com fins lucrativos, como ocorreu na Alemanha quando a empresa britânica Serco assumiu a maioria das operações. De acordo com o Federal Bureau of Prisons, nos Estados Unidos todos os presos condenados são obrigados a trabalhar enquanto estiverem clinicamente aptos. Os tipos de trabalho variam em cada prisão, e os salários são miseráveis: entre 12 e 40 centavos de dólar por hora. Os empregados nas Federal Prison Industries ganham um pouco mais pelos artigos de metal, móveis, aparelhos eletrônicos, tecidos e peças gráficas que devem produzir. O pagamento varia entre 23 centavos e 1,15 dólar por hora, dos quais 50% podem ser descontados para cobrir multas judiciais, restituição a vítimas, pensões para filhos e outras penas que envolvam dinheiro.[58] A Federal Prison Industries é uma empresa de propriedade do governo americano criada em 1934 para oferecer capacitação profissional a presos federais que trabalham para o governo. É um arranjo muito diferente daquele utilizado pelas empresas que empregam mão de obra dos detentos. As empresas privadas podem se beneficiar dessa mão de obra barata de diversas maneiras: (1) utilizando diretamente o trabalho dos presos em manufaturas e serviços, (2) realizando contratos com outras empresas para comprar produtos ou serviços feitos por detentos e (3) investindo nas corporações privadas responsáveis pelo sistema penal global cada vez mais extenso. As evidências disponíveis sugerem que a maioria das empresas que se beneficiam do trabalho de detentos, entre elas Chevron, Bank of America, AT&T, Starbucks e Walmart, se enquadra na segunda categoria.

Em prisões e penitenciárias nos Estados Unidos, cada vez mais a mercadoria que se compra e vende são os próprios presos. Isso foi facilitado por uma mudança na maneira como o governo financia as prisões: do reembolso de custos a um sistema de taxas fixas por dia, no qual uma prisão recebe determinada tarifa diária por preso. Recentemente, vários sistemas carcerários estaduais passaram desse sistema de reembolso ao de taxas fixas em todas as suas instituições. A prática começou a se estender também às prisões municipais: Nova Orleans foi a primeira grande cidade do país a financiar a prisão local por meio de um sistema de taxas fixas por dia.

Até a década de 1880, o Departamento do Interior e o Serviço de Delegados dos Estados Unidos (U.S. Marshals Service) eram os responsáveis pelos presos federais nas instituições de todo o país, incluindo as prisões locais. O financiamento por dia remonta àquela época, quando o governo federal começou a "alugar" camas em prisões locais e estaduais para abrigar presos que estavam cumprindo penas federais. Mas esses presos eram casos excepcionais. É importante destacar esse dado se quisermos entender por que o encarceramento em massa chegou a ser um veículo de expulsão tão poderoso na atual fase de capitalismo avançado.

Isso pode parecer pouco mais que uma mudança logística na forma como o Estado ou as autoridades locais reembolsam os administradores das prisões. Entretanto, na prática, o reembolso por corpos encarcerados, em vez de custos operacionais concretos, criou um incentivo perverso para prender mais pessoas, por mais tempo, à custa dos contribuintes. Se alguém está em custódia por apenas 25 horas, a instituição ou o escritório do delegado local recebe reembolsos por dois dias. Uma vez cobertos os custos operacionais básicos, tudo o que sobra é lucro para o delegado. (Em comparação, é possível postular que se o ponto principal são os custos operacionais, o ideal seria menos presos por menos tempo, o que significaria usar menos dinheiro do contribuinte.) A capacidade de gerar lucros com o armazenamento de pessoas encarceradas tem sido impulsionada de maneiras muito importantes, fora da dinâmica da privatização de prisões que já discutimos até agora. Por exemplo, está muito bem documentado que nos distritos rurais do estado da Louisiana os delegados fazem um intercâmbio de presos entre instituições para manter as camas ocupadas e, assim, obter a maior quantidade possível de taxas de reembolso.

CONCLUSÃO: FORMAÇÕES PREDATÓRIAS

Um longo capítulo contendo muitos temas diferentes merece uma conclusão curta e concreta. Uma proposição organizadora atravessa todos esses temas: desde a década de 1980, há um fortalecimento das dinâmicas que expulsam pessoas da economia e da sociedade; agora tais dinâmicas fazem parte do funcionamento normal dessas esferas. Um resultado disso é a contração da economia reconhecida pelas medidas-padrão. Vejo isso como uma ruptura com o período precedente, o período keynesiano em algumas partes do mundo, e, à sua maneira, o período do Estado comunista que funcionou em outros lugares. Nesses dois tipos de economia política, a tendência sistêmica era a de incorporar pessoas, especialmente como trabalhadores, apesar das exclusões sociais de todos os tipos. Nesse sentido, elas contrastam com as dinâmicas de expulsão que vejo prevalecer no atual período, posterior a 1980, e que atravessam diversos tipos de economias políticas (apesar de este capítulo ter se concentrado, em grande parte, nas economias políticas do Norte global, o Capítulo 2 se concentrará no Sul global).

Para chegar a essas expulsões, foi necessário atingir uma combinação de condições e especificidades locais muito diferentes – em resumo, chegar ao "nível do chão". Para isso, utilizo conjuntos de dados estabelecidos, embora com o intuito de explorar uma ideia que está longe de ser estabelecida. Nos dados estabelecidos, cada condição é específica de um país e de um setor, e cada uma foi investigada e conceituada em seus próprios termos. Apesar disso, ao nível do chão, um nível ainda não intermediado pelas especificidades de nação ou setor, cada uma das condições examinadas contém em si uma dinâmica de expulsão, marcada por extremos de desemprego, pobreza, suicídio, deslocamento do lar e da terra, ou encarceramento.

Além dos dados empíricos de cada condição, o segundo tema que organiza o capítulo é a necessidade de conceituar essas condições diversas dentro dos países e entre eles, de forma a tornar visíveis dinâmicas mais profundas, compartilhadas por setores e nações. Uma prisão no Norte global não é a mesma entidade que um campo de desabrigados no Sul global. Os "desempregados em longo prazo" e as quebras de pequenos negócios na Grécia, na Itália e na Índia não são o mesmo que o "excesso de suicídios" em cada país. A emigração de cidadãos de classe média espanhola expulsos da zona de prosperidade da economia de seu país não é o mesmo caso dos pequenos agricultores donos de terras que migram para guetos urbanos porque foram expulsos de suas propriedades. Cada um desses casos é específico, e foi investigado e conceituado em seus próprios termos mediante os dados existentes. Neste capítulo tentei captar o fato em si dessa mistura de eventos locais e significados localizados. E ainda assim, ao nível do chão, sem a intermediação das especificidades de país e setor, todos vão na mesma direção: empurrar pessoas para fora.

Imagino a combinação de elementos que gera cada uma das expulsões examinadas neste capítulo como uma espécie de formação predatória. Isso quer dizer que essas expulsões não são simplesmente resultado da decisão ou da ação de um indivíduo, de uma empresa ou de um governo. Sim, essas decisões e ações contam, mas são parte de um conjunto maior de elementos, condições e dinâmicas que se reforçam mutuamente. O suicídio é uma decisão muito pessoal, mas o conceito demográfico de "excesso de suicídios" em lugares e situações específicos é em parte uma função de um conjunto maior de condições. Os dirigentes do FMI e do Banco Central Europeu tomaram a decisão de insistir na redução das dívidas governamentais por meio de cortes nos serviços básicos e nos empregos de funcionários públicos com salários mais modestos. Mas não podemos dizer simplesmente que o FMI e o Banco Central Europeu sejam responsáveis pelos resultados extremos discutidos neste capítulo. As decisões desses atores poderosos são parte de um conjunto maior de mudanças institucionais implementadas em nome da "forma apropriada de administrar uma economia", ideia que remonta à década de 1980 e que agora está disseminada pelo mundo inteiro. Do mesmo modo, cada um dos casos discutidos neste capítulo surge, em parte, da aplicação de conhecimentos complexos e do uso de tecnologias complexas. Mesmo assim, não podemos dizer simplesmente que esses conhecimentos e tecnologias sejam a causa dos resultados extremos aqui analisados.

Há uma espécie de lógica sistêmica em ação em cada uma dessas formações predatórias. Foi essa lógica que me levou à noção de uma formação, em vez de simplesmente um conjunto de indivíduos e corporações poderosos que tomam decisões com enormes consequências para pessoas e lugares em todo o mundo. No centro dessa lógica há uma distorção, se comparada com o período anterior, dos estados de bem-estar em ascensão em muitas economias de mercado, assim como em muitos países comunistas.

Talvez essa lógica sistêmica fique mais clara no caso das prisões privadas e, como examinarei no Capítulo 2, no caso das apropriações de terras. As prisões privadas motivadas pela ideia do lucro não são o mesmo que as prisões governamentais. A rigor, estas últimas fazem parte da obrigação de um governo de proteger seus cidadãos daqueles indivíduos que são realmente perigosos. Como se supõe que sejam um bem público financiado pelos impostos dos cidadãos, o objetivo de uma prisão governamental é reter os indivíduos perigosos, e somente pelo tempo necessário: impostos não deveriam ser usados em encarceramentos fúteis e detenções por períodos desnecessariamente longos (embora na prática o equilíbrio entre esses deveres – proteger os cidadãos e utilizar seus impostos de forma prudente – raramente seja alcançado). Quando as prisões passam a ser empresas comerciais com uma lógica não muito diferente daquela de um dono de hotel – ocupar as camas –, os objetivos são opostos aos das prisões governamentais: deter mais pessoas e mantê-las presas por períodos mais longos. Conforme minha análise neste capítulo, a proliferação das prisões privadas com fins lucrativos coincidiu com as penas mais longas por ações triviais e o aumento ainda maior na taxa de encarceramentos. Em cada etapa do processo existem aquelas pessoas que tomam decisões, mas estão presas numa pegajosa rede de lógica sistêmica. Por fim, as prisões privadas se somam aos produtos e serviços vendidos nas transações de mercado e, assim, são representadas como acréscimo ao PIB de um país, ainda que sejam ao mesmo tempo um custo para o governo. Já as prisões governamentais são representadas como custos apenas.

É esse tipo de lógica predatória embutida em um conjunto de elementos diversos, cada um apenas um pequeno pedaço de um domínio institucional formal maior, que define boa parte do período em que vivemos. No Capítulo 2, meu foco será em outra lógica sistêmica: quando uma corporação ou um governo estrangeiro adquire uma grande extensão de terra para plantar palmeiras para a produção de biocombustível e expulsa de lá a flora e a fauna, os pequenos agricultores, as instalações de produção rural, e muito mais. Mas tudo isso se traduz em um aumento de lucros para as empresas e no crescimento do PIB do país. Cada uma das formações predatórias discutidas neste livro também nos conta algo sobre o desafio maior que enfrentamos, e que vai mais além de instituições e indivíduos poderosos.

Notas

1. Sassen, 2008a; 2008b; 2008c, capítulos 4 e 7; 2013.
2. Oxfam, 2012, páginas 1-2; ver também Atkinson *et al.*, 2011.
3. FMI, 2012a, 82; Johnston, 2013, sobre empresas americanas.
4. Sassen, 2008c, capítulo 5.

5. Sassen, 2001, capítulo 8; Sassen, 2011.
6. Sassen, 1988.
7. Johnston, 2005, 2013; GAO, 2013; CNN Money Staff, 2013.
8. Johnston (2013) escreve que um informe de 1º de julho de 2012 ao Congresso indica que a taxa sobre as grandes empresas rentáveis poderia até ser menor do que se mostra nos dados públicos disponíveis do IRS. A taxa de imposto líquido de 2010 era, na realidade, de apenas 12,6%, de acordo com o Government Accountability Office – o braço investigativo do Congresso –, que tinha acesso a documentos secretos.
9. Grandes corporações fazem um intenso lobby em favor de leis e regulamentações que recebem pouca ou nenhuma atenção na mídia. A GE gastou US$ 39,3 milhões com lobby apenas em Washington em 2010, mais de US$ 73 mil por senador e deputado. A ExxonMobil gastou em média quase US$ 23 milhões por ano fazendo lobby em Washington entre 2008 e 2010. O Walmart gastou entre US$ 6,2 milhões e US$ 7,8 milhões com o lobby em Washington por ano desde 2008. Ver também Mishel, 2013.
10. Tax Justice Network, 2011.
11. Para uma breve descrição do relatório, ver Johnston, 2011; Isidore, 2012.
12. Sassen, 2008c, capítulo 5, 2013.
13. Kubiszewski et al., 2013.
14. Ortiz e Cummins, 2013; ver também Samir Amin, 2010; Portes, 2010.
15. Esse é outro assunto por si só, com uma bibliografia de pesquisa que está crescendo rapidamente (para uma das abordagens mais abrangentes, ver Bryson e Daniels, 2007). É impossível desenvolver o assunto aqui além de fazer algumas afirmações sumárias (para uma discussão detalhada e vasta bibliografia, ver Sassen, 2001, capítulos 5 e 6, e Sassen, 2013; ver também Sassen, 2012, sobre a tecnologia digital). Em minha leitura, o crescimento na demanda por insumos de serviços, e especialmente insumos de serviços comprados, em todas as indústrias, talvez seja a condição fundamental das mudanças nas economias avançadas. Uma medida pode ser encontrada no valor de insumos de serviços comprados em todas as indústrias. Para essa finalidade, analisei os dados das contas nacionais em diferentes períodos – a partir de 1960 – de diversas indústrias do ramo da manufatura e

de serviços. Por exemplo, os resultados mostraram claramente que esse valor aumentou de forma considerável com o passar do tempo. Teve impactos evidentes na distribuição dos ganhos, na organização industrial e nos padrões segundo os quais o crescimento econômico se dispôs no espaço. Contribuiu para um crescimento enorme na demanda por serviços por parte de empresas em todas as indústrias, desde a mineração e a manufatura até as finanças e os serviços ao consumidor, e também por lares, tanto ricos quanto pobres.

16. Por exemplo, dados analisados por Smeeding (2002) sobre 25 países desenvolvidos e em desenvolvimento mostraram que desde 1973 a renda daqueles que formam o 5% mais alto aumentou quase 50%, enquanto a renda daqueles que compõem o 5% mais baixo declinou aproximadamente 4%. De acordo com o U.S. Bureau of the Census, de 1970 a 2003 o total da participação na renda nacional do 5% mais alto passou de 16% para 21%, e para o 20% mais alto, foi de 41% para 48%. Todos esses números tendem a subestimar a desigualdade na medida em que os que mais ganham têm também ganhos em riquezas não baseadas em salários, e a parte mais baixa da escala tende a excluir muitos pobres que não têm nenhuma fonte de renda e dependem da família e de amigos ou se tornam sem-teto e dependem da caridade.
17. Mishel, 2007; Stiglitz, 2012; Fischer, 2011.
18. Sassen, 2001; Sassen, 2011.
19. As principais fontes dos dados discutidos nesta seção são Atinc *et al.*, 2006; Banco Mundial, 2013c; Stiglitz, 2012; Held e Kaya, 2007; Milanovic, 2005, 2011; Arestis, Sobreira e Oreiro, 2011; Sutcliffe, 2004, 2007; OCDE, 2008, 2011; Saez, 2010; FRED, 2013; Bourguignon e Morrison, 2002.
20. Milanovic, 2011; Atinc *et al.*, 2006.
21. Atinc *et al.*, 2006, p. 64.
22. Economic Policy Institute, 2011a, 2011b, 2011c, 2011d, 2011e, 2011f, 2011g; EPI, 2013.
23. Mishel e Bivens, 2011.
24. Economic Policy Institute, 2008.
25. Mishel e Bivens, 2011; Allegretto, 2011.
26. Mishel e Bivens, 2011; Allegretto, 2011.

27. As fontes da discussão a seguir podem ser encontradas em BBC News, 2012; Paris, Stevos e Bouros, 2012; Inman e Smith, 2012; Bensasson, 2013; Blackstone *et al.*; Lima, 2013; Greece, 2013; Hope, 2013.
28. OIT, 2012; OIT e OCDE, 2013, página 5 e figura 3; Eurojobs, 2012.
29. OIT e OCDE, 2013, figura 2, Painel C; ver também OCDE, 2013b, 2013c.
30. Inman e Smith, 2012; Nellas, 2013; Bakalidou, 2013.
31. Portugal, Espanha e Irlanda têm muito mais dívida do setor privado do que a Grécia. Por isso, apesar de a dívida governamental de Portugal ser menor do que a da Grécia, em relação ao PIB a dívida total (incluindo a dívida do setor privado) é na realidade maior. Ver OCDE, 2008, 2011.
32. Os dados desta seção podem ser encontrados em Davies, 2012; Day, 2013; Sills e Tartar, 2013; Thompson, 2012 e "Wrong Way" (gráfico), *Wall Street Journal*, disponível em http://si.wsj.net/public/resources/images/WO-AI754B_EUECO_G_20120214184204.jpg.
33. De acordo com um comunicado à imprensa do Eurostat em junho de 2013, o PIB caiu 0,2% na zona do euro (EA17) e 0,1% na União Europeia (UE-27) no primeiro trimestre de 2013, em comparação ao trimestre anterior (Eurostat, 2013a).
34. Mais informações sobre essa seção podem ser encontradas em Thompson, 2013; Instituto Nacional de Estadística, 2011, 2013a, 2013b e OCDE, Statextracts, http://stats.oecd.org/Index.aspx?DatasetCode=INVPT_I; Bolaños, 2012.
35. Instituto Nacional de Estadística, 2011; ver também European Commission, 2012; Burgen, 2013.
36. Papademetriou e Terrazas, 2009.
37. A mobilidade dos imigrantes contrasta com a imobilidade dos nativos e fornece evidências que apoiam as teorias predominantes sobre a limitada migração entre estados-membros da EU (ver Favell, 2008; OCDE, 2013c, 2013d.).
38. Daleu, 2010; Zuber, 2012; European Commission, 2011.
39. Nesse relatório, "as taxas de não cumprimento se referem à porcentagem de empréstimos hipotecários com atraso de mais de noventa dias em relação aos empréstimos hipotecários pendentes em um Estado-Membro, a menos que se indique o contrário. Os dados correspondem

ao número total de contratos inadimplentes em relação ao número total de contratos vigentes, a menos que se indique o contrário". (Instituto Nacional de Estadística, 2011, página 12). Ver também Smyth, 2013; Karaian, 2013; Sampaniotis, 2013.
40. Eurostat, 2012a; ver também Eurostat, 2012b, 2013b, 2013c. Examinando cada um dos três elementos que contribuem para o risco de pobreza ou exclusão social, 17% da população nos países da UE-27 em 2011 encontrava-se em risco de pobreza mesmo depois das transferências sociais. As maiores taxas de populações em risco de pobreza foram observadas na Bulgária, Romênia e Espanha (todas 22%) e Grécia (21%), e as menores na República Tcheca (10%), Holanda (11%), Áustria, Dinamarca e Eslováquia (todas 13%). É importante observar que o risco de pobreza é uma medida relativa e que a linha da pobreza varia enormemente entre os estados-membros da UE. Essa linha também varia ao longo do tempo, e nos últimos anos caiu em vários estados-membros por causa da crise.
41. Quanto ao indicador da baixa intensidade de trabalho, 10% da população menor de 59 anos nos países da UE-27 morava em domicílios onde os adultos trabalharam menos de 20% de seu potencial total durante o ano anterior. A Bélgica (14%) tinha a maior proporção de pessoas vivendo em domicílios com baixa intensidade de trabalho, e o Chipre (5%), a menor de todas.
42. Ver Shinn, 2010, e de forma geral, FEANTSA, 2011.
43. EuroHealthNet, 2011. A maior parte dos suicídios consumados ou de tentativas ocorreu na região da grande Ática (ao redor de Atenas) e na ilha de Creta (onde vários comerciantes sem histórico de doenças mentais tiraram a própria vida em um período de 18 meses). Outro aumento é relativo às taxas de uso de drogas entre a população sem abrigo na Grécia, o que agravou as crises de saúde pública, como a do HIV/aids. Ver Gosh, 2013; Klimaka, 2012; Stamatis, 2012.
44. Ver UNHCR, 2012, para um glossário das categorias de pessoas deslocadas segundo o órgão.
45. Smith, 2004. Ver também Hovil, 2010; Long, 2010; Kaiser, 2010.
46. Brothers, 2011; UNHCR, 2012a, 2012b.

47. Além dos relatórios da ACNUR, as fontes dessa seção sobre o aspecto ambiental são Calhoun, 2004; Pender, 2008a; Leckie *et al.*, 2011; Warner, Dun e Stal, 2008.
48. Warner, Dun e Stal, 2008, página 13 (a ênfase é minha).
49. Embora essa seção trate principalmente de como o encarceramento funciona como uma forma de expulsão, vale a pena observar que a linguagem do "desterro" tem sido utilizada recentemente tanto por prefeitos quanto por chefes de polícia em tentativas de promover políticas carcerárias excludentes. No verão de 2012, o prefeito de Toronto tentou encontrar uma forma para banir da cidade pessoas condenadas por crimes relacionados a armas de fogo, incluindo o recurso a leis de imigração sobre a deportação. Ao justificar sua proposta, explicou: "Não me interessa se você é branco, rosa ou roxo. Não me interessa de que país você vem. Não me interessa se você é cidadão canadense ou não. O que digo é que se você for pego com uma arma e condenado por um crime relacionado a arma de fogo, quero você fora desta cidade." (CBC, 2012a, 2012b). Em janeiro de 2013, o chefe de polícia da cidade de Atlanta, no estado americano da Geórgia, propôs uma política similar de desterro, neste caso para qualquer pessoa condenada duas ou mais vezes por prostituição. (Diggs, 2013).
50. Fontes desta seção sobre a privatização das prisões: África do Sul, eAfrica, 2005; Estados Unidos, Guerino, Harrison e Sabol, 2012; México, McCleskey, 2012; Nova Zelândia, Cheng, 2012; Peru, Associated Press, 2010; Reino Unido, Her Majesty's Prison Service, s/d. Ver também Nigeria Intel, 2012; Home Office, 2012; Moir, 2013; Zarchin, 2009; Sudbury, 2005; Prison Population Around the Globe, 2008; Prison Reform Trust, 2013.
51. As fontes dessa seção são Pew Center on the States, 2008, 2009; Rodriguez e Emsellem, 2011; National Prisoner Statistics Program, 2013; Parenti, 2008; Pager *et al.*, 2009; Herivel e Wright, 2003; Gilmore, 2007; Western e Pettit, 2010.
52. Walmsley, 2011; Roth, 2006; Snyder, 2011; Alexander, 2010; Amin, 2012.
53. A estimativa é de uma equipe de repórteres do *Times Picayune*. A série, composta de oito partes, está na internet, em http://www.nola.com/prisons. Ver também Chang, 2012, "In World of Prisons,

Some Rural Parishes' Economies Hinge on Keeping their Jails Full" ("Em um mundo de prisões, a economia de algumas paróquias rurais depende de manter as cadeias cheias"), www.nola.com/crime/index.ssf/2012/05/in_world_of_prisons_some_rural.html; www.opensocietyfoundations.org/sites/default/files/socioeconomic-impact-pretrial-detention-02012011.pdf.
54. Essa seção sobre prisões privatizadas nos Estados Unidos utiliza descobertas e dados examinados em MacDonald, 1992; Harding, 2001; Austin and Coventry, 2011; Mason, 2012; Kirkham, 2012.
55. Essa seção está baseada em McTighe, 2012, 2013; Public Services International Research Unit, 2005a, 2005b, 2005c, 2005d; Peralta, 2011.
56. Sassen, 2008c, capítulo 4.
57. Peralta, 2011.
58. Sobre a utilização de presos como trabalhadores com salários excepcionalmente baixos, ver Federal Bureau of Prisons, s/d; McCormack, 2012; Summeril, 2011. Ver também a série em oito partes de 2012 do *Times Picayune* sobre o encarceramento no estado da Louisiana, "How We Built the World's Prison Capital", em www.nola.com/prisons.

2
O NOVO MERCADO GLOBAL DE TERRAS

A aquisição de terras de um país por governos e empresas estrangeiros é um processo que ocorre há vários séculos em boa parte do mundo. Porém, podemos detectar fases específicas nas diferentes histórias e geografias dessas aquisições. Uma mudança importante teve início em 2006 e foi marcada por um rápido aumento no volume e na expansão geográfica das aquisições estrangeiras, bem como na diversidade dos compradores. Estima-se que mais de 200 milhões de hectares de terra tenham sido adquiridos por governos e empresas estrangeiros entre 2006 e 2011. Grande parte das terras compradas localiza-se na África, mas uma porção cada vez maior está na América Latina e, pela primeira vez desde o fim Segunda Guerra Mundial, em vários países da Europa e da Ásia, principalmente Rússia, Ucrânia, Laos e Vietnã. Os compradores estão cada vez mais diversificados: são originários de países que vão desde a China até a Suécia, e são empresas de setores tão diferentes quanto a biotecnologia e as finanças.

O que importa para minha análise é essa mudança abrupta na quantidade total e no alcance geográfico das aquisições de terra por estrangeiros. Representa uma ruptura em uma tendência de longa duração e, portanto, torna-se um indicador de uma mudança sistêmica maior, que vai além dos antigos padrões estabelecidos de aquisição. Dois fatores significativos contribuem para esse aumento abrupto das aquisições. O primeiro é a demanda crescente por cultivos industriais, especialmente de palmeiras para a fabricação de biocombustíveis, e por cultivos de alimentos, demanda vinda sobretudo dos Estados do Golfo Pérsico e da China. O segundo fator é que a procura cada vez maior por terras e o aumento marcante nos preços dos alimentos no mundo inteiro durante a década de 2000 converteram a terra em um investimento desejável, até mesmo por razões especulativas. Hoje é de conhecimento público que em 2006 os bancos já se preocupavam com os sinais da extraordinária crise financeira que estava a ponto de explodir. Não é coincidência, então, que a terra tenha se tornado atrativa para capitais de investimento, tanto por sua materialidade (a coisa em si, não um derivativo representando a terra) quanto como meio de acesso a uma variedade cada vez maior de mercadorias (alimentos, cultivos industriais, minerais raros e água).

A aquisição de terra estrangeira não é um acontecimento solitário. Ela requer, e por sua vez estimula, a criação de um vasto mercado global de terras. Implica o desenvolvimento de uma infraestrutura de serviços igualmente vasta para permitir vendas e aquisições, obter a posse ou os direitos de arrendamento, desenvolver instrumentos legais apropriados e até pressionar pela criação de novas leis que acomodem essas compras em um país soberano. Essa infraestrutura vai muito além de apoiar o mero ato da compra. Não apenas facilita, como também estimula novas aquisições de terra por parte de estrangeiros. Esse setor de serviços especializados cada vez mais sofisticado inventa novos tipos de contrato e formas de propriedade e cria instrumentos inovadores de contabilidade, legislação e de seguros.[1] À medida que se desenvolve, ele depende, por sua vez, de novas aquisições de terra estrangeira como fonte de lucros. Vemos o começo de uma mercantilização em grande escala, o que pode levar à financeirização da mercadoria que continuamos a chamar simplesmente de terra.

A escala das aquisições de terra deixa uma enorme marca no mundo, caracterizada por um grande número de microexpulsões de pequenos agricultores e de cidades inteiras, e por níveis crescentes de toxicidade na terra e na água ao redor das plantações instaladas nas terras adquiridas. Há números cada vez mais altos de pessoas desalojadas, de migrantes rurais que se mudam para favelas nas cidades, de cidades e de economias de subsistência destruídas, e, a longo prazo, muita terra morta. O que realmente acontece quando um novo proprietário/arrendatário, nacional ou estrangeiro, adquire 2,8 milhões de hectares de terra para plantar palmeiras para produzir biocombustível? Dezenas de povoados, distritos de agricultura de subsistência e instalações de produção são expulsos da terra nessas regiões rurais. Alguns podem receber uma compensação e outros podem ser reassentados em terra equivalente. No entanto, de forma geral, as perdas são muito maiores do que as compensações. Por último, a flora e a fauna são expulsas para dar lugar a monoculturas. Tudo isso traz degradação para o terreno e para a terra em si, por meio da perda da diversidade dos nutrientes e de insetos. Depois de algumas décadas, a terra vai estar exaurida, morta do ponto de vista clínico, como vimos em outras zonas de plantação na América Central, no Caribe e em partes da África. A muito longo prazo, a terra pode se recuperar. Mas os descendentes dos agricultores e produtores rurais expulsos não serão beneficiados: viverão em favelas abarrotadas na periferia de grandes cidades.

Deixem-me enfatizar que essa trajetória se tornou a norma, e não importa quem está comprando a terra, nem onde. Milhões de pequenos proprietários brasileiros têm sido expulsos de suas terras, que foram absorvidas por vastas plantações de soja para exportação. Os empreendedores podem ser indivíduos e corporações nacionais ou estrangeiras. Uma consequência disso é a fome em áreas onde antes havia pouca ou nenhuma, ainda que os habitantes fossem pobres: a soja substituiu o feijão, fonte de renda e de alimento para agricultores pobres. E muitos deles não tiveram outra opção além de migrar para os bairros pobres de cidades maiores. A nova fome se agrava ainda mais pela toxicidade que as grandes plantações trazem para a área em seu entorno, o que dificulta que as famílias dos trabalhadores das plantações cultivem os próprios alimentos em seus quinhões de terra.

As práticas materiais atuais que estão por trás dessas aquisições estrangeiras em larga escala variam enormemente. Essas práticas transformam um território soberano nacional em uma condição muito mais elementar: terras para usufruto, e é nelas que estou interessada. Esse processo, pelo menos indiretamente, degrada os governos que venderam e arrendaram a terra. A expulsão de agricultores e de artesãos, de povoados, distritos de produção rural e distritos de pequenos proprietários rurais degrada de forma similar o significado de cidadania para o povo do lugar. E quando minas e plantações ocupam terra onde não existem pessoas, degradam a terra e a água. Essas práticas materiais reconstituem o território em grandes extensões do Estado-Nação: o território se torna meramente terra no caso das plantações, e terra morta no caso das minas.

Essas são histórias e geografias aceleradas que estão em construção. Sabemos que, neste momento, milhões de pessoas são afetadas de forma dramática pela escala desses processos. O fato de a vasta maioria das aquisições desde 2006 ter sido feita por governos e empresas estrangeiros pode ou não se mostrar decisivo para as pessoas daquelas áreas. Algumas vezes, os governos anfitriões aceitam os negócios para o benefício das elites locais; outras vezes simplesmente sucumbem a pressões e comissões. Pesquisadores podem encontrar mais facilmente aquisições estrangeiras de terras do que as nacionais, já que a informação sobre as primeiras tem mais probabilidade de estar em domínio público. Mas aquisições nacionais em grande escala também estão ocorrendo, com implicações semelhantes àquelas que discuto sobre aquisições estrangeiras. A dimensão crítica explorada neste capítulo é empírica: a escala, a geografia, o propósito e a diversidade das aquisições estrangeiras.

Este exame empírico visa expor os fatos a fim de assinalar as consequências devastadoras que as populações e as terras rurais podem ter que enfrentar. Dada a novidade dessa nova onda de aquisições, ainda não conhecemos totalmente as consequências para todas as pessoas e terras envolvidas nesse redemoinho de compras em grande escala. Mas sabemos o suficiente para nos preocuparmos.

A DÍVIDA COMO REGIME DISCIPLINAR: PREPARANDO O TERRENO PARA AS AQUISIÇÕES DE TERRAS

As aquisições de terras estrangeiras em grande escala são hoje possibilitadas por objetivos explícitos e por consequências não planejadas do FMI e dos programas de reestruturação do Banco Mundial implementados em grande parte do Sul global na década de 1970. A isso podemos acrescentar as demandas da Organização Mundial do Comércio (OMC) na década de 1990 e no início da de 2000 para levantar as barreiras de importação-exportação em nome do "livre-comércio". O conjunto resultante de limitações e demandas teve o efeito de disciplinar os governos que ainda não estavam completamente integrados ao regime de livre-comércio e de fronteiras abertas, buscado principalmente por grandes empresas e pelos governos dos países dominantes.

O objetivo era a obediência ao que se tratava então de um incipiente corpo de regras e condicionantes que por fim foram representados como normas óbvias para administração correta da economia se o país quisesse ter crescimento e prosperidade. Entre as mais conhecidas dessas quase normas estavam o controle da inflação, mesmo que significasse sacrificar o crescimento econômico e os empregos, a redução dos aparentes desperdícios governamentais a quase qualquer preço; o pagamento da dívida, mesmo que significasse o corte de benefícios sociais, de serviços de saúde e do desenvolvimento da infraestrutura; e a privatização de todos os serviços básicos, desde as telecomunicações até o sistema bancário.[2] Essas normas, impostas aos países do Sul global por meio dos programas de reestruturação do FMI e do Banco Mundial iniciados na década de 1980, encontram eco no que hoje circula na Europa com o nome de "medidas de austeridade".

Em minha leitura, portanto, não se trata apenas do fato de que os governos dos países pobres estejam sobrecarregados com os pagamentos de dívidas que geram sofrimento, como se afirma em muita discussão bem-intencionada no Sul global e na zona do euro. O que importa também é um conjunto maior de elementos dentro dos quais a dívida funciona e que as dinâmicas do endividamento ajudaram a constituir. Permitam-me apresentar qualificadores mais tarde e, neste momento, por uma questão de clareza, expor o assunto brutalmente. Mesmo que a privatização e a supressão das barreiras de comércio não sejam por si sós forças destrutivas, elas tendem a se tornar destrutivas no contexto de governos enfraquecidos e sufocados por dispendiosos programas de reestruturação da dívida. De fato, têm se tornado mecanismos para a desestabilização direta e indireta de grande número de governos no Sul global. Por exemplo, muitas empresas nacionais de manufatura ou de serviços ao consumidor quebraram por não conseguirem competir com as importações baratas realizadas em massa por empresas globais. Em resumo, esses vários programas tiveram como efeito o recondicionamento de quadros nacionais soberanos, de forma a permitir a inserção do território nacional em circuitos corporativos globais novos ou emergentes. Uma vez lá, o território se tornou terra à venda no mercado global.

Minha principal ação conceitual aqui é ver esses programas da década de 1980 e depois como regimes de disciplina. Esses regimes tinham como objetivo uma grande reestruturação do papel do governo e tornar seu braço executivo obediente a organizações internacionais poderosas como o FMI, o Banco Mundial e a OMC. Esses regimes não existem simplesmente para pressionar pelo pagamento da dívida e por algumas poucas mudanças políticas, apesar de o trabalho do FMI e da OMC ter talvez começado com esses objetivos limitados décadas atrás. Nem os programas do FMI, do Banco Mundial e da OMC tiveram sucesso no que apresentaram como políticas necessárias para atingir o crescimento econômico. Seu conselho, onde foi seguido, não trouxe nem desenvolvimento econômico nem um governo democrático forte. O efeito foi contrário na maioria dos países do programa: um aumento maciço do endividamento a credores estrangeiros e um encolhimento abrupto dos fundos governamentais para educação, saúde e infraestrutura. Nem mesmo o setor econômico privado se saiu bem: houve a falência disseminada de empresas locais após a entrada de empresas estrangeiras bem capitalizadas e orientadas para o mercado em massa. De fato, o FMI tem tido que enfrentar essa situação por meio da implementação de programas especiais de alívio da dívida para os 41 países chamados de PPME (Países Pobres Muito Endividados – HIPC, sigla em inglês de Heavily Indebted Poor Countries).

Falar em Estados falidos, maneira mais comum de descrever esses Estados-Nação enfraquecidos e muitas vezes devastados, deixa de fora vários efeitos negativos que os atores principais do sistema de governança internacional, principalmente o FMI e a OMC, têm tido nos países do programa. Esse tipo de linguagem representa a decomposição desses Estados como endógena, uma função de suas próprias debilidades e corrupções. De fato, em sua maioria esses Estados são fracos, corruptos e insensíveis ao bem-estar de seus cidadãos. Mas é importante lembrar que muitas vezes são e foram os interesses particulares de governos e empresas estrangeiros que possibilitaram sua corrupção e seu enfraquecimento. E os bons líderes que resistiram aos interesses do Ocidente nem sempre sobreviveram: considerem principalmente o já reconhecido assassinato do líder congolês Patrice Lumumba pelo governo dos Estados Unidos. Além disso, as vastas aquisições de terras realizadas agora, que estão causando a expulsão de pequenos agricultores e o envenenamento da terra, não podem ser entendidas simplesmente como uma consequência da corrupção dos Estados anfitriões.

Os programas de reestruturação do FMI e do Banco Mundial prepararam o terreno para o aprofundamento sistêmico do capitalismo avançado. Isso não é novidade, e embora concorde com críticas bem conhecidas a esses programas, meu foco aqui é em algo que recebeu menos atenção: a detecção de como esses programas de reestruturação são, em parte, responsáveis pela facilidade com que compradores estrangeiros podem adquirir terra em muitos países, e a facilidade com que governos desejam permitir essas aquisições. Ganância e dinheiro não são suficientes para explicar o resultado. Além disso, apesar das semelhanças com eras imperiais mais antigas, temos hoje tratados legais que afirmam a autoridade de todos os Estados nacionais sobre seus territórios. Por causa disso, na verdade não é tão simples para um governo adquirir vastas extensões de terra em um país estrangeiro, nem para um governo vender ou arrendar suas terras a um governo estrangeiro. Alguns "facilitadores", entre eles a corrupção e uma enorme dívida externa, podem ter seu papel na negociação. Mas também o podem ter as inovações legislativas, contábeis e a assinatura de acordos comerciais.

Existem (pelo menos) dois vetores pelos quais podemos identificar a ponte entre os programas de reestruturação e as enormes aquisições de terra atuais. Um deles é o regime de dívida como fator de enfraquecimento e empobrecimento de governos nacionais em boa parte do Sul global. Isso, por sua vez, tem sido um fator na corrupção extrema e na negligência quanto ao bem-estar da nação por parte dos governos, sobretudo em países subdesenvolvidos mas com riqueza de recursos. Também pode ser um fator na disponibilidade de um país de vender grandes quantidades de terra e para tanto expulsar povoações inteiras. O outro vetor é o regime de débito como uma ponte ou um ponto de entrada forte e "legítimo" a um Estado soberano. O que antes era acesso aberto exclusivo às economias do Sul global, para o FMI e o Banco Mundial parece ter finalmente se ampliado a governos e empresas estrangeiros. Já o regime da dívida permitiu uma grande reorganização fiscal, que deu prioridade ao pagamento da dívida externa em detrimento de prioridades nacionais como educação e desenvolvimento econômico. Para dizê-lo de forma clara, é mais fácil para governos e investidores ricos adquirir grandes extensões de terra na África subsaariana e em partes da América Latina e Ásia se suas negociações são realizadas com países enfraquecidos ou corruptos e suas elites locais, países com pouca voz e escassa representação política da população.

Não estou dizendo que os países ricos, as empresas globais e as organizações internacionais estejam há muito conspirando para enfraquecer os países pobres e para permitir a compra de terra, especificamente. Estou resumindo uma história mais antiga a que me referi no início deste capítulo, a qual começa na década de 1980 com os programas de reestruturação, e afirmando que esta enfraqueceu e empobreceu governos nacionais. Como argumentarei mais adiante, muitos desses países contavam com uma indústria de massa e uma classe média empregada nas burocracias do governo. Por exemplo, Mogadíscio, na Somália, era uma cidade de classe média com uma grande força de trabalho instruída e uma classe trabalhadora próspera. Quando a dívida nacional explodiu nos anos 1980 em muitos países da África subsaariana, em parte por causa de reciclagem dos chamados dólares da OPEC pós-1973, grande parcela desse progresso foi interrompida. As principais razões para isso foram a imposição de prioridades de pagamento da dívida e a abertura de mercados a poderosas empresas estrangeiras. Isso enfraqueceu o Estado, empobreceu as classes médias e destruiu o setor nacional de manufatura, que não conseguiria competir com as grandes empresas estrangeiras que atuavam em mercados maciços. Iniciou-se um ciclo descendente, que muito mais tarde permitiu a aquisição de terras em grande escala por parte de governos e empresas estrangeiras.

Uma maneira de interpretar essa história anterior do Sul global é vê-la como antecedente do que já começou se insinuar no Norte global por causa dos déficits estatais, com o rápido crescimento destes nos últimos anos.[3] Um elemento importante desses déficits crescentes entre os governos do Norte global é a queda da proporção de impostos corporativos no total da arrecadação fiscal do Estado. A isso podemos acrescentar, em alguns países, enormes transferências da arrecadação fiscal estatal para financiar resgates ou dinheiro barato para os bancos. A crescente dependência dos Estados de pagamentos de impostos individuais os torna ainda mais vulneráveis no caso de uma crise financeira, com repercussões enormes na economia, especialmente um grande aumento do desemprego. Acrescente-se a isso a falência cada vez maior de pequenas empresas, muitas de propriedade familiar, que não têm como recorrer a paraísos fiscais, acarretando aos Estados uma perda ainda maior de receita. Essas perdas avançam em paralelo ao aumento dos lucros corporativos: os recursos públicos diminuem e os privados aumentam, como vimos no Capítulo 1. Dentro de suas próprias modalidades, o Norte global experimenta uma assimetria entre as fortunas dos governos e das empresas mais importantes semelhante à que examino aqui em relação ao Sul global. No Sul global isso facilitou, entre outras coisas, a concentração dos lucros no topo da escala (incluindo aí os níveis mais altos da classe média), reduziu o que era uma modesta classe média e tornou mais agudo o significado da pobreza. Isso se parece muito com as principais tendências encontradas na Grécia hoje, embora a maior parte da elite rica não viva no país, o que não é o caso de Angola e Nigéria, por exemplo. Os programas de ajuste estrutural impostos ao Sul global encontram eco nas políticas de austeridade do Norte global, e não só na Grécia, mas também em países tão diferentes quanto Estados Unidos e Holanda.

Os problemas da dívida e seu serviço são há muito tempo uma característica sistêmica do mundo em desenvolvimento. No entanto, o que aqui me interessa são as características particulares da dívida negociada pelo FMI, e não a dívida em si: não se trata simplesmente da dívida, mas do uso que se faz do problema da dívida para reorganizar uma economia política. A segunda característica que me interessa é como a destruição gradual de economias tradicionais em áreas rurais preparou o terreno, literalmente, para algumas das novas necessidades do capitalismo avançado, em especial de terra para a agricultura em grande escala e acesso à água, metais e minerais. Embora a busca da satisfação dessas necessidades seja conhecida e já tenha ocorrido antes, o que estou dizendo é que agora ela faz parte de uma nova lógica organizacional, cuja validade e cujos efeitos mudam em um nível macro. Essa noção ou proposição está baseada em uma prática metodológica e de interpretação que desenvolvo em detalhes em outro lugar.[4]

Com poucas exceções, os países pobres que se sujeitaram ao regime de reestruturação iniciado na década de 1980 têm agora maiores parcelas da população na pobreza extrema e menos probabilidade de ingressar na economia "moderna" por meio do consumo do que há vinte anos, uma dinâmica que tem paralelos com determinados processos do Norte global (ver Capítulo 1). Quando essa nova era começou, na década de 1980, muitos países subsaarianos tinham sistemas de saúde e educação e economias que funcionavam, e menos pobreza absoluta que hoje. Países ricos em recursos também viram mais pessoas se tornarem desamparadas e expulsas de sistemas básicos de sobrevivência por causa desses mesmos recursos, ao mesmo tempo que outra parte da população se tornava uma classe média rica também por causa desses recursos. Nigéria e Angola são provavelmente os casos mais conhecidos desse padrão comum na década atual. A dinâmica dominante em funcionamento para essas populações é, em grande medida, o oposto da velha dinâmica keynesiana de valorizar pessoas como trabalhadoras e consumidoras. Expulsões de casas, terras e empregos também ofereceram um espaço operacional mais amplo a redes criminosas e ao tráfico de pessoas, bem como maior acesso a terras e a recursos hídricos subterrâneos a compradores estrangeiros, empresas ou governos. Sistemicamente, o papel dos países doadores ricos também mudou: em geral, doam menos como ajuda externa para o desenvolvimento do que há trinta anos. Em consequência, em muitos casos o envio de dinheiro dos emigrantes de baixa renda a seus países de origem é maior do que a atual ajuda externa a esses países. Além disso, desde o fim da década de 1990, uma porção cada vez maior da ajuda internacional se dá por meio de ONGs e organizações filantrópicas, marginalizando ainda mais o papel dos governos no desenvolvimento. Um resultado extremo disso é o rebaixamento de fato dos governos ao status de elites predatórias.

Essas mudanças sistêmicas ajudam a explicar uma diferença complexa, que pode ser entendida em um conjunto de números simples. Nas décadas de 1980 e 1990, o FMI pediu aos países pobres de seu programa que destinassem de 20% a 25% de suas receitas de exportações ao pagamento dos serviços da dívida. Em comparação, em 1953 os Aliados cancelaram 80% da dívida de guerra da Alemanha e insistiram em apenas 3% a 5% das receitas de exportações para o pagamento da dívida. Foram solicitados 8% aos países da Europa Central nos anos 1990. Em comparação com os níveis anteriores, a carga do pagamento da dívida nos países pobres a partir da década de 1980 é extrema. Isso nos faz pensar que o objetivo político anterior para a Europa – primeiro a Alemanha depois da Segunda Guerra Mundial e mais recentemente a Europa Central – era sua reincorporação à economia capitalista mundial. Já o objetivo para o Sul global nos anos 1980 e 1990 se parecia mais com uma disciplina transformadora, a começar pela aceitação forçada de programas de reestruturação e empréstimos do sistema internacional. É nesse sentido que os programas de reestruturação eram muito mais do que o pagamento da dívida: seu objetivo era moldar uma economia política e reposicionar aqueles países como lugares de extração de recursos naturais, e até do poder de consumo de sua população.

Depois de vinte anos, ficou claro que esse regime não forneceu os componentes básicos para um desenvolvimento saudável. A disciplina de pagamento da dívida ganhou forte prioridade em detrimento de infraestrutura, hospitais, escolas, empregos e outros objetivos pertinentes à população. A primazia dessa lógica de extração tornou-se um mecanismo, talvez em grande parte não intencional, para a transformação sistêmica, que foi muito além do pagamento da dívida. Contribuiu para a devastação de grandes setores das economias tradicionais e, muitas vezes, para a destruição de grande parte da burguesia nacional e da pequena burguesia, para o empobrecimento agudo da população e do Estado, em muitos casos. Novamente, além de muitas diferenças, existem aqui ressonâncias preocupantes com as políticas de austeridade atuais na Europa e em outros países desenvolvidos.

Mesmo antes das crises econômicas da metade dos anos 1990, que atingiram um grande número de países enquanto implementavam a privatização e políticas de fronteiras abertas, a dívida nos países pobres do Sul global tinha aumentado de US$ 507 bilhões em 1980 para US$ 1,4 trilhão em 1992.[5] Os pagamentos da dívida, sozinhos, tinham aumentado para US$ 1,6 trilhão, mais do que a dívida real em 1980. De 1982 a 1998, países endividados pagaram, em juros, quatro vezes a quantia de suas dívidas originais, e ao mesmo tempo seu endividamento aumentou quatro vezes. Esses países tiveram que usar uma porção considerável de suas receitas totais para pagar essas dívidas. Os pagamentos da dívida na África, por exemplo, chegaram a US$ 5 bilhões em 1998; naquele ano, para cada US$ 1 de ajuda estrangeira, os países africanos pagaram US$ 1,40 em dívida. No final dos anos 1990, a relação entre a dívida e o PIB (ver Tabela 2.1) era especialmente alta na África, onde alcançava 123%, em comparação a 42% na América Latina e 28% na Ásia.[6] Em 2006, os 49 países mais pobres (países com renda anual *per capita* de menos de US$ 935) tinham dívidas de US$ 375 bilhões. Se somarmos os "países em desenvolvimento" a esses países pobres, em 2006 um total de 144 países tinha uma dívida que chegava a US$ 2,9 trilhões e pagava US$ 573 bilhões de serviço dessa dívida.[7]

De modo geral, as políticas de administração do FMI desde a década de 1980 não impediram a piora da situação dos desempregados e dos pobres.[8] Muitas pesquisas realizadas em países pobres documentam o vínculo entre governos hiperendividados e cortes em programas sociais. Esses cortes tendem a afetar especialmente mulheres e crianças, por meio de reduções nos orçamentos da saúde e educação, investimentos necessários para assegurar um futuro melhor.[9]

Tabela 2.1 – Quantidade de serviço de dívida e como porcentagem do PIB em alguns países, 2009*

País	Dívida externa total (em bilhões de dólares)	Pagamento total da dívida externa (em bilhões de dólares)	Total dos gastos em saúde (% do PIB)	Total dos gastos em pagamentos do serviço da dívida (% do PIB)
Angola	15,1	1,6[a]	1,5	6,8
Egito	34,4	2,5[a]	2,4	2,8
Equador	17,1	4,1[a]	2,2	11,4
Filipinas	61,5	9,9[a]	1,4	10
Geórgia	1,9	0,2[a]	2,4	2,9
Jamaica	6,5	1[a]	2,4	10,1
Líbano	23,3	3,5[a]	2,4	16,1
Lesoto	0,7	0,1[a]	2,4	3,7
Moldávia	2	0,3	4,2	8,6
Marrocos	16,4	2,7	1,7	5,3
Panamá	9,8	2	5,2	13,4
Papua-Nova Guiné	1,9	0,4	3	6,7
Paquistão	33,7	2,4	0,4	2,2
Paraguai	3,1	0,5	2,6	6,7
Ucrânia	333,3	5,9	3,7	6,6

Fonte: Jubilee Debt Campaign, 2013.
Nota: a. Pagamento anual.
* Os valores inferiores a US$ 100 milhões foram arredondados para US$ 0,1 bilhão.

Hoje, uma história maior está em construção. Ao meu ver, esta história inclui como elemento fundamental um reposicionamento de partes consideráveis da América Latina e da Ásia Central em uma economia global maciçamente reestruturada, com demanda crescente por terra e todas as coisas às quais ela permite acesso, desde alimentos até minerais e água. Governos enfraquecidos e a destruição de economias tradicionais têm facilitado o acesso de governos e firmas estrangeiras a essa terra. Após décadas de pagamentos de dívidas e a concorrência de empresas estrangeiras voltadas para os mercados de massa, resta pouco do que antes eram setores econômicos modernos em muitos desses países. Classes médias modestas que antes podiam ter a possibilidade de participar ativamente da nova economia de consumo e até mesmo do atual *boom* de terras e recursos simplesmente já não existem, por razões que vão desde a fuga de cérebros e conflitos militares a programas de reestruturação do FMI. A isso podemos somar a corrupção de ambos os lados em muitas transações internacionais, o que permitiu o surgimento do que só podemos definir como elites predatórias em países com riqueza de recursos. No início dos anos 2000, esse conjunto de processos e condições tinha dado início a uma nova fase de acumulação de riquezas para alguns e uma luta pela sobrevivência para elementos cada vez maiores da sociedade, da economia e do governo.

O QUÊ, O ONDE E O QUEM DAS AQUISIÇÕES ESTRANGEIRAS DE TERRA

O que realmente é medido nas descrições gerais dos açambarcamentos de terras pode variar de maneira considerável, dependendo do estudo. Escolhi os dados do projeto Land Matrix, gerados em colaboração com a International Land Coalition (Coalizão Internacional de Terras), os quais oferecem uma medida geral mais abrangente.[10]

Mas antes de discutir os resultados do Land Matrix, mencionarei brevemente várias investigações concentradas em setores e países específicos. Cada uma delas contribui para o processo mais amplo e mais veloz de coleta de dados.[11] A ONG francesa Grain desenvolveu sua própria base de dados sobre aquisições de terras em 2012. Ela dá conta de aproximadamente 14 milhões de hectares adquiridos por investidores estrangeiros em 416 diferentes contratos de terra. A metodologia da Grain é mais rigorosa que a do Land Matrix. Ela coleta informação especificamente sobre contratos de terra após 2006, conduzidos por investidores estrangeiros envolvendo "grandes áreas de terra (...) para o cultivo de alimentos".[12] Um segundo estudo vem da HighQuest Partners, consultoria contratada pela OCDE e especializada em investimentos em terras agrícolas. Foram entrevistados 25 grupos financeiros que investiram em terras agrícolas em 2010 e que administravam um total de US$ 7,44 bilhões em ativos agrícolas. A HighQuest Partners também gerou estimativas do investimento total de capital privado em terras e infraestrutura agrícola entre US$ 10 bilhões e US$ 25 bilhões. Por fim, descobriu que 20 dos 25 fundos estudados estavam naquele momento acumulando verbas para outros investimentos.[13] Ou seja, esta história está acontecendo agora. Um terceiro estudo, de Ellen Aabø e Thomas Kring para o Programa de Desenvolvimento das Nações Unidas, estimou que a área total global de terra cultivada em 2007 era de 1,554 milhão de hectares. As terras destinadas à pastagem cresceram 2,5 milhões de hectares por ano entre 1990-2007, chegando a uma área global total de pastagem de 3,4 bilhões de hectares em 2007. Os pesquisadores informaram também que as terras de florestamento aumentaram 2,5 milhões de hectares por ano entre 1990 e 2005, chegando a um total de 140 milhões de hectares mundiais. E embora Aabø e Kring advirtam o leitor de que "os dados sobre a escala exata das grandes aquisições de terra sejam escassos e incompletos em razão da falta de transparência que com frequência acompanha esses investimentos", seus números mostram que boa parte dessas aquisições foi realizada em economias em desenvolvimento e transição: 54% no caso do florestamento, correspondendo a 75 milhões de hectares.[14]

Muitas outras estimativas sugerem números igualmente dramáticos.[15] Um relatório recente do Oakland Institute dá a entender que, somente em 2009, investidores estrangeiros adquiriram quase 60 milhões de hectares de terras na África. O Commercial Pressures on Land Research Project (Projeto de Pesquisa das Pressões Comerciais sobre a Terra), da International Land Coalition (Coalizão Internacional de Terras) e do grupo francês Recherche Agronomique pour le Dévelopment (Pesquisa para o Desenvolvimento Agrário – Cirad), documentou mais de dois mil projetos que cobrem 227 milhões de hectares de terra desde 2001, com a maioria das compras realizadas desde 2011. A Oxfam utiliza os dados do Land Matrix para mostrar que uma área de oito vezes o tamanho do Reino Unido foi vendida ou arrendada em açambarcamentos de terras entre 2000 e 2010. A Oxfam também estima que entre 2008 e 2009 o número de transações realizadas por investidores estrangeiros para a compra de terras agrícolas aumentou aproximadamente 200%. E Sophia Murphy, pesquisadora do Institute for Agriculture and Land Policy (Instituto para Políticas de Agricultura e Terra), relata que "o Banco Mundial estima que uns dez milhões de hectares de terra tenham sido objeto de transações em somente cinco países africanos (Etiópia, Libéria, Moçambique, Nigéria e Sudão) entre 2004 e 2009."[16]

Cada um dos dados e medidas mencionados contribui para mostrar o que é uma vasta operação global em múltiplos locais, em países muito diversos e com compradores e vendedores também muito diversos. O projeto Land Matrix oferece um bom panorama desse fenômeno de grande escala. Para começar, considere como o Land Matrix define os tipos de aquisições de terra a serem incluídos nas medições. Vale a pena examinar isso porque nos dá uma ideia de algumas limitações dos dados existentes. Segundo essa definição, as transações de terras pertinentes:

1. Envolvem uma transferência dos direitos de uso, controle ou posse da terra por meio de venda, arrendamento ou concessão.

2. Implicam uma conversão da terra usada por pequenos proprietários, ou para funções ambientais importantes, ou para uso comercial em grande escala.
3. Têm duzentos hectares ou mais e não foram concluídas antes do ano 2000, quando o índice de preços dos alimentos da FAO estava em seu ponto mais baixo.

O banco de dados do Land Matrix contém informação sobre dois tipos de dados: "relatados" e de "referências cruzadas". Dados "relatados" cobrem transações apresentadas em relatórios publicados de pesquisa, relatórios da imprensa e registros governamentais que foram tornados públicos. Dados de "referências cruzadas" referem-se a transações sobre as quais a informação foi obtida em múltiplas fontes; o processo de cruzar as referências implica uma avaliação da confiabilidade da fonte da informação, a triangulação com outras fontes e, se necessário, a confirmação com parceiros do país nas redes do Land Matrix. Informações da imprensa não são consideradas suficientes para as referências cruzadas. Relatórios de pesquisa baseados em trabalho de campo, a confirmação por parceiros conhecidos dentro do país e registros oficiais de terras são considerados evidência suficiente.

Embora a explosão na demanda e nos preços dos alimentos na metade dos anos 2000 certamente tenha sido um fator importante nessa fase de aquisições de terras posterior a 2006, as plantações para a produção de biocombustíveis respondem agora pela maioria das compras. Dados de referências cruzadas do Land Matrix mostram que a produção de biodiesel é responsável por mais de 37% das terras adquiridas após 2006. Em comparação, culturas alimentares somam 25% do total de referências cruzadas, seguida de 3% para a criação de animais e 5% para outros cultivos não alimentares. A agricultura no sentido amplo, incluídos os cultivos alimentares e industriais, responde por 73% das aquisições que conhecemos a partir de referências cruzadas. Os restantes 27% de terras adquiridas são destinadas ao florestamento e ao sequestro de carbono, à extração mineral, à indústria e ao turismo (ver Figura 2.1).

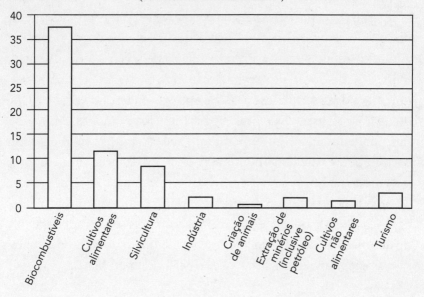

Figura 2.1 – Compra de terras no mundo, por setor, 2006-2010 (em milhões de hectares)

Fonte: Anseeuw, Wily, et al., 2012, Figura 5.

Um segundo padrão importante é a concentração maciça das aquisições estrangeiras na África. De todas as transações registradas publicamente, 948 aquisições de terra, totalizando 134 milhões de hectares, estão nesse continente; 34 milhões desses hectares são conhecidos por referências cruzadas. Compare-se com os 43 milhões de hectares na Ásia (dos quais 29 milhões se conhecem por referências cruzadas) e os 19 milhões de hectares na América Latina (6 milhões por referências cruzadas). O restante (5,4 milhões de hectares registrados e 1,6 milhão por referência cruzada) está em outras regiões, principalmente no Leste Europeu e na Oceania (ver Figuras 2.2 e 2.3).

É importante observar que as aquisições em países da OCDE geralmente não se refletem nos dados. Uma razão para isso é que o Land Matrix leva em conta apenas transações privadas que implicam uma conversão do sistema de propriedade (por exemplo, terras que antes eram propriedade comum de um grupo social passam a ser propriedade privada) ou o abandono da produção de agricultura familiar. Grandes países-membros da OCDE, em especial os Estados Unidos e a Austrália, tiveram histórias de apropriação de terra precisamente desse tipo, propriedades de sociedades indígenas ou de pequenos agricultores, mas que ocorreram décadas e séculos atrás. Além do mais, essa definição de "açambarcamento de terras" também vale, hoje, para diversos países da OCDE, entre os quais estão Estados Unidos, México, Austrália e Brasil, para mencionar apenas alguns, em que pequenos agricultores perderam suas terras para compradores corporativos. Vale notar que as apropriações de terra também estão ocorrendo na Europa, mas por uma via diferente: basicamente com o impedimento da expansão e da criação de pequenas unidades agrícolas. Essa modalidade de açambarcamento de terras fica de fora da definição atual e tende a ser menor do que os duzentos hectares necessários para ser incluída na medição do Land Matrix.

Figura 2.2 – Distribuição regional das aquisições de terras (em milhões de hectares)

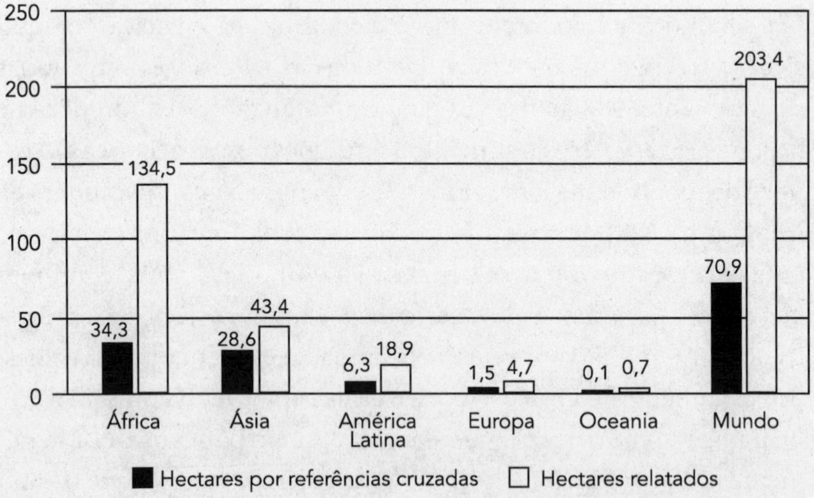

Região	Hectares por referências cruzadas	Hectares relatados
África	34,3	134,5
Ásia	28,6	43,4
América Latina	6,3	18,9
Europa	1,5	4,7
Oceania	0,1	0,7
Mundo	70,9	203,4

Fonte: Anseeuw, Wily, et al., 2012, Figura 4.

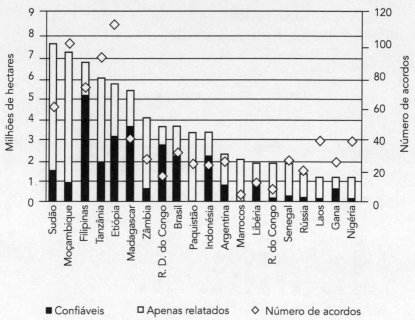

Figura 2.3 – Países mais atingidos, de acordo com a extensão total de aquisições relatadas

Fonte: Anseeuw, Boche, *et al.*, 2012, Figura 4.

Os dados sobre aquisições também apontam para uma espécie de regionalismo que não é apenas geográfico, mas também geopolítico, isto é, uma tendência de compradores de certas regiões adquirirem terra em um conjunto específico de regiões. Para o projeto Land Matrix, isso poderia estar ligado a acordos comerciais regionais. Assim, 75% das aquisições de terra no sudeste da Ásia foram realizadas por atores regionais no contexto da crescente integração regional.[17] Eu arriscaria dizer que o papel da geopolítica é exemplificado pelo interesse de alguns Estados do Golfo nas aquisições de terras em países muçulmanos como Paquistão e Sudão, ou pelas aquisições anteriores da Líbia sob o comando de Kadafi no Sahel. Um terceiro exemplo que contém elementos de ambos é o fato de que o comércio intrarregional na África foi dominado pelos atores sul-africanos, que respondem por 40,7 milhões de hectares registrados de terras adquiridas desde 2009.[18] A Figura 2.4 mostra os principais países investidores, enquanto a Tabela 2.2 mostra a origem regional dos investidores por região de aquisição de terra.

**Figura 2.4 – A origem do investimento:
Lista dos 20 principais países, 2012**

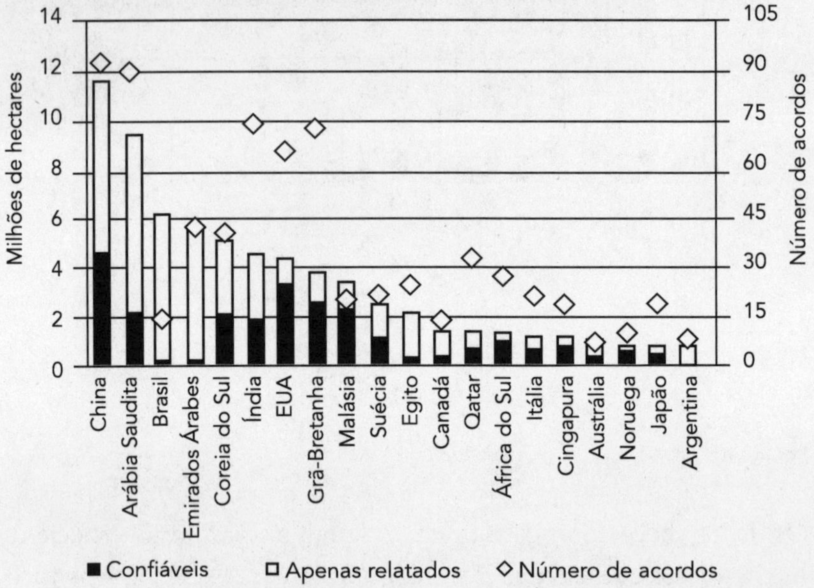

Fonte: Anseeuw, Boche, et al., 2012, Figura 11.

Um breve exame do caso dos biocombustíveis e da madeira ilustra outras características das aquisições de terras. O que chama a atenção é a quantidade de terra necessária para responder à demanda por biocombustíveis, muitas vezes implementados em nome de uma produção mais ecológica de energia, mesmo que haja pouca preocupação com a ecologia envolvida. Por exemplo, as metas de combustíveis renováveis da União Europeia exigem que 10% dos combustíveis usados nos transportes sejam supridos por fontes renováveis até 2020, com a expectativa de que 80% a 90% dessa meta seja cumprida por meio de biocombustíveis. O resultado disso são enormes investimentos corporativos na produção de biocombustíveis dentro e fora da Europa.[19] A Agência Holandesa de Avaliação do Ambiente estima que essas metas demandem de vinte a trinta milhões de hectares de produção, da qual 60% será importada. Um caso muito diferente de biocombustíveis, mas com as mesmas características de uso intensivo da terra, é a produção do óleo de palma para biodiesel na Amazônia peruana: já utiliza 52.829 hectares e o plano é expandir para 307.329 hectares a curto e médio prazos.[20]

Tabela 2.2 – Quem compra onde, 2010-2011
(em milhões de hectares)

Origem dos investidores	Regiões onde a terra foi comprada				
	África	Ásia	América Latina	Europa	Oceania
África	6,4	0	0,1	0	0
Ásia	12,3	25,3	0,6	0	0,1
América Latina	0,1	0	1,7	0	0
Europa	6	0,6	0,5	1,5	0
América do Norte	3,3	0,4	1,6	0	0
Oceania	0	0,3	0,1	0	0
Ásia Ocidental	3,7	1,6	0	0	0

Fonte: Anseeuw, Wily, et. al., 2012, Figura 3.

A demanda por madeira pode vir a ser outro estímulo importante para as aquisições de terra. Augusta Molnar *et al.* informam que em nove países tropicais estudados já foram realizadas concessões em áreas de floresta de 258 milhões de hectares. A demanda por terras de floresta aumenta rapidamente em virtude da crescente mercantilização de produtos florestais.[21] A maioria das transações envolvendo essas terras não aparece no projeto Land Matrix porque não implica necessariamente uma conversão da área total da concessão. Os pesquisadores sugerem que a demanda cresce enormemente porque cada vez mais produtos oriundos das florestas são transformados em mercadorias.[22] Louis Putzel *et al.* afirmam que desde 2000 a China obteve 121 concessões sobre 2,67 milhões de hectares de floresta no Gabão, e negocia direitos na República Democrática do Congo e em Camarões.[23] Outra pressão imposta sobre as florestas são os desmatamentos realizados para cultivar palmeiras para a produção de biodiesel. Estima-se que 7,5 milhões de hectares de terras de floresta já estejam ocupados por plantações de palmeiras na Indonésia, com uma taxa de desmatamento que superava os 600 mil hectares por ano no final dos anos 2000.[24]

Figura 2.5 – Aquisição de terras, por tipo de investidor

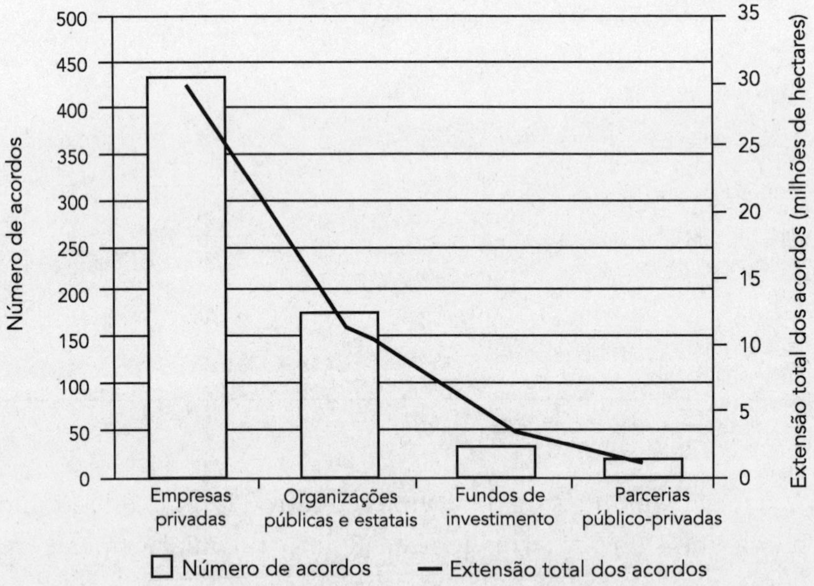

Fonte: Anseeuw, Boche, *et al.*, 2012, Figura 12.

Embora pertença a um campo econômico diferente e exija muito menos terras do que a agricultura e o cultivo de madeira, a indústria compete cada vez mais por terra em determinadas áreas. Por exemplo, estudos de caso da Coalizão Internacional de Terras mostram que isso ocorre com o estabelecimento de zonas econômicas especiais (ZEES) em áreas densamente povoadas em Benin e na Índia.[25] Na Índia, 571 ZEES foram aprovadas, ocupando um total de 140 mil hectares, o que em muitos casos provocou conflitos com agricultores que foram deslocados. Essas zonas também estão sendo implementadas na África: a China está estabelecendo oito grandes ZEES em todo o continente.[26] Além da terra, a indústria gera uma demanda por matérias-primas de zonas rurais, o que pode afetar economias tradicionais.

A Figura 2.5 mostra um panorama das aquisições de terra por tipo de investidor, e a Tabela 2.3 oferece um panorama por país.

Uma última série de descobertas se refere ao uso ou à necessidade da água como parte da aquisição de terras. Os pesquisadores se interessavam especialmente sobre como as transações internacionais de terra envolviam o acesso à água e seu uso (ver Figura 2.6). Eles reuniram dados de diversas fontes sobre aquisições de terra, correspondentes a 90% de toda a terra adquirida conhecida, e utilizaram um modelo hidrológico para determinar as taxas de uso de água doce associadas. Descobriram que transações internacionais de terras e águas estão ocorrendo em todos os continentes, exceto na Antártida. Mais importante ainda: estabeleceram que a quantidade de água açambarcada reduziu os estoques a um ponto inferior ao exigido para assegurar o volume *per capita* necessário a uma dieta equilibrada e que seria suficiente para melhorar a segurança alimentar e reduzir a desnutrição nos países afetados.[27] A Tabela 2.4 traz um panorama geral dos recursos de terra e água disponíveis em países onde a água está sendo extraída.

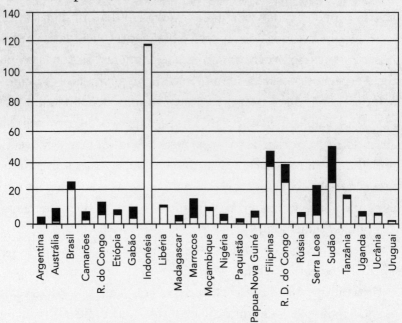

Figura 2.6 – Análise da água açambarcada nos 24 principais países, 2012 (em bilhões de metros cúbicos)

Fonte: Rulli, Saviori e D'Odorico, 2013, Figura 3. A palavra "açambarcada" ("grabbed") consta na fonte original.

Tabela 2.3 – Países com as maiores aquisições estrangeiras de terra, 2012

País açambarcados	Terra açambarcada (centenas de milhares de hectares)	% do total de terra açambarcada mundial	% da terra cultivada do país	% da área do país
Argentina	6,31	1,34	1,97	2,26
Austrália	46,45	9,90	9,78	0,60
Brasil	22,55	4,80	3,29	0,26
Camarões	2,95	0,63	4,01	0,62

Congo, República Democrática do	80,50	17,15	1,08	3,43
Congo, República do	6,64	1,41	8,91	0,28
Etiópia	10,01	2,13	6,68	0,91
Filipinas	51,71	11,02	49,48	17,24
Gabão	4,07	0,87	85,75	1,52
Indonésia	71,39	15,21	16,76	3,75
Libéria	6,50	1,38	106,52	5,83
Madagascar	3,69	0,79	10,40	0,63
Marrocos	7,00	1,49	7,73	1,57
Moçambique	14,97	3,19	28,24	1,87
Nigéria	3,62	0,77	0,98	0,39
Paquistão	3,34	0,71	1,57	0,42
Papua-Nova Guiné	3,14	0,67	32,75	0,68
Rússia	28,31	6,03	2,29	0,17
Serra Leoa	4,94	1,05	40,62	6,88
Sudão	46,90	9,99	23,00	1,87
Tanzânia	20,27	4,32	17,63	2,14
Uganda	8,59	1,83	9,70	3,56
Ucrânia	12,08	2,57	35,53	2,00
Uruguai	3,46	0,74	18,08	19,61

Fonte: Rulli, Saviori e D'Odorico, 2013, Tabela 1. A palavra "açambarcada" ("grabbed") está na fonte original. Em alguns países a terra açambarcada é uma fração considerável da terra cultivada (FAO, 2009).

Tabela 2.4 – Recursos de terra e água disponíveis nos países açambarcados, 2012

País açambarcado	Área cultivada (em milhares de hectares)	Área própria para cultivo (em milhares de hectares)	Brecha produtiva	% de recursos de água doce renováveis retirados	Água açambarcada per capita (m³ por ano)	Desnutrição
Argentina	32.000	96.644	−0,57	3,99	12,71	0
Austrália	47.511	134.146	−0,31	4,58	120,53	0
Brasil	68.500	512.983	−0,59	0,41	86,29	10
Camarões	7.363	33.119	−0,78	0,34	676,51	29
Congo, República Democrática do	7.450	161.026	−0,80	0,05	307,35	37
Congo, República do	560	23.227	−0,78	0,01	2.382,25	32
Etiópia	14.985	39.946	−0,8	4,56	185,27	49
Filipinas	10.450	8.734	−0,58	17,03	29,67	21
Gabão	475	16.838	−0,80	0,08	4.428,47	8
Indonésia	42.600	49.351	−0,55	5,61	60,25	6
Libéria	610	5.323	−0,78	0,08	385,74	46
Madagascar	3.550	28.764	−0,75	4,36	73,27	40
Marrocos	9.055	8.353	−0,90	43,45	172,51	5

Moçambique	5.300	−0,90	0,35	1.041,06	58
Nigéria	37.000	−0,78	3,60	34,91	8
Papua-Nova Guiné	960	−0,41	0,05	393,44	29
Paquistão	21.280	−0,55	74,35	40,61	20
Rússia	123.541	−0,70	1,47	139,40	6
Serra Leoa	1.215	−0,80	0,31	853,36	43
Sudão	20.391	−0,85	57,58	1.844,26	18
Tanzânia	11.500	−0,81	5,39	1.131,01	41
Ucrânia	33.376	−0,72	27,56	128,26	5
Uganda	8.850	−0,75	0,48	139,14	30
Uruguai	1.912	−0,65	2,63	51,46	4

Fonte: Rulli, Saviori e D'Odorico, 2013, Tabela suplementar 2. A palavra "açambarcada" ("grabbed") está na fonte original.

PRÁTICAS MATERIAIS DAS AQUISIÇÕES DE TERRAS EM GRANDE ESCALA

Os investimentos em aquisições de terras em grande escala deslocaram outras economias materiais, sobretudo na África subsaariana. Uma consequência disso, que não recebeu muita atenção, foi o declínio abrupto de parte do investimento estrangeiro direto (IED) na manufatura em massa, setor capaz de gerar bons empregos e alimentar o crescimento de uma classe média. Esse declínio ocorreu justamente quando diversos países do Sul global começavam a experimentar um crescimento significativo no setor manufatureiro. Se considerarmos a África, por exemplo, os dados mostram um declínio abrupto no investimento estrangeiro direto na manufatura. Tanto a África do Sul quanto a Nigéria, os dois maiores beneficiários africanos desses investimentos em 2006 (representando 37% de todo o IED na África), viram uma enorme transformação na composição do investimento: uma queda do IED na manufatura e um aumento marcante de IED no setor primário – mineração, agricultura, petróleo e similares.[28] Na Nigéria, onde o investimento estrangeiro em petróleo é forte há muito tempo, a participação do setor primário no total do IED era de 75% em 2005, em comparação a 43% em 1990. Outros países africanos viram mudanças parecidas. Mesmo em Madagascar, um dos países (pequenos, na maioria) onde os fluxos de IED em manufatura começaram a crescer somente na década de 1990, esse aumento estava muito abaixo daquele do IED no setor primário.[29] Há abundante evidência de que essa mudança do investimento na manufatura para o investimento em mineração, petróleo e terras não é boa para o desenvolvimento das economias nacionais.

A fase atual das aquisições de terras torna diminutos os investimentos na manufatura. Alguns poucos exemplos reunidos por Von Braun e Meinzen-Dick mostram a variedade de compradores e de locais, sendo a África um destino principal. A Coreia do Sul assinou contratos de 690 mil hectares, e os Emirados Árabes Unidos, de 400 mil hectares, ambos no Sudão. Investidores sauditas estão gastando US$ 100 milhões para cultivar trigo, cevada e arroz em terras arrendadas do governo da Etiópia; recebem isenções fiscais e exportam a safra para a Arábia Saudita.[30] A China obteve o direito de plantar palmeiras para produção de biocombustíveis em 2,8 milhões de hectares no Congo, na que será a maior plantação do tipo no mundo. E está negociando dois milhões de hectares na Zâmbia para produzir biocombustíveis. Menos conhecido que esses casos africanos talvez seja o fato de que terras privatizadas nos territórios da antiga União Soviética, em especial na Rússia e na Ucrânia, também estão se tornando o objeto de muitas aquisições estrangeiras. Somente em 2008 ocorreram as seguintes aquisições: uma empresa sueca, Alpcot Agro, comprou 128 mil hectares na Rússia; a Hyundai Heavy Industries, da Coreia do Sul, pagou US$ 6,5 milhões por uma participação majoritária na Khorol Zerno, empresa que possui 10 mil hectares no leste da Sibéria; a Morgan Stanley comprou 40 mil hectares na Ucrânia; investidores do Golfo Pérsico planejam adquirir o Pava, primeiro processador de grãos russo com ações em mercados internacionais (a intenção era permitir a venda de 40% de sua divisão de posse de terras a investidores internacionais), o que lhes daria acesso a 500 mil hectares. Também se fala pouco na proposta do Paquistão de arrendar 500 mil hectares a investidores do Golfo, com um bônus de uma força de segurança composta de cem mil homens para proteger as terras.

A seguir, concentro-me em mais detalhes em um conjunto de países. Isso ajudará a entender a variedade de compradores e de transações que estão por trás dos cálculos gerais.

SEIS DESTINOS PARA A AQUISIÇÃO DE TERRAS

Em uma análise de 180 grandes aquisições de terra na África, Cecile Friis e Anette Reenberg identificam os principais tipos de investidores do período atual: (1) países do Golfo Pérsico ricos em petróleo: Arábia

Saudita, Emirados Árabes Unidos, Catar, Bahrein, Omã, Kuwait e Jordânia; (2) países asiáticos populosos e ricos em capital, como China, Coreia do Sul, Japão e Índia; (3) Europa e Estados Unidos; (4) empresas privadas do mundo inteiro. Os investidores são na maioria companhias de energia, de investimento agrícola, empresas de serviços públicos, firmas financeiras e de investimentos e empresas de tecnologia.[31]

Utilizando os dados de Friis e Reenberg, constituí as representações dessa geografia (mostradas nas Figuras 2.7 e 2.8) enfocando os seis maiores vendedores na África e seus investidores.[32] São Etiópia, Madagascar, Sudão, Tanzânia, Mali e Moçambique – todos subsaarianos, com exceção de Mali, da África Ocidental. Em todos esses países, tanto investidores privados quanto agências governamentais adquiriram terras.

Nenhum investidor específico domina em cinco desses maiores países vendedores. A exceção é Moçambique, onde a Agri AS, associação dos fazendeiros da África do Sul, é o maior comprador, e por uma diferença esmagadora. Contudo, quando medimos por origem nacional, cada "país vendedor" tem um "país comprador" dominante em termos do tamanho de aquisições: a Índia na Etiópia, a Coreia do Sul em Madagascar, a Arábia Saudita no Sudão e a China em Mali. Existem poucos casos de aquisição cruzada, entre eles a compra de terras pela Sun Biofuels na Tanzânia e em Moçambique, as aquisições chinesas em Moçambique e Mali, as do Catar em Madagascar e no Sudão e as dos Emirados Árabes Unidos e do Jannat, conglomerado da Arábia Saudita, no Sudão e na Etiópia.[33]

Em conjunto, os investidores nesses seis países provêm de 47 países diferentes. Entre aqueles com o grupo mais diversificado de investidores por país de origem está Madagascar, com 24 investidores estrangeiros de 15 países, e a Etiópia, com 26 investidores de 12 países. Quase 20% dos investidores nesses seis países vêm de países asiáticos (China, Coreia do Sul, Índia e Japão), e cerca de 22%

do Oriente Médio (Arábia Saudita, Emirados Árabes Unidos, Egito, Jordânia, Catar, Líbano e Israel). Países europeus (Reino Unido, Suécia, Holanda, Alemanha, Itália, Dinamarca e França) representam 30% dos investidores. Cerca de 10% dos investidores vêm de países africanos (África do Sul, Ilhas Maurício, Líbia e Djibuti). O restante é da Austrália, Brasil e Estados Unidos.

Figura 2.7 – Principais vendedores e compradores de territórios na África (Tanzânia, Moçambique, Mali), 2010

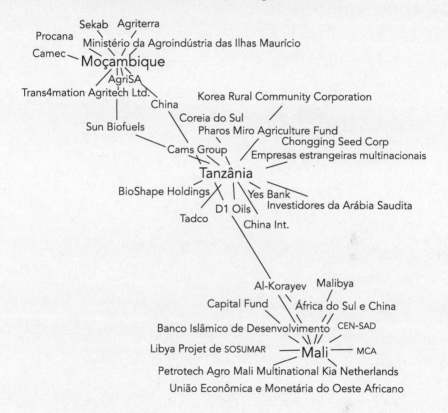

Fonte: Friis e Reenberg, 2010.

Figura 2.8 – Principais vendedores e compradores de terras na África (Madagascar, Sudão, Etiópia), 2010

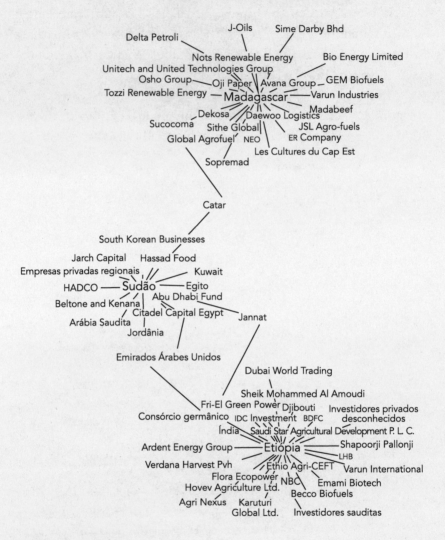

Fonte: Friis e Reenberg, 2010.

Três países têm uma parcela significativa do total dos investimentos. Estados Unidos, Reino Unido e Arábia Saudita representam 25% do total de investidores nesses seis países. Cada um tem investimentos em quatro países. Vale notar que empresas privadas dominam entre os compradores em alguns países, e Estados em outros.

UM CASO: A PRODUÇÃO DE ÓLEO DE PALMA

O óleo de palma, negociado no mercado internacional de mercadorias e futuros como óleo de palma cru, é um componente de enormes quantidades de produtos, entre os quais ração para animais, comidas processadas, óleos de cozinha, cosméticos, lubrificantes e combustíveis. Entre 2000 e 2010, o consumo do óleo de palma duplicou, atingindo 46,8 milhões de toneladas e ultrapassando o óleo de soja em 2005 como o óleo vegetal mais popular no mundo.[34] Estima-se que em 2020 o consumo de todos os óleos vegetais tenha aumentado 25%, com o óleo de palma continuando a ser o líder da categoria.[35]

Em seu estado bruto, o óleo de palma cru é frágil: o óleo extraído dos frutos recém-colhidos da palmeira começa a se decompor em apenas 48 horas, o que significa que os produtores necessitam ter acesso rápido a plantas de processamento. Os moinhos que extraem e estabilizam o óleo de palma demandam entre 4 mil e 5 mil hectares de terras cultivadas para produzir com máxima eficiência. Os sistemas de transporte, infraestrutura e economias de escala exigidos para uma produção rentável de óleo de palma significam que a demanda crescente está sendo respondida pelas fazendas de monocultura, geralmente por enormes plantações ou por grupos de pequenos proprietários com apoio governamental.[36]

Oitenta por cento do óleo de palma comercial é produzido na Malásia (4 milhões de hectares de terra dedicados à produção do óleo) e na Indonésia (7,5 milhões de hectares de terra para a produção).[37] A escassez de terras aráveis na Malásia empurra a nova produção em direção à Indonésia, onde os conglomerados malásios são os maiores investidores, respondendo por quase dois terços de todos os empreendimentos de produção de óleo de palma.[38] O governo da Indonésia tem o óleo de palma como benéfico para os pobres, para a criação de empregos e para o crescimento: 85% do óleo de palma consumido na Indonésia é usado como alimento, especialmente como óleo de cozinha barato, e 3,5 milhões de agricultores familiares produziam 40% da safra do óleo de palma na Indonésia.[39]

A previsão para os moradores locais, contudo, não é de tempo bom. Na província indonésia de Riau, protestos de pequenos produtores rurais contra a indústria do óleo de palma começaram a surgir no início da década de 1980. Foi quando integrantes do governo exigiram o confisco e a redistribuição de terra de propriedade coletiva para criar plantações de palmeiras.[40]

As leis agrárias da Indonésia são nebulosas, vagas e muitas vezes inseguras. A lei consuetudinária, conhecida como *adat* na Indonésia e na Malásia, foi codificada e integrada à lei colonial holandesa. Continua sendo parte importante, ainda que contestada, do quadro jurídico da Indonésia. Embora o *adat* varie muito entre os grupos étnicos do país, muitos povos indígenas têm terras por meio do *hak ulayat* (propriedade comum) ou do *hutan adat* (licença florestal consuetudinária).[41] A Lei Agrária Básica de 1960 limita o reconhecimento governamental dos direitos de terra do *adat* a casos em que "a terra está sob propriedade de uma comunidade *adat* reconhecida, os limites são definidos e entendidos e a comunidade é reconhecida e funciona como tal sob os princípios legais do *adat*."[42] Esses tipos de problemas também são ignorados na legislação, no que se refere à resolução de reivindicações sobre direitos e concessões de terras superpostos, como no caso dos conflitos entre empresas mineradoras e agrícolas.[43] Além disso, o sistema de registro de terras na Indonésia é insuficiente; dois terços de toda a terra sob a administração florestal no país não têm títulos.[44] Essas ambiguidades e inadequações dão espaço para que interesses corporativos desafiem os direitos de comunidades às terras. Vários governos indonésios (em especial o regime de Suharto) buscaram ativamente incorporar mais território ao controle direto do Estado, ao mesmo tempo que várias empresas tiveram sucesso em reclamar propriedades sem ter a documentação adequada.⁴⁵

Os conflitos por causa de terras tiveram seu ápice na província indonésia de Riau, na ilha de Sumatra. Os moradores se opunham à expansão das plantações de palmeiras desde a década de 1980; a oposição à indústria foi suprimida durante a ditadura de Suharto, mas se espalhou feito um incêndio descontrolado desde a mudança de regime em 1998.⁴⁶ Em Riau, 70% de todas as plantações de palmeiras são de propriedade de empresas da Malásia; muitas delas participaram de aquisições duvidosas e não respeitaram os direitos das comunidades locais que tinham posse coletiva das terras.⁴⁷ De acordo com a Lei Agrária Básica de 1960, as comunidades podem ser forçadas a renunciar à terra; isso ocorre principalmente em áreas onde grupos locais mantêm a tradicional propriedade coletiva de terras mas estão envolvidos na produção de mercadorias, em vez de cultivar modos de vida indígenas.

Vejamos um caso que ilustra algumas das tensões que já duram muitos anos e o longo processo do Estado em reconhecer os direitos dos pequenos proprietários. Em 1998, a PT Mazuma Agro Indonesia (MAI) tomou 5.508 hectares de terras na aldeia de Rokan Hulu, em Riau, sem o consentimento dos líderes locais, e começou a expulsar ilegalmente do local agricultores e suas famílias.⁴⁸ Uma ação na Justiça conseguiu evitar novos desdobramentos até 2012. Em fevereiro daquele ano, apesar de o caso não ter sido resolvido na Justiça, a MAI iniciou o trabalho na terra. Às 8h30 da manhã do dia 2 de fevereiro de 2012, cem moradores tentaram impedir que tratores e escavadeiras desmatassem a área; às 11 horas, soldados da Polícia Regional do Norte da Sumatra abriram fogo contra os manifestantes, ferindo cinco pessoas.⁴⁹ Não foi a primeira vez que os conflitos por terras em Riau se tornaram violentos. Desde 1998, a MAI e os líderes de uma aldeia próxima conspiraram para queimar pelo menos 89 casas e destruir 26 plantas de processamento de óleo de palma que pertenciam aos membros da comunidade.⁵⁰ Em 2004, dois homens de Rokan Hulu que protestavam contra uma reivindicação de terra pela empresa de óleo de palma PT Suraya foram mortos pelos seguranças da empresa; a polícia local se deslocou para a área e evitou que o conflito se intensificasse, mas não conseguiu prender os assassinos.[51]

Em resposta a esses abusos por parte das empresas, em maio de 2013 a Justiça da Indonésia transferiu o controle de milhões de hectares de floresta do governo para comunidades locais, pelo menos nominalmente.[52] Contudo, a efetivação desses novos direitos sobre a terra continua dependendo de registros governamentais e organismos que no passado se mostraram falíveis. Resta saber se os povos indígenas na Indonésia poderão usar suas terras para produzir mercadorias para a economia global sem sacrificar seu direito à propriedade coletiva.

CONCLUSÃO

Estes são elementos de uma história maior em construção e que implica o reposicionamento de áreas cada vez maiores da África, da América Latina e da Ásia em uma economia global enormemente reestruturada. Governos enfraquecidos, que funcionam como burguesias compradoras, e a destruição da economia de pequenos agricultores inauguraram uma nova fase de sobrevivência em partes cada vez maiores do mundo e para números cada vez mais elevados de pessoas.

As principais tendências empíricas do argumento principal deste capítulo são o crescimento abrupto das aquisições estrangeiras de terra depois de 2006, ano em que a crise bancária já estava em formação, e a rápida diversificação internacional dos compradores. Aqui, o problema não é a aquisição estrangeira em si, já que a propriedade estrangeira faz parte da história econômica mundial há muito tempo. Além do mais, existem razões positivas para algumas aquisições: a criação de uma reserva natural, por exemplo. O que importa para minha argumentação é que esse crescimento abrupto da propriedade estrangeira está alterando de forma significativa o caráter de economias locais, especialmente a propriedade de terras, e reduzindo a autoridade soberana do Estado sobre seu território. O processo de aquisição pode ser menos violento e perturbador do que as conquistas imperiais do passado. Mas isso não significa que deva ser confundido com exemplos mais benignos de propriedade estrangeira, como a instalação de uma planta da Ford Motors na Europa ou uma fábrica da Volkswagen no Brasil, as quais geram empregos.

A ênfase na justaposição da autoridade soberana formal e o número crescente de aquisições estrangeiras de terras levam a dois problemas conceituais, os quais são facilmente ignorados se destacarmos apenas a assimetria de poder entre os que compram as terras e os governos anfitriões. Um dos problemas é o papel das reestruturações do FMI e do Banco Mundial, ampliadas pelas regras da OMC, no enfraquecimento de economias, do desenvolvimento social e de governos em diversos países. O complexo de tendências e condições associado a essa reestruturação facilitou de fato a aquisição maciça de terras por estrangeiros após 2006, que foi intensificada depois da crise de 2008. Essas tendências prepararam o terreno para o aumento abrupto das aquisições, por meio da relativa facilidade da execução formal de muitos novos tipos de contrato e pela rápida diversificação dos compradores.

O outro problema é o reposicionamento de território soberano nacional resultante do aumento abrupto das aquisições de terras por estrangeiros. O território nacional não é simplesmente uma terra desocupada. As terras adquiridas por estrangeiros incluem vastas extensões de território nacional que é povoado e conformado por cidades, pela agricultura familiar, pelos distritos de produção rural e pelos atores que criam e reproduzem essas economias, quer isso seja reconhecido pelo Estado ou não. Hoje, boa parte dessa complexidade político-estrutural está sendo apagada de seu território original como consequência das aquisições. Levando isso ao extremo, poderíamos perguntar o que vale a cidadania quando um território nacional é rebaixado à condição de terra de propriedade estrangeira para plantações, levando à expulsão de tudo o mais: flora, fauna, cidades, pequenos proprietários rurais e regras tradicionais que organizavam a posse ou o uso das terras.

Em conjunto, essas aquisições de terras em grande escala produziram um espaço operacional global que está parcialmente incorporado aos territórios nacionais. Elas produzem uma desnacionalização parcial e profunda dentro dos Estados nacionais, um buraco estrutural no tecido do território nacional soberano. Vejo a aquisição de terras por estrangeiros como um dos vários processos que desagregam o território nacional. Os contratos criados para essas aquisições tornam-se capacidades de uma lógica organizadora desarticulada do Estado nacional, apesar de essas aquisições operarem dentro de seu território. Além do mais, muitas vezes os contratos vão contra os interesses de grande parte da população e do capital local, que teria muito mais probabilidade de gerar ciclos positivos de retroalimentação em diversas regiões do país. É importante notar que as aquisições estrangeiras em grande escala poderiam gerar bons empregos e efeitos econômicos locais, sobretudo quando comprometidas com os direitos dos trabalhadores e a sustentabilidade ambiental. Mas as tendências atuais não prometem muito nesse sentido: esta é uma história de expulsões de pessoas, de economias locais e de destruição da biosfera.

Dentro desse contexto mais amplo, a materialidade e a visibilidade das aquisições estrangeiras de terra se tornam heurísticas: contam-nos algo sobre um processo maior que muitas vezes não é tão visível e material quanto a terra ou a participação direta do poder executivo na execução de contratos. Essa forma de representação da globalização econômica é muito diferente da noção do Estado como vítima. De fato, em grande medida é o poder executivo que se alinha ao capital corporativo mundial, tanto no Sul quanto no Norte global. Isso se torna bastante visível no caso das aquisições estrangeiras de terras. Ao mesmo tempo, a meu ver, uma consequência importante dessa participação estratégica dos Estados nos processos globais é que, guiada por interesses diferentes, os Estados poderiam reorientar seus objetivos, afastando-se da agenda corporativa global e indo em direção a agendas globais sobre o meio ambiente, os direitos humanos, a justiça social e a mudança climática.

Notas

1. Examino esse assunto no livro *Ungoverned Territories* (a ser publicado em breve). Sobre contratos, ver Cotula e Tienhaara, 2013; Margulis et al., 2013; Pistor, 2012; Shephard e Anuradha, 2010; ifpri, 2009; Zoomers, 2010.
2. Ofereço um relato crítico detalhado dessas diversas políticas e bibliografias geradas em Sassen, 1998, 2001, 2010.
3. Sassen, 1988. Para relatos históricos mais amplos, ver Bertola e Ocampo, 2013; Chatterjee, 2011; Quijano, 2007; Scott, 1999; Landes, 1999; Rubio, 2003; McMichael, 2009; White et al., 2012.
4. Ver Sassen, 2008c, capítulos 1, 8 e 9 para uma exposição de aspectos teóricos, metodológicos e históricos.
5. Esta seção é baseada num projeto de pesquisa maior (Sassen, 2008d) que procura mostrar como as dificuldades enfrentadas por indivíduos, lares, empresários e até mesmo governos são microrrepresentações de processos maiores de reestruturação econômica em países em desenvolvimento lançados pelo fmi e pelos programas do Banco Mundial, bem como a implementação de regras da omc na década de 1990 e depois.
6. Em 2003, o serviço da dívida como parcela das exportações somente (não a receita total do governo) ia de níveis extremamente altos na Zâmbia (29,6%) e Mauritânia (27,7%) até níveis significativamente mais baixos em comparação com a década de 1990 em Uganda (onde diminuiu de 19,8% em 1995 para 7,1% em 2003) e Moçambique (de 34,5% em 1995 para 6,9% em 2003).

7. Jubilee Debt Campaign, 2012, 2013.
8. UNDP (PNUD), 2005, 2008, 2013; ver também Ferreira e Walton, 2005.
9. Para uma visão geral desses dados, ver UNDP (PNUD), 2005, 2008; Banco Mundial, 2005; Atinc *et al.*, 2006, 2013; Behrman *et al.*, 2011; Lucas, 2005; Sassen, 2008d, 2010.
10. Land Matrix, landmatrix.org (acessado em 29 de julho de 2012); Anseeuw, Wily, *et al.*, 2012; Anseeuw, Boche, *et al.*, 2012. Ver também De Schutter, 2011; FAO, 2009; Cotula *et al.*, 2009; Borras e Franco, 2012; IFPR, 2011; Margulis *et al.*, 2013; sobre aspectos legais em particular, ver Pistor, 2012.
11. Ver também Provost, 2012; Xing, 2010.
12. Grain, 2012.
13. HighQuest Partners, 2010.
14. Aabø e Kring, 2012, p. 2.
15. Oxfam, 2012, p. 1.
16. Murphy, 2013, p. 5.
17. Ravanera e Gorra, 2011.
18. Hall, 2011; Cotula *et al.*, 2009. Para dados além dos da África, ver Visser e Spoor, 2011; Novo *et al.*, 2010; Shah, 2009; Teubal, 2006.
19. Cotula, 2011; Ravanera e Gorra, 2011.
20. Wiener Bravo, 2011.
21. Molnar *et al.*, 2011.
22. *Ibid.*
23. Putzel *et al.*, 2011.
24. Colchester, 2011.
25. Para Benin, ver Dossou *et al.*, 2011; para Índia, ver Rawat, Bhushan e Surepally, 2011.
26. Bräutigam e Tang, 2011.
27. De acordo com Rulli, Saviori e D'Odorico, 2013, "aproximadamente 0,31 x 10^{12} m³/ano de água verde (por exemplo, água da chuva) e até 0,14 x 10^{12} m³/ano de água azul (por exemplo, água de irrigação) são apropriadas mundialmente para a produção de colheitas e a criação de animais em 47 x 10^6 hectares de terras açambarcadas no mundo inteiro (por exemplo, em 90% das terras açambarcadas registradas globalmente)."

28. A participação do setor primário (que inclui em lugar de destaque mineração e agricultura) no IED aumentou 41% em 2006, de 5% em 1996; em comparação, a participação do setor de manufatura reduziu-se quase à metade, de 27% para 40%, naquele período (UNCTAD, 2008).
29. Para dados abrangentes, ver UNCTAD, 2008.
30. Por outro lado, o World Food Programme gastou US$ 116 milhões para fornecer 230 mil toneladas de alimentos a 4,6 milhões de etíopes que se calculava estarem ameaçados pela fome e pela desnutrição. Essa coexistência em um só país de lucros com a produção de alimentos para exportação e a fome, com contribuintes do mundo providenciando ajuda por meio de alimentos, é um triângulo que se iniciou nas décadas após a Segunda Guerra Mundial e que vem se repetindo (Sassen, 1988).
31. Friis e Reenberg, 2010.
32. *Ibid.* Note que os gráficos apresentados nas figuras 2.7 e 2.8 não estão em Friis e Reenberg, 2010, mas foram construídos pela autora com o uso de seus dados.
33. A Sun Biofuels faliu, de fato, na Tanzânia e fechou em 2011, o que levou a choques violentos e súbitos na economia local.
34. Colchester, 2011, p. 1; Productshap Margerine, Vetten e Ölien, 2011, p. 1.
35. Productshap Margerine, Vetten e Ölien, 2011, p. 1.
36. Colchester, 2011, pp. 2-3.
37. *Ibid.*, p. 1.
38. *Ibid.*, p. 2.
39. Burgers e Sustani, 2011, p. 1, 11. Para alternativas, ver Vermeulen e Good.
40. Mayer, 2009.
41. Royal Tropical Institute, 2012, p. 3.
42. Yusuf, 2012, p. 7.
43. *Ibid.*, p. 13.
44. *Ibid.*
45. Deddy, 2006, 91; Asian Human Rights Commission, 2012.
46. Mayer, 2009.
47. Colchester, 2011, p. 18.

48. Asian Human Rights Commission, 2012.
49. *Ibid.*
50. *Ibid.*
51. Santoso e Afrizal, 2004.
52. Brunori, 2013.

3.
AS FINANÇAS E SUAS CAPACIDADES: A CRISE COMO LÓGICA SISTÊMICA

Uma vez existente, o lucro financeiro pode ser considerado moralmente neutro. Pode ser utilizado para um bem inequívoco: materializado em um ativo não financeiro, como um sistema de transporte ecológico, por exemplo. Pode se materializar para o mal: na compra de armas para os senhores da guerra, digamos. Ou pode continuar imaterial e utilizado como plataforma para invenções de especulação financeiras tão complexas que desafiam a análise empírica, que dirá um exame moral. A última dessas tendências, associada sobretudo ao mercado de derivativos, dominou as finanças nos últimos vinte anos. Até a crise financeira, a obscuridade de suas operações escondeu quão perigoso esse mercado poderia vir a ser e gerou os níveis extremos de financeirização agora evidentes em muitos dos principais países desenvolvidos.

Podemos ter uma ideia das ordens de magnitude criadas pelo sistema financeiro nas últimas duas décadas por meio do valor total de derivativos em circulação, uma forma de dívida complexa que deriva seu valor de outras fontes, desde outros tipos de dívida até bens materiais, como prédios e colheitas. Os derivativos são, no momento, o instrumento financeiro mais comum. O valor total de derivativos em circulação era de US$ 600 trilhões (mais de dez vezes o valor do PIB global) antes da explosão da crise em 2008; depois caiu brevemente, antes de subir de novo. Em 2012, alguns anos depois daquele evento custoso que fez cair empresas, governos e economias inteiras, o valor havia aumentado para mais de US$ 800 trilhões, e no início de 2013 chegava a mais de US$ 1 quatrilhão. De forma semelhante, o valor dos ativos dos bancos, em torno de US$ 160 trilhões um pouco antes da crise, havia aumentado para quase US$ 200 trilhões em 2010, e continua crescendo desde então. Em comparação, o PIB global sofreu uma queda brusca, de US$ 55 trilhões em 2007 para US$ 45 trilhões no início de 2008, refletindo a crise na economia. O poder das finanças, e o que as torna perigosas, é sua capacidade de aumentar o próprio valor, mesmo enquanto lares, economias e governos o perdem.[1]

Entendo as finanças como uma capacidade, ainda que de valência variável. Não é o conceito positivo de capacidade de Amartya Sen ou de Martha Nussbaum. É necessário distinguir as finanças do sistema bancário tradicional. Bancos tradicionais vendem dinheiro que está sob sua posse. As firmas financeiras vendem algo que não têm, e nisso reside o impulso para serem muito mais inovadoras e invasivas do que os bancos tradicionais. Nesse aspecto, as finanças podem ser entendidas como uma capacidade de securitizar quase tudo em uma economia e, ao fazer isso, submeter economias e governos a seu próprio critério de medição de sucesso. A securitização implica a realocação de um edifício, de um bem ou de uma dívida em um circuito financeiro em que estes se tornam móveis e podem ser comprados e vendidos inúmeras vezes em mercados próximos ou distantes. Nas duas últimas décadas, as finanças inventaram instrumentos muito complexos para securitizar casos extremos de itens familiares: empréstimos para a compra de carros usados e dívidas modestas de prefeituras, e não apenas dívidas de alta qualificação. Uma vez que algo tenha sido securitizado, a engenharia financeira pode continuar criando longas cadeias de instrumentos cada vez mais especulativos, que dependem da suposta estabilidade daquele passo inicial. Essa é, portanto, uma capacidade muito especial, distintiva e muitas vezes perigosa. (Vale a pena lembrar que alguns tipos de derivativos, um dos principais capacitadores das finanças, tinham sido praticamente declarados ilegais nos Estados Unidos. Só em 1973 é que os derivativos voltaram a ser legais nos mercados de *commodities* de Chicago.)

No coração das finanças reside o trabalho de inventar e desenvolver instrumentos complexos. São a matemática da física e seus modelos que estão em jogo aqui, não a matemática dos modelos microeconômicos. Os bastidores da Goldman Sachs, por exemplo, contam com um amplo estoque de físicos. Boa parte de sua matemática está muito além da compreensão dos executivos mais bem remunerados da diretoria.

Essas características fazem das finanças uma força importante em um processo que começou na década de 1980 e ganhou força mundialmente no início dos anos 1990. Considero as finanças um conjunto complexo de atores, capacidades e espaços operacionais. Elementos desse conjunto funcionam como uma das dinâmicas conceitualmente subterrâneas de que me ocupo neste livro. As finanças podem adotar diferentes formas na superfície e se adaptar a ambientes institucionais tão diferentes quanto a China e os Estados Unidos, com instrumentos tão diversos quanto empréstimos estudantis securitizados e *swaps* de crédito. Mas sob essa diversidade de invólucros há uma capacidade que marca uma época: a financeirização da dívida e de ativos de empresas, lares e governos, não importando a geopolítica, a autoridade soberana, o sistema legal, a relação estado-economia ou o setor econômico.

Podemos pensar nas finanças como a mais completa e eficaz – ao menos a curto prazo – dessas tendências conceitualmente subterrâneas que estão reformulando o mundo de tantas maneiras diferentes. No caso das finanças, as manifestações visíveis adotam a forma de múltiplos micromundos e microtendências, alguns especializados, outros não: empréstimos de cartões de crédito, o déficit deste ou daquele governo, a dívida de determinada empresa, e assim por diante. Toda essa desagregação se deve, em parte, aos diferentes acordos institucionais pelos quais essas dívidas e esses ativos são gerados e se tornam reconhecíveis por terceiros. Mas a desagregação também torna invisível o turbilhão mais profundo, e de várias maneiras oculta o que está acontecendo: uma destruição em grande escala de economias, de dívidas governamentais e de lares saudáveis. Em diversos casos, essa destruição assume a forma de um fluxo de capital e de recursos para firmas financeiras, e para o empobrecimento de outros setores econômicos. Não podemos generalizar muito, pois existem exceções para tudo, e podemos ver o enriquecimento de uma série de setores além das finanças, desde o de alta tecnologia até o de petróleo. Muitos desses setores dependem das finanças ou se sustentam fornecendo os serviços altamente especializados de que necessitam.[2]

Contudo, só podemos compreender as finanças e suas dinâmicas através dos densos mundos em que suas diversas invasões ocorrem. Por exemplo, agora vemos não só a mercantilização dos alimentos, do ouro e de muitos outros bens, mas também a financeirização dessas mercadorias. Do mesmo modo, não há apenas juros sobre os empréstimos, mas também a financeirização dos pagamentos de juros. Alguns casos particularmente brutais revelam a violência econômica que pode advir quando algo dá errado. Um exemplo disso é a expulsão de enormes números de pessoas de suas casas hipotecadas em países tão diferentes quanto Estados Unidos, Espanha e Lituânia, em um período que foi breve e intenso. Outro exemplo são as enormes perdas que surgiram com a especulação financeira e que atingiram fundos de administrações municipais em países tão distintos quanto Estados Unidos e Itália.

Vou começar por um microcosmo em que todos esses aspectos se reúnem, de formas densas e muitas vezes elementares: como famílias modestas, que buscavam ter a posse de casas modestas, foram trazidas para dentro do maquinário financeiro em um número crescente de países. Concentro-me nos Estados Unidos, porque o país foi o grau zero desse desenvolvimento e da inovação que o possibilitou. O caso serve para ilustrar algumas características da financeirização, especificamente do uso de instrumentos complexos na criação de um ciclo breve e bastante rentável para alguns e de brutalidades elementares para milhões de pessoas que perderam suas casas. Em seguida, examino o potencial global desses instrumentos e me concentro em países que experimentaram expulsões semelhantes, ainda que cada um deles tenha explicações específicas.

O que interessa para minha análise é que esses diferentes países começam a compartilhar uma dinâmica subjacente mais profunda, que atravessa as divisões habituais ao mesmo tempo que é filtrada pelas densas especificidades de cada situação. Conceitualmente, tendemos a continuar presos a distinções existentes e herdadas entre diferentes países, diversos sistemas bancários nacionais e assim por diante. Isso tem consequências: nosso foco nas distinções habituais e de longa data serve para esconder ou tornar menos legível o fato de que pode haver uma dinâmica parecida sob muitos casos. Processos e tendências locais ou nacionais podem ser os elementos de base de uma tendência global que transcende as separações conhecidas. O capítulo termina com uma discussão da interseção da complexidade e da brutalidade tal como são filtradas através de economias políticas nacionais, ocultando a construção de uma economia política global mais profunda. Embora esta última seja parcial em sua especificidade, corta transversalmente muitas das familiares divisões de países, setores econômicos e mercados.

QUANDO A HABITAÇÃO LOCAL SE CONVERTE EM INSTRUMENTO FINANCEIRO GLOBAL

Mais além de seu papel social e político, a habitação tem sido há muito tempo um setor econômico crucial em todas as sociedades desenvolvidas e realizado contribuições fundamentais para o crescimento econômico. Historicamente, vem desempenhando esse papel econômico de três formas: como parte do setor da construção, do mercado imobiliário e do setor bancário, na forma de hipotecas. Nesses três setores foi vetor de inovações em alguns períodos. Por exemplo, a energia solar é aplicada em grande parte a moradias, mais que a escritórios ou fábricas. A construção em grande escala tem utilizado a habitação como o canal principal para o desenvolvimento de novas técnicas e formatos, e a construção industrial de prédios pré-fabricados também se concentrou na habitação para resolver seus desafios. Por último, as hipotecas têm sido uma das principais fontes de renda e inovação do sistema bancário tradicional. A hipoteca de trinta anos, padrão no mundo atual, representou uma grande inovação para os mercados de crédito. O Japão e a China instituíram hipotecas de noventa e setenta anos, respectivamente, para lidar com uma demanda pelo financiamento de casas próprias que crescia depressa. Isso gerou uma situação em que seriam necessárias três gerações para quitar o custo de uma casa no período do *boom* – a década de 1980 no Japão e a de 2000 na China.

A securitização das hipotecas, que tomou impulso na década de 1980, conferiu mais um papel à habitação dentro da economia. A securitização pode gerar crescimento dentro de uma economia, mas também abre o mercado de hipotecas à especulação, tornando-o vulnerável a riscos e perdas. Isso é aceitável se o dono da propriedade hipotecada toma a decisão de especular e está completamente ciente dos riscos. Mas não é aceitável se a decisão de embarcar em um acordo arriscado é realizada sem seu consentimento consciente. Mesmo esse consentimento consciente pode não ser o suficiente em uma época em que os contratos são longos e impenetráveis, e a cultura que permeia a indústria financeira e de investimento não se caracteriza pela abertura e transparência. Vale a pena lembrar a notória falência da prefeitura do Condado de Orange, na Califórnia: o que o governo local pensava ser um empréstimo revelou-se um investimento altamente especulativo, quebrando o condado e seus fundos de pensão. Algo semelhante ocorreu no fim de 2012, quando dezenas de prefeituras na Itália enfrentaram uma crise orçamentária porque o que pensavam serem simples empréstimos bancários eram na realidade *swaps* de crédito, um dos tipos de investimento mais arriscados e especulativos.

A securitização de hipotecas residenciais tem um efeito similar: transforma o que poderia parecer uma hipoteca tradicional em parte de um instrumento de investimento especulativo a ser vendido e comprado em mercados especulativos. Mas a securitização segue um caminho diferente e representa mais uma inovação financeira capaz de causar destruição extrema. Ela cria um novo canal para a utilização da moradia como um bem que deverá ser representado por um contrato (a hipoteca) e que pode ser dividido em componentes menores e misturado a outros tipos de dívidas para venda no circuito das altas finanças. No caso específico das hipotecas *subprime*, criadas nos Estados Unidos nos anos 2000, o contrato que representava a hipoteca era fatiado, e cada fatia misturada a dívidas de alta qualificação a fim de gerar os chamados *"asset-backed securities"* (ABS)* para serem vendidos a investidores financeiros. Em última instância, tudo o que bastava para o sucesso da venda era um contrato assinado entre o banco e o comprador da casa que representasse um bem – a modesta casa. O valor real do bem que constituía a base (a casa) não importava, nem a hipoteca em si, nem o valor dos pagamentos dos juros. O instrumento financeiro foi construído de maneira a se desvincular daqueles valores. O que importava era que o instrumento pudesse funcionar como um ABS no circuito de investimentos, ainda que contivesse apenas uma pequena parte de um bem de custo muito baixo (desempenhando o papel de bem material) e que fosse composto em sua maior parte de outros tipos de dívida. O desafio era desvincular o valor real daquele bem (a casa) do contrato que seria usado no alto circuito financeiro. Isso significava desenvolver uma série de passos complexos, até 15 deles, de forma que o valor real da casa e os pagamentos da hipoteca não tivessem importância. Isto é, o ABS tinha que ser "liberado" do peso do valor real do bem, que em geral era muito modesto. O resultado era um instrumento enormemente opaco e complexo.

Essa desvinculação tornou a solvência financeira dos titulares das hipotecas irrelevante para o potencial de lucro. O resultado foi

---

* O mercado brasileiro costuma utilizar a expressão em inglês. Uma tradução possível seria "títulos lastreados por ativos". (*N. da T.*)

que famílias modestas foram postas em situação de alto risco, com vendedores pressionando para que assinassem o contrato. O que importava mesmo era a simples existência do contrato assinado, ou melhor, a acumulação de grandes quantidades de contratos assinados. Essa inovação abriu o mundo das famílias e pessoas de renda média-baixa aos altos circuitos das finanças, criando um mercado global em potencial de bilhões de lares. No final deste capítulo, examinarei brevemente a capacidade desse novo instrumento financeiro de se alastrar até as principais regiões em desenvolvimento no mundo.[3]

Essa não foi a primeira vez que o setor financeiro utilizou a habitação para criar um instrumento para investidores. Os primeiros títulos lastreados por hipotecas residenciais foram criados no fim da década de 1970. A ideia, boa em vários aspectos, era gerar outra fonte de financiamento para hipotecas, além da tradicional, que consistia basicamente em depósitos bancários, em suas muitas variantes. Na sua forma inicial benigna, os títulos lastreados por hipotecas serviram para baixar as taxas de juros sobre as hipotecas e estabilizar a oferta de crédito, isto é, permitiram que os bancos continuassem emprestando mesmo durante períodos de recessão.

Mas essa encarnação prévia das hipotecas *subprime* era um projeto estatal. A que se desenvolveu nos Estados Unidos no início do século XXI, e que agora está espalhada pelo mundo inteiro, foi criada pelo setor financeiro e para o setor financeiro. Seu objetivo não era ajudar pessoas a conseguir moradia, mas desenvolver um instrumento financeiro, um título lastreado por um ativo, para uso no circuito financeiro. Duas características tornam essa inovação diferente. Uma é a medida que essas hipotecas funcionam apenas como instrumentos financeiros, na medida em que possam ser compradas e vendidas rapidamente. A propriedade do instrumento pode durar apenas algumas horas. Portanto, uma vez que o investidor tenha vendido o instrumento, o que acontece com a casa é irrelevante. De fato, as empresas ou divisões bancárias que sofreram grandes perdas foram principalmente as credoras especializadas em hipotecas *subprime* ou as divisões de bancos que ficaram com a propriedade da dívida. Além disso, como já descrevemos, como essas hipotecas foram fatiadas, misturadas e distribuídas em diversos pacotes de investimento, não existe um único componente nesses pacotes que represente a totalidade da casa. Já o proprietário perderá a casa inteira e todo o valor que nela investiu se não for capaz de pagar as prestações da hipoteca ainda que por poucos meses, não importando quem é o dono do instrumento nem a fatia que sua casa tem dentro daquele instrumento.

A segunda diferença em relação às hipotecas tradicionais é que a fonte de lucro para o investidor não é o pagamento da hipoteca em si, mas a venda do pacote financeiro que reúne centenas ou milhares de fatias de hipotecas. Essa característica em particular do instrumento permite aos credores obter lucros do vasto mercado potencial representado por famílias com rendas modestas. Os bilhões desses lares ao redor do mundo podem se tornar um importante alvo quando a fonte do lucro não é o pagamento da hipoteca em si, mas a venda do pacote financeiro. O que conta para o credor não é a solvência financeira do mutuário, mas o número de hipotecas vendidas (muitas vezes empurradas) a pessoas e famílias. Não haveria nada de errado com essa característica se o alvo dessas hipotecas fossem especuladores ricos, mas ela se torna alarmante quando se trata de pessoas sem tantos recursos.

A assimetria entre o mundo dos investidores (somente alguns serão afetados) e o dos proprietários de imóveis (quando ficarem inadimplentes, perderão a casa, não importando qual investidor tenha a posse do instrumento no momento) cria uma enorme distorção nos mercados imobiliário e de financiamento de imóveis. Os proprietários que não puderem cumprir com suas obrigações hipotecárias não conseguem escapar das consequências negativas da inadimplência, porém a maioria dos investidores consegue, porque compra essas hipotecas com o objetivo de vendê-las. Houve muitos ganhadores e poucos perdedores entre os investidores nos anos antes da eclosão da crise, em agosto de 2007. Assim, os investidores podem ter uma relação positiva mesmo com as chamadas hipotecas *subprime* (instrumentos de má qualidade), e essa indiferença, por si só, era nociva para os potenciais proprietários de casas. Vemos aqui mais uma assimetria marcante na posição dos diferentes atores que põem uma inovação em funcionamento.

Por último, o período atual torna legível uma terceira assimetria. Em uma época de enorme concentração de recursos financeiros em um número limitado de superempresas, qualquer uma que possua uma grande quantidade de hipotecas *subprime* vai ter que arcar com perdas enormes na ocasião de uma crise de inadimplência hipotecária. Em um período anterior, a propriedade de hipotecas estava amplamente distribuída entre um enorme número de bancos e de cooperativas de crédito, e, portanto, as perdas também eram distribuídas de forma mais ampla. O fato de várias empresas grandes e poderosas terem erroneamente pensado que seriam capazes de administrar instrumentos de alto risco aumentou ainda mais suas perdas. Práticas implacáveis, a capacidade de algumas empresas de dominar o mercado e a crescente interconectividade dos mercados tornaram essas firmas vulneráveis a seu próprio poder, causando uma espécie de efeito de rede.[4] Um exemplo notório é a hoje defunta Lehman Brothers, cujo valor ainda não foi estabelecido pelo time de especialistas de alto nível reunidos para os procedimentos de falência da empresa.

Em um país como os Estados Unidos, onde ser proprietário de uma casa é, do ponto de vista cultural, uma grande prioridade – diferentemente da Alemanha, por exemplo –, é fácil persuadir famílias e pessoas com rendimentos modestos a assumir hipotecas arriscadas. Diante da possibilidade (que no mais das vezes se mostrou falsa) de ter a posse de uma casa, pessoas com salários modestos vão colocar todas as suas economias em um pagamento inicial, e tudo o que ganharem no futuro nas prestações mensais. Pequenas economias, ganhos futuros de famílias modestas ou até mesmo a posse prévia de uma casa também modesta eram utilizados para permitir que os clientes assinassem um contrato. E, como já vimos, para o credor o importante era o contrato, não a casa, nem os pagamentos da hipoteca, pois o contrato é que era necessário para criar um instrumento financeiro que pudesse gerar lucro para os investidores.

Em 2004, a estratégia era tão bem-sucedida entre os investidores que os vendedores de hipotecas nem mais pediam relatórios completos de solvência ou pagamentos iniciais, apenas uma assinatura no contrato. Em um mundo financeiro esmagado pelo capital especulativo, velocidade e números eram importantes, então o mais desejável era vender hipotecas *subprime* ao maior número possível de pessoas, incluindo as qualificadas para uma hipoteca comum que lhes teria oferecido mais proteção, porém que demoraria mais a ser processada. Os efeitos negativos sobre famílias, bairros e cidades não obtiveram nenhuma atenção. É interessante observar que a mesma inovação que havia funcionado na securitização de hipotecas – em que algo que é negativo para alguns pode significar algo positivo para um sistema maior – também podia ser vista no caso de empregos terceirizados. A terceirização envolve uma logística complexa e dispendiosa, mas vale a pena ganhar esses centavos por hora de trabalho porque se traduzem em mais valor para as ações de uma empresa nos mercados financeiros e, portanto, em mais lucros para acionistas e executivos.

Além disso, na lógica das finanças, também é possível obter bons lucros apostando contra o sucesso de uma inovação – isto é, lucrar prevendo um fracasso. Esse tipo de geração de lucro também foi visto no caso das hipotecas *subprime* e em uma série de outras inovações financeiras, especialmente os *swaps* de crédito. De fato, foi esse mercado muito maior de *swaps* que detonou a crise financeira de setembro de 2008: investidores ansiosos, ao tentar liquidar seus *swaps* desde 2007, tornaram visível o fato de que esse mercado de US$ 60 trilhões não dispunha dos fundos necessários para cumprir suas obrigações. Em suma, a chamada crise do *subprime* não foi causada por famílias irresponsáveis que assumiram hipotecas que não poderiam pagar, como ainda se costuma afirmar nos Estados Unidos e no mundo inteiro. Ao contrário, o crescente número de execuções hipotecárias indicava aos investidores que tinham comprado *swaps* que era hora de liquidar o seu "seguro", mas não havia dinheiro, porque as execuções também já tinham desvalorizado os *swaps*.

Diversas condições, como a queda nos preços das moradias, levaram a resultados extremamente negativos para pessoas e famílias, incluindo despejos.[5] De 2005 a 2010, dentre mais de 13,3 milhões de avisos de execução de hipoteca, 9,3 milhões terminaram em despejos, o que pode ter afetado até 35 milhões de pessoas. Em 2008, uma média de 10 mil famílias americanas perdiam suas casas por dia. Nem todas as execuções levavam a despejos, é claro, pelo menos não imediatamente, e é possível que algumas famílias tenham recebido mais de um aviso. Mas os dados disponíveis mostram que em 2010 mais de 7 milhões delas não estavam mais na moradia que sofreu a execução. Estimava-se que 4 milhões de famílias pudessem estar em dificuldades em 2014. Essa é uma forma brutal de acumulação primitiva, obtida por meio de uma sequência complexa de instrumentos que empregam um enorme banco de talentos do ramo das finanças, do direito, da contabilidade e da matemática.

Tabela 3.1 – Execuções de hipotecas em lares nos EUA

Ano	Avisos de execução (em milhões)
2006	1,2
2007	2,2
2008	3,1
2009	3,9
2010	2,9
Total	13,3

Fonte: RealtyTrac, 2012b.

Para milhões de pessoas com rendimentos modestos, o impacto foi catastrófico. A cidade de Nova York oferece um exemplo microcósmico. A Tabela 3.2 mostra como o grupo de moradores brancos, com renda média muito maior do que todos os outros grupos na cidade, tinha muito menos probabilidade de possuir uma hipoteca *subprime*. Em 2006, quando os números de hipotecas *subprime* haviam aumentado de forma notável, apenas 9,1% das hipotecas contratadas por brancos eram desse tipo, em comparação a 13,6% no caso dos americanos de origem asiática, 28,6% no caso de hispano-americanos e 40,7% no caso de afro-americanos. A tabela também mostra que todos os grupos, sem importar a incidência, experimentaram um grande crescimento no empréstimo de hipotecas *subprime* entre 2002 e 2006. Se considerarmos o período mais grave, de 2002 a 2005, o empréstimo de hipotecas *subprime* mais que duplicou para brancos, triplicou para asiáticos e hispânicos e quadruplicou para negros. Uma análise posterior por regiões de Nova York mostra que os dez bairros mais afetados eram pobres: entre 34% e 47% dos residentes que solicitaram hipotecas obtiveram as *subprime*.

Tabela 3.2 – Empréstimos de *subprime* por raça na cidade de Nova York, 2002-2006

	2002	2003	2004	2005	2006
Brancos	4,6%	6,2%	7,2%	11,2%	9,1%
Negros	13,4%	20,5%	35,2%	47,1%	40,7%
Hispânicos	11,9%	18,1%	27,6%	39,3%	28,6%
Asiáticos	4,2%	6,2%	9,4%	18,3%	13,6%

Fonte: Furman Center, 2007.

Os custos indiretos se estendem a toda a área metropolitana com a perda da atividade econômica resultante de todas essas casas vazias e outros motivos para a diminuição de receita das administrações municipais. A Tabela 3.3 lista as dez áreas metropolitanas com as maiores perdas estimadas de produto municipal bruto (PMB) em 2006, segundo pesquisa da Global Insight.[6] Este foi também o ano com um dos mais altos números de execuções de hipotecas em algumas dessas áreas metropolitanas. A perda econômica total dessas dez áreas metropolitanas em 2006 é estimada em mais de US$ 45 bilhões. Nesse ano, Nova York perdeu mais de US$ 10 bilhões em PMB; Los Angeles, US$ 8,3 bilhões; Dallas, Washington e Chicago, aproximadamente US$ 4 bilhões, cada uma.

Tabela 3.3 – Áreas metropolitanas com as maiores perdas de PMB, 2006

Ranking	Área metropolitana	Crescimento real do PMB (%)	Perda de crescimento (%)	Perda de PMB (milhões de dólares)
1	Nova York – Nova Jersey (Norte) – Long Island (Nova York/Pensilvânia)	2,13	0,65	10.372
2	Los Angeles – Long Beach – Santa Ana (Califórnia)	1,67	0,95	8.302
3	Dallas – Ft. Worth – Arlington (Texas)	3,26	0,83	4.022
4	Washington – Arlington – Alexandria (D.C./Virginia/Maryland/West Virginia)	2,79	0,6	3.957
5	Chicago – Naperville – Joliet (Illinois/Indiana/Wisconsin)	2,23	0,56	3.906
6	São Francisco – Oakland – Fremont (Califórnia)	1,88	1,07	3.607
7	Detroit – Warren – Livonia (Michigan)	1,3	0,97	3.203
8	Boston – Cambridge – Quincy (Massachusetts)	2,16	0,99	3.022
9	Filadélfia – Camden – Wilmington (Delaware/Nova Jersey/Pensilvânia/Maryland)	1,85	0,63	2.597
10	Riverside – San Bernardino – Ontário (Califórnia)	3,51	1,05	2.372

Fonte: Global Insight, 2007, Tabela 2.

O instrumento de hipoteca *subprime* criado nesses anos é apenas um exemplo de como as instituições financeiras podem obter grandes adicionais para o valor financeiro ao mesmo tempo que negligenciam consequências sociais negativas, até mesmo para a economia nacional. Apesar dos efeitos perniciosos, essa negligência está completamente dentro da lei.

O POTENCIAL DE EXPANSÃO GLOBAL

Dadas as suas características, a hipoteca *subprime* é capaz de viajar pelo mundo, e em princípio poderia alcançar pelo menos um bilhão de lares modestos ao redor do globo.[7] De fato, já tem viajado, e a inadimplência fora dos Estados Unidos cresce rapidamente. A Hungria, por exemplo, já viu mais de um milhão de casos de inadimplência de hipotecas *subprime*.

Uma medida crucial para avaliar o potencial de crescimento do capital hipotecário residencial é a incidência de lares hipotecados em uma economia. As Figuras 3.1 e 3.2 mostram a relação entre dívidas hipotecárias residenciais e o PIB de diversos países na Europa e na Ásia, respectivamente. A baixa incidência desse tipo de dívida indica potencial considerável para a venda de hipotecas *subprime*.

Uma segunda medida crucial é a relação entre crédito familiar (isto é, dívida) e renda familiar disponível no período de rápida mudança de 2000 a 2005 (ver Tabela 3.4 e Figura 3.3). Em alguns países, essa relação cresceu enormemente: por exemplo, na República Tcheca, foi de 8,5% em 2000 para 27,1% em 2005, e na Hungria, de 11,2% para 39,3%, enquanto na Coreia do Sul foi de 33% para 68,9%. O crescimento também é evidente na Índia, onde o nível inicial era baixo, 4,7% em 2000, mas que havia duplicado para 9,7% em 2004. Em economias de mercado maduras, essa relação é muito mais alta, mas seu crescimento se deu em uma taxa bem mais reduzida que em mercados emergentes. No Japão, por exemplo, cresceu de 73,6% para 77,8% entre 2000 e 2005, e nos Estados Unidos, de 104% para 132,7%. A Espanha teve um dos maiores aumentos, de 65% em 2000 para 124%. Por fim, o proprietário dessa dívida habitacional também pode fazer uma diferença. Se um pequeno banco local é o dono, há uma boa chance de que os proventos (por exemplo, pagamentos de juros sobre aquela dívida feitos por lares locais) vão recircular na localidade. Se o dono é um banco estrangeiro, essa recirculação é improvável.

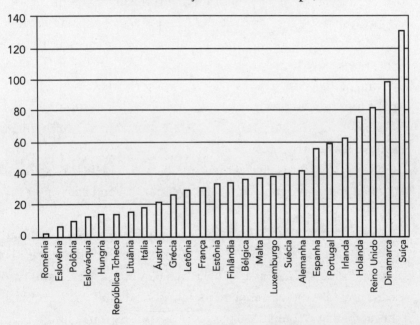

Figura 3.1 – Comparação entre a dívida de hipotecas residenciais em relação ao PIB na Europa, 2006

Fonte: Miles e Pilonca, 2008. Figura 1.

Figura 3.2 – Relação entre a dívida de hipotecas residenciais e o PIB em países emergentes da Ásia, 2001-2005

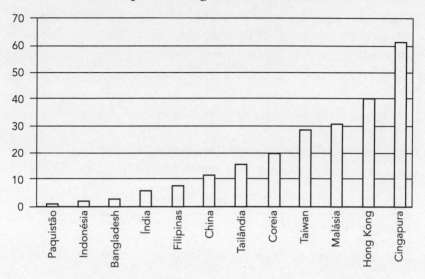

Fonte: Warnock e Warnock, 2008, Tabela 2.

O OUTRO MERCADO GLOBAL DE HABITAÇÃO: *SUPERPRIME* PARA OS MUITO RICOS

A internacionalização dos mercados de habitação assumiu mais um novo formato: um mercado global de hipotecas *superprime* para os muito ricos. Trata-se de um mercado inventado ou criado, no qual o estabelecimento de um preço de base muito alto permite evitar as dinâmicas normais do mercado e depois torna essa excepcionalidade uma parte do custo para os compradores. Talvez o conceito básico seja tão antigo quanto a riqueza. Mas os desdobramentos da última década assinalam uma fase diferente. Em número cada vez mais elevado de cidades globais, estrangeiros extremamente ricos compram um número considerável de imóveis de luxo. Em algumas cidades, isso implica comprar várias unidades menores para serem combinadas em uma mansão maior. Entre os principais destinos para esses super-ricos estão Mônaco, Londres, Paris, Nova York, Moscou, Cingapura, Hong Kong, Xangai e Dubai. Vale notar que Xangai era a única cidade a mostrar marcado declínio na porcentagem de compradores estrangeiros durante o período da crise econômica, de 2007 a 2012, quando foi de 24 pontos percentuais, enquanto Hong Kong tinha o maior aumento (23%), embora a maior parte dos compradores viesse do continente chinês. Em outras cidades, o número de compradores estrangeiros continuou o mesmo ou aumentou.

Tabela 3.4 – Relação do crédito (dívida) familiar com a renda disponível pessoal, 2000-2005

	2000	2001	2002	2003	2004	2005
Mercados emergentes						
República Tcheca	8,5	10,1	12,9	16,4	21,3	27,1
Hungria	11,2\	14,4	20,9	29,5	33,9	39,3
Polônia	10,1	10,3	10,9	12,6	14,5	18,2
Índia	4,7	5,4	6,4	7,4	9,7	
Coreia	33	43,9	57,3	62,6	64,5	68,9
Filipinas	1,7	4,6	5,5	5,5	5,6	
Taiwan	75,1	72,7	76	83	95,5	
Tailândia	26	25,6	28,6	34,3	36,4	
Mercados maduros						
Austrália	83,3	86,7	95,6	109	119	124,5
França	57,8	57,6	58,2	59,8	64,2	69,2
Alemanha	70,4	70,1	69,1	70,3	70,5	70
Itália	25	25,8	27	28,7	31,8	34,8
Japão	73,6	75,7	77,6	77,3	77,9	77,8
Espanha	65,2	70,4	76,9	86,4	98,8	112,7
Estados Unidos	104	105,1	110,8	118,2	126	132,7

Fonte: IMF, 2006.

Figura 3.3 – Fração de divisas relacionadas ao crédito residencial, 2005

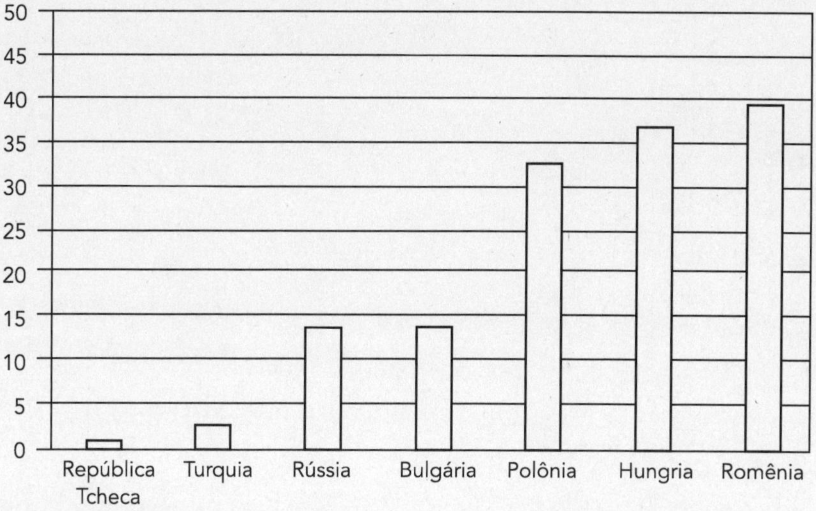

Fonte: IMF, 2006.

Como mostra a Tabela 3.5, o preço mínimo para que uma casa seja incluída no mercado de *superprime* varia consideravelmente, de US$ 6,4 milhões em Xangai a US$ 18,9 milhões em Mônaco. A demografia do mercado, sobretudo a incidência de compradores estrangeiros, parece desempenhar um papel no preço. Para tomarmos um caso extremo, 100% do mercado de habitação *superprime* em Dubai consiste de estrangeiros, em comparação a 10% no mercado de Xangai, que é mais barato. Quanto às nacionalidades, os russos têm sido os principais compradores em Londres, Paris e Mônaco. Os compradores ingleses estão fortemente representados em Mônaco, Paris, Nova York e Cingapura. Os africanos parecem comprar imóveis *superprime* exclusivamente em Dubai. Em alguns casos, existe um regionalismo nas compras. Imóveis em Cingapura são predominantemente comprados por asiáticos e australianos; em Hong Kong, a maior parte por chineses do continente; em Paris, Mônaco e Moscou, principalmente por europeus locais e cidadãos da Comunidade dos Estados Independentes (CEI). Londres, Dubai e Nova York parecem atrair compradores estrangeiros de todo o mundo.

Tabela 3.5 – Compradores estrangeiros no mercado de imóveis *superprime*, 2007-2012

Cidade	País de origem dos compradores estrangeiros	Preço mínimo para se qualificar como *superprime* (em milhões de dólares)	% de estrangeiros (de todos os compradores) 2007	% de estrangeiros (de todos os compradores) 2012
Mônaco	Rússia, CEI[a], Reino Unido, Itália, Suíça	18,9	100	100
Paris	Rússia, CEI[a], Itália, França, Alemanha, Reino Unido, Estados Unidos	8,8	90	95
Londres	Rússia, França, África do Sul, Itália, Índia, Emirados Árabes Unidos, Grécia, Austrália, Estados Unidos, Canadá	15,9	75	85
Dubai	Quênia, Somália, Tanzânia, Arábia Saudita, Rússia, Índia, Irã	8	45	60
Nova York	Reino Unido, França, Itália, Espanha, China, Cingapura, Austrália, Brasil, Argentina, Canadá	10	50	50
Xangai	Hong Kong, Taiwan, Estados Unidos, Canadá, Japão, Malásia, Alemanha, França	6,4	34	10
Cingapura	Indonésia, China, Malásia, Índia, Austrália, Reino Unido	8,3	24	31
Hong Kong	China	15,4	12	35
Moscou	CEI[a]	7,8	10	10

Fonte: Powley e Warwick-Ching, 2012.

Nota: a. CEI refere-se à Comunidade de Estados Independentes, que inclui os seguintes países: Armênia, Azerbaijão, Bielorrússia, Cazaquistão, Moldávia, Quirguistão, Rússia, Tadjiquistão e Uzbequistão.

FINANÇAS: INCAPAZES DE CONTROLAR SEU PRÓPRIO PODER?

Os ativos financeiros cresceram de forma muito mais rápida que a economia total de países desenvolvidos medida pelo PIB. Isso não seria necessariamente ruim, ainda mais se o crescente capital financeiro fosse transformado em projetos de grande escala para benefício da população. No período que começou na década de 1980, porém, foi escasso esse aumento de benefícios. Entre as exceções estavam grandes projetos "verdes" e ambientalmente saudáveis, desde o Parque Olímpico de Londres até a ampliação do transporte público no Rio de Janeiro, por exemplo. De um modo geral, as finanças se preocuparam em criar mais instrumentos e investimentos especulativos. Historicamente, isso parece fazer parte de sua lógica: ao crescer e conquistar poder, não o utiliza bem. Giovanni Arrighi afirma que, quando as finanças especulativas se tornam dominantes em um período histórico, é sinal da decadência desse período.[8]

Nos Estados Unidos, pátria de muitas inovações organizacionais e financeiras, o valor dos ativos financeiros em 2006 – antes da crise econômica – era de 450% o valor do PIB.[9] Na União Europeia, o número correspondente era 356%, com o Reino Unido muito acima da média da UE, com 440%. Basicamente, o número de países onde os ativos financeiros superaram o valor do PIB do país mais do que dobrou, indo de 33, em 1990, para 72, em 2006.

Esses números indicam que o período que começou no fim da década de 1980 e que continua até hoje constitui uma fase extrema. Mas será anômala? A meu ver, não é. Além do mais, essa fase não foi criada por fatores exógenos, como sugere a noção de crise. Crises recorrentes são características desse tipo de sistema financeiro em particular. Mesmo depois das primeiras crises dessa fase, na década de 1980, o governo americano deu à indústria financeira os instrumentos para continuar com sua enxurrada de alavancagens, como demostraram a crise das poupanças e dos empréstimos e a quebra da Bolsa de Nova York em 1987. Nos Estados Unidos, que talvez seja o caso mais extremo, ocorreram quatro grandes resgates, começando com a crise da Bolsa de 1987. Em cada um deles, o dinheiro dos contribuintes foi usado para injetar liquidez no sistema financeiro, e usado pela indústria financeira para alavancagens, visando a mais especulação e lucros. Essa indústria não o utilizou para pagar sua dívida, porque a dívida é sua razão de ser.

A financeirização de um número crescente de setores econômicos desde os anos 1980 se tornou tanto sinal do poder dessa lógica financeira quanto do esgotamento de seu potencial de crescimento na fase atual, na medida em que o mercado financeiro precisa usar e invadir outros setores econômicos para crescer. Uma vez que tenha submetido grande parte da economia à sua lógica, atinge uma espécie de limite, e a curva descendente provavelmente se iniciará. Um exemplo extremo é a criação de instrumentos que permitem a empresas financeiras apostar no crescimento de um setor e ao mesmo tempo apostar contra ele. Isso não vem a público, claro, mas às vezes podemos vislumbrar seu funcionamento. Recentemente, a Goldman Sachs criou derivativos para o governo grego que facilitavam a entrada da Grécia na União Europeia. Depois desenvolveram, para outro cliente, instrumentos que gerariam lucros se o governo da Grécia falisse. O fato causou considerável indignação na Grécia e na União Europeia.

A crise atual apresenta características que sugerem que o capitalismo financeirizado chegou aos limites de sua própria lógica nesta fase. As finanças têm tido enorme sucesso em extrair valor de muitos setores econômicos e de cadeias de derivativos sobre derivativos, em sequências frequentemente longas. Porém, uma vez que tudo em um setor tenha sido financeirizado em uma longa cadeia que consiste basicamente no desenvolvimento de novos instrumentos financeiros por parte das finanças, já não há mais valor a extrair. Nesta altura, o setor necessita de novos setores não financeirizados nos quais continuar operando. Dentro desse contexto, duas das últimas fronteiras para a extração financeira são a habitação para lares com rendimentos modestos, dos quais existem um bilhão ou mais em todo o mundo, e resgates por meio do dinheiro dos contribuintes (dinheiro real, à moda antiga, não financeirizado).[10]

Os *swaps* de crédito, outra inovação recente, são um fator crítico na crise financeira atual. Seu rápido crescimento deveu-se em parte ao fato de serem vendidos como uma espécie de seguro, algo valioso para muitos investidores em um mercado com um hipercrescimento preocupante. O segundo fator que alimentou o crescimento desse mercado foi uma condição conhecida em qualquer mercado especulativo: para alguns investidores, a economia estava se aproximando de uma crise; para outros, ainda tinha pela frente alguns anos de crescimento rápido. Em resumo, havia vendedores e compradores ansiosos pelos *swaps*, e assim se criou um mercado. De menos de US$ 1 trilhão em 2001, os *swaps* chegaram a um valor de US$ 62 trilhões em 2007, mais do que os US$ 55 trilhões do PIB global em 2007. Porém, em setembro de 2008, já haviam levado a enormes perdas. O fator crítico a criar instabilidade para o setor financeiro não foi que milhões de pessoas com hipotecas *subprime* estivessem por enfrentar execuções, já que o valor total destas era relativamente pequeno para os financistas globais. Foi não saber o que poderia vir a se tornar um ativo tóxico, já que enormes quantidades de pequenas fatias dessas hipotecas tinham sido empacotadas com dívidas de alta qualificação para que os instrumentos fossem vendidos como lastreados em um bem material real. A complexidade desses instrumentos de investimento tornava quase impossível rastrear aquele pequeno componente tóxico. O que era uma crise de habitação para milhões de pessoas era apenas uma crise de confiança para os investidores. Ainda assim, foi suficiente para abalar esse poderoso sistema. Em outras palavras, esse tipo de sistema financeiro tem mais de social do que indica a complexidade técnica de seus instrumentos e plataformas eletrônicas.[11]

A linguagem da crise continua ambígua. Para começar, o que nós chamamos de "crise" varia enormemente. Desde a década de 1980, ocorreram diversas crises financeiras. Algumas são bem conhecidas, como a quebra da Bolsa de Nova York em 1987 e a crise asiática de 1997. Outras receberam menos atenção, como as crises financeiras que ocorreram em mais de setenta países durante as décadas de 1980 e 1990, enquanto estes desregulavam seus sistemas financeiros. Essas são comumente chamadas de "crises de ajuste". A linguagem do "ajuste" dá a entender que são mudanças positivas, pois levam o país na direção do desenvolvimento econômico.

Em geral, a expressão "crise financeira" é usada para descrever um evento que tem um efeito deletério nos principais setores das finanças, não nas instituições e na população de um país. Crises de ajuste envolveram uma região bem maior do mundo do que as crises financeiras de 1987 e 1997. Mas a miséria que as crises de ajustes infligiram a pessoas de renda média nos países onde ocorreram e a resultante destruição de setores econômicos nacionais com bom funcionamento foram quase invisíveis ao olhar global. Essas crises de ajuste em países individuais tinham uma interseção com os interesses globais somente quando havia fortes vínculos financeiros com empresas e investidores globais, como foi o caso da crise de 1994 no México e a de 2001 na Argentina.

Outra questão surge dos dados que apresentam como razoavelmente estável o período depois da crise financeira asiática de 1997 até a crise financeira atual. Parte dessa representação é a medição do que vem depois de uma crise de ajuste como "estabilidade" e até mesmo prosperidade, de acordo com indicadores convencionais. Exceto pelo estouro da bolha da internet e do calote soberano argentino, o período pós-1997 foi de considerável estabilidade financeira para os principais mercados e empresas financeiros. Mas por trás dessa "estabilidade" estava a seleção selvagem de ganhadores e perdedores que já descrevi. É mais fácil encontrar ganhadores do que rastrear o lento rebaixamento à pobreza de famílias, pequenas empresas e agências governamentais (como aquelas relacionadas à saúde e à educação) que não fazem parte dos novos setores glamorosos das finanças e do comércio. Os perdedores pós-ajuste se tornaram relativamente invisíveis no mundo nos últimos vinte anos. De vez em quando se tornam visíveis, como quando membros da tradicional classe média argentina participaram de protestos em Buenos Aires e em outras cidades na metade da década de 1990, invadindo supermercados para pegar alimentos – algo de que não se tinha notícia na Argentina e que surpreendeu muitas pessoas. Esses eventos raros também tornam visível o caráter incompleto da estabilidade pós-ajuste e da nova "prosperidade" elogiada pelos reguladores globais e pela mídia.

Precisamos, portanto, desmembrar o fato tão apregoado de que em 2006 e 2007 a maioria dos países tinha uma taxa de crescimento do PIB de 4% por ano ou mais, muito mais alta do que a de décadas anteriores. Por trás dessa medida estão a criação de formas extremas de riqueza e pobreza e a destruição de classes médias bem estabelecidas. Em comparação, uma taxa de crescimento do PIB de 4% nos anos keynesianos descrevia o crescimento de uma enorme classe média.

O fato crucial de que a crise é uma característica estrutural de mercados financeiros desregulados, interconectados e eletrônicos também fica de fora desse quadro em nível macro de relativa estabilidade na década após a crise financeira asiática. Vale mencionar dois aspectos em relação a isso. Um é o enorme crescimento da extensão em que os setores econômicos não financeiros foram financeirizados, o que levou ao crescimento geral dos ativos financeiros como parte do valor do setor. Isto é, se uma crise é uma característica estrutural dos mercados financeiros atuais, então quanto mais os setores econômicos não financeiros experimentarem a financeirização, mais suscetíveis se tornarão a uma crise financeira, não importando seu produto. Em consequência, o potencial de instabilidade mesmo em setores econômicos fortes é alto, sobretudo em países com sistemas financeiros sofisticados e altos níveis de financeirização, como os Estados Unidos e o Reino Unido. A Alemanha, que saiu da crise financeira em melhor forma do que os Estados Unidos e o Reino

Unido, tem uma economia industrial e um nível bastante baixo de financeirização – antes do início da crise de 2007, o valor dos ativos financeiros na Alemanha era de somente 175% do PIB, em comparação a 450% nos Estados Unidos.

Deixem-me ilustrar isso com um exemplo da crise atual e outro da crise asiática de 1997. Quando a crise atingiu os Estados Unidos em 2007, muitas empresas saudáveis, com boa capitalização, forte demanda por seus produtos e serviços e bons níveis de lucros, foram abatidas. Grandes corporações americanas, desde a Coca-Cola e a Pepsi até a IBM e a Microsoft, iam bem em termos de reservas de capital, lucros, presença de mercado etc., mas a crise financeira ainda assim as atingiu, diretamente por meio de ações desvalorizadas e outros ativos financeiros e indiretamente por meio do impacto da crise na demanda dos consumidores e no acesso ao crédito. Setores altamente financeirizados como o mercado habitacional e o mercado de imóveis comerciais sofreram direta e imediatamente. Em muitos países que também haviam passado por crises de ajuste em anos anteriores, empresas não financeiras saudáveis foram afetadas negativamente. O objetivo desses ajustes era garantir as condições para mercados financeiros globalmente conectados, mas acabaram arruinando muitas empresas em setores não financeiros, bem como pequenos bancos nacionais.

Também vimos isso na crise financeira asiática de 1997. Milhares de empresas saudáveis de manufatura foram destruídas na Coreia do Sul, firmas cujos produtos tinham forte demanda em mercados nacionais e estrangeiros e que contavam com trabalhadores e máquinas para atender a pedidos do mundo inteiro, mas que precisaram fechar porque a fonte de crédito secou, e foram impossibilitadas de pagar os gastos iniciais de produção. O resultado foi o desemprego de mais de um milhão de trabalhadores das fábricas.[12]

O evento crítico que paralisou momentaneamente o sistema financeiro em 2008 foi o clássico estouro de uma bolha especulativa: a crise de US$ 62 trilhões de *swaps* de crédito que explodiu em setembro de 2008, um ano após a crise das hipotecas *subprime* de agosto de 2007. Em 2008, a queda no preço dos imóveis, a alta taxa de execuções hipotecárias, o declínio no comércio global e o crescimento do desemprego, juntos, alertaram os investidores de que algo não estava bem. Isso por sua vez levou aqueles que haviam comprado os *swaps* como uma espécie de seguro (ver na Figura 3.4 o rápido crescimento do valor desses *swaps* entre 2001 e 2007) a querer descontá-los.

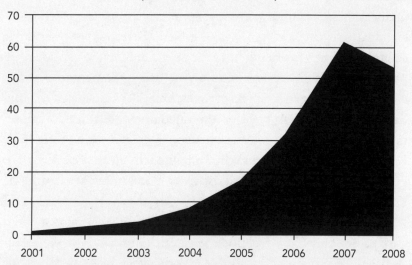

Figura 3.4 – Aumento do valor de *swaps* de crédito, 2001-2008 (em trilhões de dólares)

Fonte: Varchaver e Benner, 2008, baseados nos dados da ISDA.

Mas os *swaps* de crédito não eram realmente seguros; eram derivativos, o que significa que os vendedores dos *swaps* não tinham o capital necessário para lastrear esses instrumentos, coisa que teria sido exigida se fossem seguros. Os vendedores não esperavam a recessão, nem o desejo dos compradores de descontar os *swaps*. Isso lançou grande parte do setor financeiro na crise. Mas nem todo mundo perdeu: investidores como George Soros obtiveram grandes lucros indo contra a tendência. Os *swaps* de crédito são parte do que se denomina sistema bancário paralelo. De acordo com alguns analistas, esse sistema respondia por 70% das atividades bancárias no momento em que a crise estourou.

O sistema bancário paralelo não é informal, ilegal ou clandestino. Está à vista de todos, mas prospera na opacidade dos investimentos. Essa opacidade facilita a recodificação dos instrumentos (um derivativo recodificado como um seguro), o que permite práticas que são, agora, depois do fato consumado, vistas como no limite da ilegalidade. Agora está claro, por exemplo, que os *swaps* de crédito foram vendidos como uma espécie de seguro. Da perspectiva do sistema financeiro, isso faz uma diferença significativa, pois se tivessem constituído um seguro, a lei exigiria que fossem lastreados por reservas de capital e que estivessem sujeitos a uma regulamentação considerável. Transformá-los em derivativos foi uma desregulamentação *de fato* e eliminou a exigência de reservas de capital adequadas. Os *swaps* de crédito não teriam crescido tão rapidamente e atingido valores tão extremos se tivessem que obedecer a exigências de reserva de capital, o que teria reduzido muito o impacto da crise de setembro de 2008. Mas porque eram derivativos, podiam ter uma curva de crescimento quase vertical.

Mais prejudicial que o sistema bancário paralelo são as chamadas *dark pools*.* Uma *dark pool* pode se referir a uma grande variedade de *Alternative Trading Systems*** (ATS) privados e fora das bolsas que têm uma característica muito importante em comum: não mostram o tamanho nem o preço de um pedido até que a transação tenha sido completada. Em uma bolsa de valores tradicional, existe um *order book**** eletrônico que exibe o volume de determinada ação

---

* Piscinas obscuras. Como é o caso de muitos termos do mercado, costuma-se utilizar a expressão em inglês. (N. da T.)
** Sistemas de Negociação Alternativos. (N. da T.)
*** Algo como "livro de pedidos". Trata-se da sequência de pedidos de compra e venda de determinado título, normalmente ações. (N. da T.)

disponível para compra ou venda a certo preço: esses pedidos de compra e venda são então combinados por meio de algoritmos e pela ordem de chegada dos compradores e vendedores. Nas *dark pools*, essa informação fica escondida até que os pedidos de compra e venda sejam combinados, e a essa altura o ATS deverá informar a um *Trade Reporting Facility* (TRF)* quaisquer transações de ações ou opções negociadas na bolsa em um prazo de dez segundos.[13]

No início, as *dark pools* eram atraentes para investidores institucionais como fundos de pensão e fundos mutuais, que necessitam fazer grandes transações em um único título periodicamente. Em uma bolsa pública com um *order book* aberto, a presença de um pedido grande pode alterar imediatamente o preço de uma ação (por exemplo, se a empresa ABC tem um volume médio de comércio de um milhão de ações por dia, e no *order book* aparece um pedido de compra de 500 mil ações, pode-se apostar que o valor das ações de ABC vai aumentar, e o preço que o comprador terá que pagar será provavelmente mais alto quando completar a transação). Para combater isso, os grandes investidores tinham agentes que "trabalhavam" com essas transações, desmembrando os grandes blocos de ações em transações menores realizadas em um período de tempo mais longo. Essa solução nunca foi totalmente eficaz: fazia aumentar a volatilidade dos preços e o tempo das transações, e os participantes do mercado ainda podiam detectar qualquer aumento geral da demanda. A introdução da *high frequency trading*** (HFT) computadorizada complicou ainda mais a situação para os investidores institucionais, porque os modelos de comércio algorítmico podem detectar de forma confiável até os pedidos mais pacientemente distribuídos.[14] As *dark pools*, oferecidas primeiramente por gigantes financeiros como

---

* Centro de informações sobre transações. TRF é como a Nasdaq chama sua Automated Confirmation Transaction System (Sistema de Confirmação Automática de Transações, ACT), plataforma que acelera e deixa mais transparente a entrega de informações de negociações na Bolsa. (*N. da T.*)
** Negociação de alta frequência. (*N. da T.*)

Credit Suisse e Goldman Sachs, proporcionavam um refúgio para os investidores que desejavam fazer transações sem perder valor imediatamente. Hoje o comércio nas *dark pools* representa cerca de 13% de toda a movimentação na bolsa de valores,[15] e seus números continuam aumentando (ver Figura 3.5).

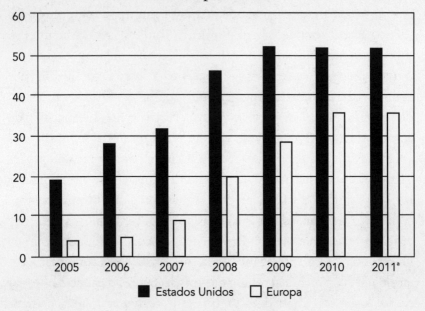

Figura 3.5 – Número de *dark pools* nos Estados Unidos e na Europa, 2005-2011

Fonte: Economist 2011b, com base nas informações do Tabb Group.
Nota: a. Até agosto.

O potencial para se cometer abusos nas *dark pools* é enorme. A demora de dez segundos na informação de transações de ATS é uma eternidade em uma bolsa de valores moderna: em 2010, as principais transações financeiras tinham uma média de 215.162 cotizações e 28.375 transações por segundo.[16] Nesse ambiente, a opacidade oferecida pelas *dark pools* pode distorcer os mercados. Além disso, essa mesma opacidade gera possibilidades extremas de abuso: os grandes bancos que administram suas próprias *dark pools* são suspeitos de dar acesso desigual aos próprios agentes, e operadores de *dark pools* foram penalizados por utilizar a mesma estratégia de HFT em suas transações e compartilhar informação comercial confidencial com investidores (num caso recente, o Citigroup recebeu informação comercial de uma *dark pool* que ajudou a fundar).[17] Tudo isso contribui para as distorções muitas vezes maciças que os mercados de ações geram na economia real e nas vidas das pessoas.

Em suma, a chamada crise de 2008 conteve várias crises diferentes. Uma foi a crise das hipotecas *subprime* pela qual passaram as pessoas que obtiveram essas hipotecas e que depois as perderam. Uma segunda crise surgiu do fato de que os milhões de execuções hipotecárias foram um sinal de que algo estava errado. Mas essa crise por si só não teria provocado o colapso do sistema financeiro: levou a uma crise de confiança na comunidade de investidores. E isso, por sua vez, fez com que aqueles que haviam comprado *swaps* como seguros contra o que viam como o fim do ciclo de crescimento quisessem descontá-los. E foi isso que gerou a crise maior, porque os vendedores de *swaps* não estavam preparados para um desembolso súbito tão grande. A decisão de vários governos de resgatar os bancos com dinheiro dos contribuintes, sem garantia alguma por parte dos bancos de que os fundos dos resgates voltariam a circular na economia, levou a mais quedas do crescimento econômico e ao aumento da pobreza de cidadãos e governos. Para governos e lares superendividados, foi o empurrão definitivo. E essa é a crise que perdura e que levou à atual política de austeridade discutida no Capítulo 1. Em comparação, as finanças globais voltaram a obter superlucros depois de uma breve, porém forte, queda em 2008.

Todos precisamos nos endividar, quer sejamos uma empresa, uma família ou um país. Mas precisamos desse nível de endividamento? E o mais importante: precisamos de instrumentos tão complexos para financiar necessidades básicas de empresas e lares? Não. Muitas dessas necessidades podem ser atendidas por meio de empréstimos bancários tradicionais. Precisamos do sistema financeiro porque este "cria" capital e é capaz de possibilitar projetos em grande escala de que necessitamos: para limpar aterros tóxicos, tornar nossas fontes de energia mais verdes, atender às vastas necessidades dos desamparados em países pobres e ricos. No último ciclo de crescimento, as finanças não fizeram nada disso. Optaram pela financeirização: de empréstimos para consumidores e hipotecas familiares, de empréstimos estudantis e pensões, da dívida de governos municipais e muito mais. Foram agressivas, invasivas e egoístas, e, em vez de serem reguladas com firmeza, foi-lhes permitido, com demasiada frequência, arriscar nosso dinheiro em benefício próprio.

MUDANDO NOSSO ENTENDIMENTO DE CRESCIMENTO E PROSPERIDADE

Uma diferença importante entre a crise atual e outras crises pós-1980 é a ordem de magnitude que os instrumentos especulativos possibilitaram. Uma segunda diferença importante envolve o cenário econômico mais amplo: nós agora reconhecemos claramente que precisamos agir rápido para limitar excessos financeiros porque os tratados internacionais e as leis nacionais existentes não são suficientes. Uma terceira diferença é o maior reconhecimento de que os crescentes extremos de riqueza e pobreza se tornaram problemáticos. Agora sabemos que os lucros garantidos pelos segmentos mais ricos da sociedade não "pingam" para os estratos de baixo. E sabemos que a epidemia resultante da pobreza e de serviços de saúde inadequados com o tempo vai chegar até os ricos.

O caráter extremo da crise atual e o fato de que reconhecemos outras grandes crises – sendo as mudanças climáticas a mais importante destas – criam uma abertura para o estabelecimento de novos critérios para os benefícios econômicos. Sim, precisamos das instituições financeiras: as finanças têm a capacidade de criar e distribuir o capital de forma eficiente. Contudo, o capital financeiro tem sido usado em décadas passadas para investimentos extremamente especulativos que serviram em grande parte para enriquecer os que já eram abastados e que muitas vezes acabaram destruindo empresas saudáveis, mesmo se isso não era o pretendido em muitos casos. Em vez disso, precisamos usar esse novo capital para investimentos em grande escala em bens públicos, para o desenvolvimento de setores de manufatura, para tornar nossa economia mais verde, e muito mais.

Essa combinação de objetivos cria uma oportunidade para reorientar o capital financeiro, para que este responda a uma grande variedade de necessidades. Um exemplo: em anos recentes, o capital financeiro ajudou a tirar inúmeras pessoas da pobreza na China. Mas o fez por meio de investimentos na manufatura, na infraestrutura e em outras economias materiais. Usar o capital financeiro para expandir setores de economia material e para tornar nossas economias mais ecológicas é distributivo – o oposto de usar capital financeiro para criar mais capital financeiro, o que leva a enormes concentrações de riqueza e poder. Em princípio, um esforço sério para utilizar o capital financeiro para desenvolver a economia material é uma oportunidade para tornar esses investimentos ecológicos: para encorajar o desenvolvimento e o uso das tecnologias e práticas que não causem danos ao meio ambiente.

Quanto maior se tornou nossa capacidade de produzir riqueza nos últimos vinte anos (e o setor financeiro teve um papel importante nisso), mais radical ficou a condição da pobreza. Antes, ser pobre significava possuir ou trabalhar em um pedaço de terra que não produzia muito. Hoje, os dois bilhões de pessoas que vivem na pobreza extrema não possuem nada além de seus corpos. A verdade é que temos a capacidade de alimentar a todos no mundo, mas alimentar os pobres não é a prioridade dos atores econômicos mais poderosos, então temos mais fome do que nunca. E a fome também já está crescendo em países ricos, de forma notável nos Estados Unidos. A maioria de nós já ouviu falar sobre as condições abusivas em que os diamantes são extraídos e como esses lucros são direcionados para guerras armadas, em vez de irem para o desenvolvimento. Poucas pessoas sabem das circunstâncias da mineração de elementos raros da terra, metais fundamentais para a fabricação de componentes eletrônicos (principalmente de celulares), para baterias mais verdes, e muito mais. Com frequência, esses minerais são extraídos por trabalhadores sem qualquer tipo de proteção, que utilizam as próprias mãos para retirá-los, que vivem em extrema pobreza e morrem por envenenamento muito jovens, sem conseguir espalhar a notícia de seu abuso para o mundo inteiro. Por último, existe o fato já confirmado de que a descoberta de petróleo em um país pobre se torna a fórmula para a criação de ainda mais pobreza e de uma pequena elite de super-ricos.

Precisamos mudar a lógica pela qual definimos a genuína prosperidade. A tripla crise que enfrentamos deveria se tornar uma oportunidade de reorientar nossas enormes capacidades de criação de capital e produzir o que é urgentemente necessário, tanto no Sul quanto no Norte global.

Notas

1. Desenvolvo essa proposta em Sassen 2008b, 2013. Essas fontes também contêm vastas bibliografias sobre todos os aspectos cruciais do tema deste capítulo. Ver também, de modo geral, Stiglitz, 1999; Knorr e Preda, 2013; Graebner, 2012; Hartman e Squires, 2013; Krippner, 2011; Lerner e Bhatti, 2013; FMI, 2006, 2008, 2012a, 2012b.
2. Sassen, 2001, capítulo 4; 2008c, capítulos 5 e 7. Uma característica fundamental das finanças é que são capazes de extrair grandes lucros de transações internacionais mesmo diante de enormes perdas de empregos. Assim, nos Estados Unidos o setor se beneficiou dos chamados Tratados de Livre-Comércio, que, apesar de serem apresentados como geradores de empregos (por exemplo, em White House, 2010), não o

são (ver, por exemplo, Scott, 2010, 2013; European Commission, 2013; Office of the United States Trade Representative, 2013a, b, c; Public Citizen, 2011, 2013). O novo Tratado de Livre-Comércio Transpacífico também não criará os empregos prometidos.
3. Para um desenvolvimento maior do tema e ampla bibliografia, ver Sassen, 2013.
4. Sassen, 2008c, pp. 348-365. Sobre pontos particulares da relação das finanças e do sistema bancário com a habitação, ver, por exemplo, Van Onselen, 2013; Goldstein, 2013; Smith, 2013; Krainer, 2009; Kumhof e Rancière, 2010; Neumann, 2013.
5. Ver, de modo geral, Center for Housing Policy, 2012; Core Logic, 2013; Furman Center, 2007; Hankiewitz, 2013; Levy e Gopal, 2011; Mitchell, 2011. Sobre discriminação racial, ver Wyly *et al.*, 2009, e diversos capítulos em Aalbers, 2012. Sobre detalhes quanto a notificações de execuções hipotecárias, ver Realty Trac, 2007, 2008, 2009, 2011, 2012a, 2012b, 2013a, 2013b.
6. Global Insight, 2007; Pettit e Reuben, 2012; mas também Dewan, 2013. Esse é apenas um componente do sistema financeiro. Existem muitos componentes das finanças que consistem em interações entre investidores ricos e poderosos em que esses mecanismos de acumulação primitiva não têm importância. Mas existem outros componentes importantes que também estão sujeitos a esses mecanismos, em especial os fundos de pensão e os fundos mutuais, que muitas vezes têm que pagar inúmeras taxas pequenas e comissões que somadas acabam por se tornar perdas significativas e injustificáveis para os aposentados e consumidores que compram ações em fundos mutuais. Por fim, muito das perdas decorrentes de execuções hipotecárias incidiu sobre os portadores dos títulos, não sobre os bancos.
7. Mais detalhes podem ser encontrados em Sassen, 2008a; White, 2013; Schwartzkopff, 2013; Liu e Rosenberg, 2013; Novinite, 2011; Miles e Pillonca, 2008; Glick e Lansing, 2010; Warnock e Warnock, 2008, 2012.
8. Arrighi, 1994.
9. Farrell *et al.*, 2008.
10. Sobre o potencial global das finanças de hipotecas imobiliárias, ver, de modo geral, European Mortgage Federation, 2007; Banco Mundial,

2008, 2013a; Miles e Pillonca, 2008; Glick e Lansing, 2010; Neumann, 2013. Em outro trabalho (Sassen, 2008b, 2013), examino dados diversos e abundantes que mostram o potencial das finanças globais de usar esse tipo específico de hipoteca *subprime* em todo o mundo, em vista de sua invenção de instrumentos que desvinculam a capacidade de pagar a hipoteca dos lucros dos investidores.

11. Sassen, 2008c, capítulo 7; Varchaver e Benner, 2008, baseados em dados do ISDA.
12. Sassen, 2001, capítulo 4.
13. Ganchev *et al.*, 2009; SEC, 2013; Kocjan *et al.*, 2012; Keohane, 2012.
14. Alvarenga, 2013.
15. Patterson, 2013.
16. Clark, 2011.
17. Patterson, 2013.

4
Terra morta, água morta

A capacidade que a biosfera tem de renovar terra, água e ar é extraordinária. Porém, está baseada em tempos e ciclos vitais específicos que nossas inovações técnicas, químicas e organizacionais estão rapidamente ultrapassando. As economias industrializadas há muito vêm provocando danos à biosfera, mas, em pelo menos alguns casos, e com o tempo a seu favor, ela conseguiu trazer terras e água de volta à vida. Contudo, dados mostram que em algumas zonas específicas esse tipo de recuperação fracassou. Agora temos vastas extensões de terra e água mortas: terra exaurida pelo uso incessante de produtos químicos; água morta pela falta de oxigênio em decorrência de todo tipo de poluição. O aumento rápido das aquisições de terra por parte de governos e empresas estrangeiros examinado no Capítulo 2 é uma das muitas fontes dessa destruição. Mas tais compras também são, em parte, uma resposta à crise: mais terras e água devem ser adquiridas para repor o que já morreu. E se tomarmos as finanças como uma capacidade, segundo a análise do Capítulo 3, podemos enxergar novas oportunidades naqueles elementos mais fundamentais: não há apenas a mercantilização da terra e da água, mas também a financeirização das mercadorias resultantes.

As tendências descritas neste capítulo indicam histórias aceleradas e geografias da destruição em uma escala que nosso planeta nunca viu antes, o que torna fundamental a noção de Antropoceno, uma era marcada pelo enorme impacto humano no meio ambiente. Grande parte da destruição da qualidade da terra, da água e do ar atingiu de maneira particularmente forte as comunidades pobres, causando o deslocamento de cerca de 800 milhões de pessoas no mundo inteiro. Mas ninguém é imune: outros tipos de destruição, espalhados por enormes transformações na atmosfera, podem atingir a todos nós.

Examino aqui condições extremas. Como nos outros capítulos deste livro, esta é uma visão parcial, baseada na suposição de que condições extremas tornam visíveis tendências mais difíceis de apreender em suas versões mais brandas. A maior parte da terra e da água em nosso planeta ainda está viva. Contudo, boa parte disso é frágil. As evidências disseminadas pelos noticiários indicam que o tamanho dessa fragilidade pode não ser amplamente compreendido ou reconhecido. Por exemplo, pesquisas mostram que poucas pessoas nos Estados Unidos parecem saber que, de acordo com medições científicas, mais de um terço da terra do país foi efetivamente afetada, incluindo uma grande parte do valorizado e fértil Meio-Oeste. Ou que os seis dos principais vórtices que ajudam a manter em movimento nossas correntes marítimas se tornaram enormes lixões, repletos de detritos que ficam girando e levam à asfixia a vida marinha. Ou que temos pelo menos quatrocentas zonas oceânicas costeiras clinicamente mortas. Nós criamos essa fragilidade e essas mortes.

Podemos pensar nessas terras e água mortas como buracos no tecido da biosfera. Imagino-os como lugares marcados pela expulsão de elementos biosféricos de seu espaço vital, e como a expressão superficial de tendências subterrâneas mais profundas que atravessam o mundo, sem importar a organização econômico-política ou o modo de destruição ambiental. A combinação das condições examinadas nos capítulos anteriores e neste contribui para essas expulsões. Enormes demandas por terra e água, a pobreza crescente, a expulsão da fauna e da flora a fim de criar plantações e abrir minas, em conjunto, redefinem amplas extensões de terra como nada mais que lugares para extração. Em cada lugar há uma genealogia específica que explica esse resultado. Mas, de uma distância conceitual, todas essas diferentes genealogias da destruição se tornam visíveis como uma espécie de condição genérica: uma coleção global de muitos trechos de terra e água mortos no tecido da biosfera.

Esse espaço de múltiplos locais de devastação nos conta uma história sobre a destruição biosférica que é muito mais do que o relato das formas individuais e específicas de como países e setores são destrutivos. Neste capítulo, evoco brevemente uma diversidade de lugares para auxiliar o esforço conceitual de detectar forças que transcendem as habituais divisões em sistemas geopolíticos, setores econômicos e regulamentações. Muitas vezes, damos ênfase demais a essas diferenciações comuns quando o assunto é a destruição da biosfera, culpando o específico por problemas que são genéricos. Baseio-me em casos de países com diferentes formas de organização política e econômica para mostrar que, embora a destruição ambiental possa assumir formas e conteúdos específicos em cada país, e possa ser pior em alguns, são as semelhanças na capacidade de destruir que realmente importam em minha análise. Uma mina poluente na Rússia parece diferente de uma mina poluente nos Estados Unidos, mas as duas contaminam acima do limite do sustentável.

Este capítulo tenta mostrar a natureza e a escala de nossos problemas em três grandes partes: terra, água e o aumento da escala global. A primeira examina provas da degradação da terra, na tentativa de obter uma visão global dos locais que estão efetivamente mortos. Inclui uma série de breves incursões a lugares específicos, da República Dominicana ao Peru, da Rússia aos Estados Unidos, marcados por uma aguda toxicidade da terra. A segunda examina a escassez hídrica criada pelo homem e o número crescente de corpos d'água carentes de oxigênio por causa da poluição. Incluo uma série de casos no mundo inteiro que ilustram especificamente a escassez e a depleção de oxigênio. Cada uma dessas condições extremas tem diversas implicações para a vida que depende da presença de terra, ar e água limpos. A terceira parte examina alguns dos resultados e aumentos de escala mais extremos gerados por essas práticas: o derretimento do *permafrost* do Ártico, o aumento das temperaturas e as grandes inundações.

TERRA

Nem toda a degradação de terra é criada da mesma forma, nem toda é causada por ação humana e nem toda é acompanhada por um aumento de erosão ou de salinidade. Há tantas causas de degradação quanto os tipos de terra existentes. Erosão, desertificação e uso excessivo por monoculturas, como no caso das grandes plantações, são causas cruciais da destruição da terra agrícola. A mudança climática produziu ondas de calor raramente vistas antes, que afetaram áreas agrícolas ao redor do mundo, e cada vez mais lugares que haviam sido excelentes produtores de alimentos durante muito tempo. Essas ondas de calor e suas consequências são provavelmente a principal fonte da degradação da terra em regiões agrícolas. A mineração e os resíduos industriais degradam a terra de forma muito diferente. Aqui, me concentrarei principalmente nas degradações causadas pela mineração e pela indústria, depois de fazer um breve exame do atual estado das terras agrícolas.

De modo geral, a degradação da terra pode ser definida como "uma perda da função e da produtividade do ecossistema a longo prazo, causada por alterações das quais a terra não pode se recuperar sem ajuda".[1] É difícil de medir adequadamente em grande escala. Os poucos estudos que tentaram mapear o processo global estimam que cerca de 40% da terra agrícola no mundo está seriamente degradada. As regiões mais afetadas são a América Central, onde 75% da terra agrícola é infértil; a África, onde um quinto do solo está degradado; e a Ásia, onde 11% da terra se tornou inadequada para o cultivo. Um exame recente de terras feito pelo Banco Mundial cita descobertas de vários cientistas que indicam que "se o mundo aquecer 2°C – o que pode ser atingido daqui a vinte ou trinta anos –, haverá uma escassez de alimentos generalizada, ondas de calor sem precedentes e ciclones mais intensos (...). Hoje, nosso mundo está 0,8°C acima dos níveis pré-industriais do século XVIII. Poderíamos ver um mundo com mais 2°C no espaço de uma geração". A área de terra afetada pelas secas aumentou durante os últimos cinquenta anos, e o fez de forma mais rápida do que havia sido projetado por modelos climáticos. Por exemplo, a seca de 2012 nos Estados Unidos afetou cerca de 80% da terra agrícola, tornando-a a mais grave desde a década de 1950. Na África subsaariana, com "um aquecimento de menos de 2°C até 2050, a produção agrícola total poderia ser reduzida em 10%. Para níveis mais altos de aquecimento, há indícios de que as safras podem diminuir cerca de 15% a 20% em todos os cultivos e regiões". Estima-se que um aquecimento de 3°C reduza as savanas de "um quarto, no presente, para aproximadamente um sétimo da área total de terra atual".

Mais detalhes sobre a evolução da degradação da terra podem ser encontrados em dois grandes estudos anteriores, realizados entre 1997 e 2008, e que cobrem praticamente todos os países do mundo.[2] A Global Assessment of Human-Induced Soil Degradation (Avaliação Global da Degradação do Solo Provocada pelo Homem) produziu um mapa da degradação entre 1950 e 1997 baseado em opiniões de especialistas guiados por diretrizes qualitativas padronizadas. Considera-se que essa metodologia seja difícil de repetir, e tais mapas só serão precisos por um período de tempo relativamente breve, já que a degradação continua. Mas captam a condição de um período em particular.

O segundo, de Bai, Dent, Olsson e Schaepman, usou dados do Índice de Vegetação por Diferença Normalizada (IVDN), relativos a 23 anos de dados coletados a distância, principalmente pela observação via satélite da cobertura de vegetação.[3] O índice mede a quantidade do espectro de luz absorvida pela fotossíntese, ajustada pela eficiência no uso da chuva, para criar uma representação da produtividade primária líquida, que pode ser rastreada ao longo do tempo. Em conjunto, os pesquisadores estimam (com diferentes ajustes para variáveis particulares) que 24% da área global de terra tenha sofrido degradação entre 1981 e 2003. Esses resultados foram validados empiricamente em lugares muito diferentes: no norte da China, no Quênia e em Bangladesh.

Nos últimos anos, as ondas de calor se tornaram a principal fonte da degradação da terra agrícola, com grandes consequências para a produção global de alimentos, em especial para os pobres.[4] Com base em estudos específicos ao redor do mundo, o Banco Mundial descobriu que a última década experimentou ondas de calor extremas, com impactos sociais enormes. Outros pesquisadores relatam que "esses eventos foram muito incomuns, com temperaturas mensais e sazonais tipicamente maiores do que três desvios-padrão (sigma) mais quentes que a temperatura média local: os chamados eventos 3-sigma. Sem a mudança climática, esperaríamos que esses eventos 3-sigma ocorressem apenas uma vez em várias centenas de anos".[5]

As ondas de calor podem levar a uma série de problemas.[6] Por exemplo, uma diminuição na precipitação é o maior problema em algumas áreas. Entre os casos extremos estão o sul da África, onde se prevê que a precipitação anual deva "diminuir até 30% com o aquecimento de 4°C (...) e partes do sul e do oeste da África [terão] quedas de 50% a 70% na recarga de água subterrânea". No mundo inteiro, um aquecimento entre 1,2°C e 1,9°C faria aumentar a proporção da população desnutrida entre 20% e 90%, em comparação com a atual. No sul da Ásia, esse aumento exigiria que se duplicasse a importação de alimentos para responder à demanda de calorias por pessoa. "A diminuição da disponibilidade de alimentos está relacionada a importantes problemas de saúde para as populações afetadas, incluindo a desnutrição infantil crônica, que deve aumentar 35% até 2050, em comparação com um cenário sem mudanças climáticas."

Os dados sobre esses aumentos de temperatura e suas causas já foram estabelecidos de forma convincente. Com relação aos dados, o Quarto Relatório de Avaliação do Painel Intergovernamental sobre Mudanças Climáticas concluiu que o aumento na temperatura média global e o aquecimento do sistema do clima são "inequívocos". Além disso, "a maior parte do aumento observado na temperatura média global desde a metade do século XX deve-se provavelmente ao aumento observado em concentrações antropogênicas de gás de efeito estufa". Trabalhos recentes confirmam essa conclusão. A média do aquecimento global está agora aproximadamente 0,8°C acima dos níveis pré-industriais. Além do mais, na ausência de atividade humana nos últimos cinquenta anos, "a soma de forças solares e vulcânicas teria provavelmente produzido um resfriamento, não um aquecimento".[7]

Estudos recentes têm mostrado que temperaturas extremas no verão podem ser geralmente atribuídas ao aquecimento do clima desde a década de 1960.[8] Nos anos 1960, os extremos de calor no verão (mais que três desvios-padrão do que a média do clima) praticamente não existiam, afetando menos de 1% da superfície da Terra. A área afetada aumentou para 4%-5% em 2006-2008, e em 2009-2011 os extremos ocorreram em 6%-13% da superfície seca da Terra. Agora esses extremos de calor cobrem cerca de 10% da superfície.

RESÍDUOS INDUSTRIAIS E SEUS MECANISMOS VARIÁVEIS

Além da gradual degradação da terra agrícola, existem processos que causam a destruição extrema de todo tipo de terra. A mineração e a indústria são os culpados mais óbvios na maior parte do mundo. Sua capacidade de matar a terra é enorme, e é extremamente difícil que ela se recupere do tipo de degradação provocada. Considere, por exemplo, que a maior parte do bilhão de toneladas estimado de lixo industrial produzido por países da OCDE em 2011 ainda convive conosco há mais de dez anos. E a indústria produz mais lixo do que a agricultura, o florestamento e a produção de energia juntos.[9]

Em concentrações suficientes, o lixo industrial, incluindo metais pesados e gases de efeito estufa, pode tornar um ambiente tão tóxico que as plantas param de crescer e as pessoas se tornam estéreis. Alguns metais pesados (termo equivocado, já que a categoria inclui elementos que não são nem pesados nem metais) são vitais para a saúde humana em quantidades controladas, como o ferro e o zinco. Outros, como o mercúrio e o chumbo, são tóxicos em qualquer quantidade. Mas a quantidade de lixo gerada pela indústria moderna é tão grande que pode transformar em tóxica mesmo uma substância benigna como o dióxido de carbono.

Apresento aqui uma série de situações concentradas que tornam visíveis os piores tipos de envenenamento e destruição de pessoas e terras. Mas devemos lembrar que o problema real é a vasta acumulação de casos menos extremos que ocorrem com menos publicidade negativa, dia após dia.

Norilsk, Rússia

A cidade de Norilsk, na Rússia, foi fundada em 1935 com o nome de Norillag, um campo de trabalhos forçados que veio a servir uma das maiores operações de mineração na União Soviética.[10] A população de prisioneiros cresceu de forma constante, passando de 10 mil em 1936 para 90 mil em 1953, quando o campo de Norilsk abrigava mais de um terço do total da população de prisioneiros do país. Desde então, continuou sendo um enorme vetor de destruição ambiental, envenenando terra, água e ar. É importante notar o fato de que isso ocorreu durante uma série de regimes econômicos e políticos muito variados, desde a União Soviética da década de 1930 à dos anos 1960, passando pela privatização de 1980, e a volta ao controle estatal depois de 2000.

Localizado ao norte do Círculo Ártico na Sibéria, Norilsk é o lar do maior complexo de fundição de níquel do mundo; também produz quantidades significativas de platina, paládio e cobalto. A MMC Norilsk Nickel, de capital aberto, é a maior produtora de metais não ferrosos e do grupo da platina na Rússia. Controla um terço dos depósitos de níquel mundiais e responde por 20% da produção mundial de níquel, 50% da de paládio, 20% da de platina, 10% da de cobalto e 3% da de cobre no mundo. A produção intensiva de metal continuou a depender em grande parte de uma tecnologia obsoleta. O Instituto Blacksmith estima que em 2007 quase mil toneladas de compostos de cobre e níquel foram lançadas na atmosfera, além de dois milhões de toneladas de dióxido de enxofre; em 1999, concentrações elevadas de cobre e níquel foram encontradas em solos num raio de até sessenta quilômetros ao redor de Norilsk. Tornou-se uma cidade tóxica, "onde a neve é negra, o ar tem gosto de enxofre e a expectativa de vida para os trabalhadores das fábricas está dez anos abaixo da média da Rússia", que já é baixa.

A população local tem sido gravemente afetada pela poluição: metais pesados suprimem o sistema imunológico, e as taxas totais de doenças na zona industrial de Norilsk são 27,6% mais altas do que em áreas controladas com clima e geografia idênticos. Doenças respiratórias entre crianças ocorreram 150% mais vezes do que na média das cidades russas. As taxas de câncer de pulmão entre homens foram consideradas elevadas e as crianças em Norilsk têm quase duas vezes mais probabilidade de desenvolver algum tipo de câncer do que outras crianças russas. As mulheres na zona industrial deram à luz crianças com um peso médio de três quilos, ao passo que esse era de 3,43 quilos em áreas não poluídas, e era maior a probabilidade de desenvolverem complicações nas gestações. Em 2007, 15 mil residentes da zona industrial de Norilsk enviaram uma carta para a Duma Federal expressando sua preocupação sobre o impacto da poluição na saúde: "A presença de metais pesados na poluição atmosférica leva a uma queda na imunidade dos residentes da cidade, tão vital para nossas condições climáticas (...). Estamos adoecendo e morrendo".[11]

Os depósitos de níquel e de minério de cobre na Península de Tamir, na Sibéria, são conhecidos desde 1600. Mas a produção industrial não começou até 1935, quando o Conselho dos Comissários do Povo da União Soviética aprovou uma resolução intitulada "Sobre a Construção do Complexo de Norilsk" e pôs o projeto sob o controle do Comissariado do Povo para Assuntos Internos (NKVD, na sigla em russo). O projeto foi considerado da mais alta prioridade e supervisionado diretamente pela direção do sistema de gulag para garantir uma força de trabalho naquela área remota. As exigências de rápida industrialização e militarização iniciadas na Segunda Guerra Mundial não poderiam ser satisfeitas apenas pelo trabalho forçado. Em 1941, o campo de trabalhos forçados tornou-se integrado e 3.734 trabalhadores livres se juntaram à força de produção; em 1949, 20.930 trabalhadores livres eram quase um terço do total. Em 1953, quando Norilsk obteve status de cidade e saiu do controle direto do NKVD, o complexo metalúrgico produzia 35% do níquel, 12% do cobre, 30% do cobalto e 90% dos metais do grupo da platina na União Soviética.[12]

A transição da propriedade e do controle da produção do Estado Soviético para a propriedade privada capitalista e de produção para o mercado não diminuiu de forma substancial a velocidade da destruição de terra, ar e água. Entre a queda da União Soviética, em 1989, e o ano de 2003, a produção de dióxido de enxofre em Norilsk aumentou proporcionalmente com a produção total da Rússia. A infraestrutura da era soviética, construída entre 1930 e o fim da década de 1970, sem consideração alguma com o impacto ecológico, ainda é a espinha dorsal da planta. Grupos de propriedade privada mudaram o foco da produção bruta para a eficiência econômica e a rentabilidade, mas mantiveram a política de não se preocupar com a enorme toxicidade, considerada um subproduto inevitável da produção industrial. Numa entrevista de 2005 em Golovina, o diretor-geral da Norilsk, Zhak Rozenberg, afirmou:

> Fomos instalados numa época em que (...) não havia uma ideologia ecológica, quando a União Soviética tinha uma agenda completamente diferente (...). Como empresa global, certamente temos que aceitar padrões globais. É por isso que estamos introduzindo tecnologia internacional em nossas instalações. Mas ninguém pode nos forçar a largar tudo e conseguir isso da noite para o dia (...). Problemas ecológicos não são realmente ecológicos. Aparecem como resultado de tecnologia insatisfatória. Estamos buscando maneiras de melhorar essa tecnologia que vai nos permitir – e isto é um sonho – produzir tão pouco dióxido [de enxofre] a ponto de que não seja nocivo ao meio ambiente (...). Projetos ecológicos e econômicos precisam ser harmonizados. De outra forma, podemos muito bem voltar à era da pedra, sentar às margens de um rio cristalino o dia inteiro, comer peixes ecologicamente limpos, e isso seria tudo.

Vale acrescentar que o que pode soar como declaração extrema, do tipo que só poderia vir de uma empresa com raízes brutais em um regime totalitário e em mão de obra originada em campos de trabalhos forçados, encontra eco nos Estados Unidos quando se trata de qualquer espécie de mineração, como ilustra o caso da operação de Zortman-Landusky (examinada na próxima seção). A Rússia e os Estados Unidos têm histórias e formas de organização econômica muito diferentes. Mas recordemos apenas um caso conhecido: nos Estados Unidos, 40% de todas as emissões nocivas vêm, hoje, de usinas de carvão sujas – não se trata de uma parcela mínima, já que os Estados Unidos respondem por 14% das emissões globais.[13]

Zortman-Landusky, Estados Unidos

A trajetória da companhia de mineração Zortman-Landusky evoca uma série de abusos parecidos em diferentes períodos e geografias. Embora diferente da russa, a economia política americana também propiciou enormes abusos ao longo do tempo e das diferentes encarnações dessa empresa.

Em 1974, Frank Duval fundou a Pegasus Gold Corporation. No centro desse empreendimento estava uma técnica de mineração da qual era proprietário chamada lixiviação de cianeto, capaz de extrair quantidades vestigiais de ouro de minerais já esgotados em locais que não eram mais produtivos para a mineração convencional. A Pegasus Gold estreou a técnica em minas de ouro e prata abandonadas na Reserva de Fort Belknap, em Montana. A empresa explorou essas minas de forma lucrativa durante quase trinta anos, até que a queda dos preços do ouro e as crescentes responsabilidades ambientais levaram-na à falência e à reorganização corporativa, deixando ao estado de Montana um custo de recuperação ambiental de mais de US$ 30 milhões em decorrência de um tratamento "perpétuo" de água. A grave degradação ecológica e a evasão de custos associados por meio de uma reestruturação corporativa são a regra, não a exceção, nesse tipo de extração de recursos: depois da catástrofe da Pegasus Gold, Frank Duval continuou na operação de muitas outras minas, algumas em áreas do programa Superfund. Nunca foi responsabilizado por danos ambientais.

Os depósitos de ouro de Zortman-Landusky foram descobertos no fim do século XIX nas terras das reservas dos povos Assiniboine e Gros Ventre, nas montanhas Little Rocky, em Montana. Em 1895, deparadas com a fome iminente, as tribos assinaram o Acordo Grinnell para vender a terra ao governo americano. As atividades de mineração cresceram rapidamente até a década de 1920, quando o rendimento começou a diminuir de forma constante; em 1959, a maioria das concessões havia sido abandonada. A Pegasus Gold iniciou suas operações na região em 1977. Sua técnica de lixiviação de cianeto teve um sucesso extraordinário. O processo é conduzido em minerais com concentração de ouro de até 11,3 gramas por tonelada. Pode ser utilizado para processar quantidades enormes de mineral exaurido ou de baixa qualidade para produzir de forma rentável quantidades relativamente pequenas de ouro: em 1989, na mina de Carline Trend, no estado de Nevada, foram recuperados cerca de 105 mil quilos de ouro com o processamento por lixiviação de cianeto de 129,8 milhões de toneladas de mineral. A escala em que a Pegasus Gold opera é assombrosa. Um relatório de 1984 da Agência de Proteção Ambiental (EPA, na sigla em inglês) assinalava que em 1994 foram processadas "75 mil toneladas de mineral por dia [...], [enquanto] escombros e rejeitos cobriam mais de 0,7 quilômetro quadrado e continham 60 milhões de toneladas de material".[14]

No processo de lixiviação de cianeto, o mineral é depositado em camadas sobre um fundo de argila, asfalto ou plástico. Em seguida, é tratado com uma solução de cianeto de sódio de até 454 gramas por tonelada de água, forte o suficiente para dissolver vestígios microscópicos de ouro. A solução de cianeto desce pela encosta da montanha, enquanto se dissolve e mistura ao ouro, até que se deposita em poças ao pé da pilha de minério. Uma vez coletada nas "poças grávidas" (assim chamadas porque a solução absorveu o ouro), a solução é bombeada por um centro de processamento especial para recuperar o metal precioso.

O cianeto é utilizado regularmente em uma variedade de processos industriais, e seu uso é considerado seguro porque o composto se degrada rapidamente e não se bioacumula. Mas o cianeto é um poderoso asfíxico (substitui facilmente o oxigênio em muitas reações químicas), altamente venenoso e reativo. Os vazamentos de cianeto eram um problema crônico em Zortman-Landusky. Em 1982, vazaram 2.953 litros de água com cianeto de um tanque de contenção, e em outro acidente 196.841 litros de solução de cianeto escaparam de um cano quebrado. Entre 1983 e 1984, ocorreram oito vazamentos diferentes de cianeto, e em 1986 a companhia, mesmo sem autorização, liberou 75 milhões de litros de solução de cianeto quando um tanque de contenção ameaçou transbordar. Após alguns vazamentos, foram encontrados níveis elevados de cianeto na água do local. Não era possível utilizá-la, e houve mortandade de flora e fauna.

Os compostos de cianeto e a água ácida da drenagem das minas afetaram gravemente o abastecimento hídrico da Reserva de Fort Belknap. Assim como separa o ouro do mineral, o cianeto é capaz de liberar metais tóxicos como cádmio, selênio, chumbo e mercúrio. Caso não sejam contidas adequadamente, as toneladas de solução aplicadas às pilhas de minerais podem formar uma lama tóxica de cianeto ativo, metais pesados e ácido sulfúrico capaz de continuar penetrando no lençol freático durante séculos. A água ácida da drenagem tornou-se um grave problema: em 2001, três anos após o fim das operações na mina, a água do rio Switch Gulch, afluente do rio Little Bighorn, tinha um pH de 3,7, semelhante ao do vinho ou do suco de maçã. Membros da comunidade e organizações ambientalistas acabaram abrindo um processo amparado pelo Clean Water Act (Lei da Água Limpa), e em 1996 a Justiça ordenou que a Pegasus Gold pagasse uma fiança de US$ 36 milhões. Após ter desembolsado mais de US$ 5 milhões de dólares em bonificações a executivos e apesar de ter retirado das minas de ouro o equivalente a US$ 300 milhões, em 1998 a Pegasus Gold declarou falência e deixou ao estado de Montana custos de limpeza de US$ 3 milhões a mais do que havia sido determinado. Depois da falência, a empresa voltou a funcionar, desta vez sob o nome de Apollo Gold, com boa parte dos mesmos diretores e executivos, e continuou operando as lucrativas propriedades da Pegasus.[15]

O fundador Frank Duval havia deixado a empresa antes disso, em 1987, depois de aceitar as sanções da Securities and Exchange Commission (Comissão de Valores Mobiliários, SEC, na sigla em inglês). Essa ação, a terceira da SEC contra Duval, originou-se quando ele se negou a revelar sua participação financeira em uma empresa comprada pela Pegasus Gold. Isso é uma violação das normas antifraude e de inúmeras obrigações de prestação de contas da Lei de Valores Mobiliários de 1934. Duval logo começou a participar de uma série de projetos de recuperação de minas parecidas com a Zortman-Landusky. Ele procurava minas esgotadas ou tecnicamente difíceis, prometia grandes resultados com tecnologias não comprovadas e deixava um grande problema para os governos estadual e federal após se livrar de qualquer responsabilidade por meio de uma falência.

Depois de sair da Pegasus, Duval lançou a Bunker Hill Mining e reiniciou a produção de prata numa seção da Crescent Mine, uma mina de 72 anos que estava inativa havia quatro anos. Duval e sócios conseguiram US$ 10 milhões nas bolsas de Vancouver e Toronto, registraram lucros no terceiro trimestre de 1989 e no primeiro de 1990 e declararam falência prontamente em janeiro de 1991. A mina estava em uma zona de Superfund em Silver Valley, no estado de Idaho, mas a Bunker Hill Mining não investiu de forma significativa em sua recuperação ambiental. Na verdade, nem sequer pagou impostos ou remunerou empregados: no momento da falência, a Bunker Hill Mining nunca havia pago impostos sobre a propriedade, devia cerca de US$ 2 milhões ao Condado de Shoshone e US$ 90 mil aos funcionários em salários atrasados. A empresa solicitou proteção por falência semanas após ter publicado um robusto relatório trimestral de lucros, o que levou a acusações de fraude e de enganar os investidores.[16]

Duval também é proprietário e supervisor de uma das áreas de mineração mais tóxicas dos Estados Unidos, a Midnite Mine, em Ford, estado de Washington, uma grande mina de urânio situada na Reserva Indígena de Spokane. Em 2006, o Office of Environmental Cleanup (Escritório de Limpeza Ambiental) informou que a Midnite Mines Inc. controlava 49% da Dawn Mining, empresa que administrava a Midnite Mine; os outros 51% eram controlados pelo gigantesco conglomerado de mineração Newmont Mining, por meio da subsidiária Newmont USA Limited, da qual era o único proprietário.

A produção da mina parou em 1981, quando os preços do urânio caíram bruscamente: percebendo a oportunidade de obter um ativo potencialmente valioso a um preço baixo, Duval comprou uma posição majoritária na Midnite Mines Inc. e em 1984 tornou-se seu presidente e diretor executivo.

Infelizmente para Duval, o Departamento de Saúde do estado de Washington decidiu que a mina era uma ameaça à segurança pública e em 1991 terminou o contrato de arrendamento da Dawn Mining. Pelo acordo de licenciamento, a companhia deveria recuperar o local, que continha 33 milhões de toneladas de rejeitos radioativos distribuídos em cerca de quarenta hectares de minério de urânio a céu aberto, bem como infiltrações radioativas no rio Spokane. A essa altura, a Dawn Mining declarou não ter "recursos suficientes para pagar pelo plano de recuperação proposto, nem para um plano alternativo, nem para fechar a planta", segundo informou a empresa proprietária, Newmont Mining. Em vez disso, a Dawn propôs converter a MidniteMine em aterro de rejeitos radioativos, importar mais rejeitos radioativos de baixo nível de todo o país e utilizar os lucros que fossem gerados para limpar o local. A proposta foi terminantemente rejeitada. Em 2000, a Midnite Mine converteu-se oficialmente em área de Superfund. E, em 2001, a Sterling Mining, de propriedade de Duval, recebeu autorização para explorar uma mina em Montana cuja área se superpõe à reserva ecológica de Cabinet Mountain e ao Bosque Nacional de Kootenai.[17]

Como fizeram nesses casos, as estruturas corporativas e a lei de falências trabalham juntas para limitar enormemente o poder das reivindicações locais. Subsidiárias bem estruturadas funcionam para limitar as perdas do montante que a matriz investiu nas empresas auxiliares, mas não estabelecem teto algum para os lucros. Apesar de ser uma multinacional muito rica e, na qualidade de acionista majoritária, ter escolhido os membros da diretoria, ter dividido espaço dos escritórios e aparecido como garantia de empréstimos feitos à Dawn Mining, a Newmont não se responsabilizava legalmente pela subsidiária. A Newmont preparou-se para uma longa batalha no tribunal, mas a Boston Common Asset Management apresentou uma resolução dos acionistas criticando a divulgação de danos ambientais por parte da Newmont, o que aumentou a pressão sobre a empresa. Além disso, com uma renda anual líquida de US$ 2,2 trilhões em 2011 e de US$ 1,9 trilhão em 2010, os US$ 153 milhões pedidos no acordo com a EPA representavam apenas 7% da receita de 2011. Para efeitos de comparação, a contribuição do Departamento do Interior dos Estados Unidos de US$ 42 milhões constituiria 21% do financiamento total do local: se a Newmont tivesse sido obrigada a pagar 21% de sua receita em 2011, teria que desembolsar US$ 462 milhões de dólares. Uma das empresas de Duval ia à falência novamente, mas era estruturada de tal forma que ele poderia abandoná-la sem qualquer dificuldade ou responsabilidade.

Numa sequência de violações e saídas que já dura muitas décadas, Frank Duval nunca usou seus bens pessoais para pagar multas: apenas deixa a empresa quebrar e funda uma nova.

Times Beach, Missouri

A localidade de Times Beach, com aproximadamente duzentos hectares, fica 27 quilômetros a oeste de St. Louis. Em 1970, essa cidade incorporada hospedava cerca de 1.200 pessoas, incluindo os moradores de vários campings de trailers. Os recursos da cidade não eram suficientes para pavimentar as vias e o pó das ruas de chão batido era considerado um problema constante. Em 1972 e 1973, contratou-se a companhia Russell Bliss, que trabalhava com óleos usados, para que borrifasse óleo sobre as estradas como forma de reduzir o pó. Antigos moradores lembram que as estradas imediatamente ficaram roxas e exalavam cheiros horríveis, além da mortandade considerável da fauna silvestre. Por fim, a EPA concluiu que o óleo utilizado estava seriamente contaminado por dioxinas, um grupo de poluentes ambientais persistentes que, segundo a Organização Mundial da Saúde, "são extremamente tóxicos e podem causar problemas reprodutivos e de desenvolvimento, prejudicar o sistema imunológico, interferir nos hormônios e também causar câncer". O vizinho rio Meramec inundou a cidade enquanto a EPA estava no processo de realização de testes, e as dioxinas tóxicas se espalharam por toda a cidade. Em 1982, a EPA recomendou realocar todos os residentes de forma permanente. A Federal Emergency Management Agency (Agência Federal de Gestão de Emergências) assumiu o local e o processo de realocação, e no fim de 1986 Times Beach era uma cidade fantasma.[18]

Sumgayit, Azerbaijão

Sumgayit está 340 quilômetros ao norte da capital do Azerbaijão, Baku, na costa do mar Cáspio. A cidade, que havia sido um modelo de desenvolvimento da economia industrial soviética, abrigava fábricas de compostos químicos para a indústria e a agricultura, como borracha sintética, cloro, alumínio, detergentes e pesticidas. Durante o apogeu da URSS, eram lançados entre 70 mil e 120 mil toneladas de emissões na atmosfera a cada ano; na década de 1990, estima-se que as fábricas em funcionamento geravam 600 milhões de metros cúbicos de água contaminada por ano. Hoje, com apenas 10%-15% das antigas fábricas em atividade, a contaminação anual da água caiu para cerca de cem metros cúbicos. As águas residuais da indústria e os esgotos, contaminados por mercúrio, e subprodutos da fabricação de cloro-álcalis, continuam sendo despejados sem tratamento algum.

Em outra época, a cidade teve as taxas mais altas de mortalidade infantil e de câncer da União Soviética, e ainda hoje as taxas de câncer continuam elevadas, entre 22% e 51% acima da média nacional. As pessoas que vivem na cidade ou trabalham nas fábricas remanescentes estão expostas a toxinas graves há décadas. E essa exposição deverá continuar em razão da falta de infraestrutura para o controle da poluição, da preponderância de tecnologias obsoletas e da pouca importância dada à segurança no trabalho.[19]

CONTAMINAÇÃO POR CHUMBO

O chumbo, um material industrial comum, é extremamente tóxico. A exposição ao chumbo pode causar danos aos rins, ao sistema nervoso e ao cérebro, bem como provocar convulsões, coma e morte. Além disso, o chumbo pode ficar armazenado no tecido ósseo durante décadas, e pode ser uma ameaça para o feto muito depois de a mãe ter estado exposta. É um elemento muito estável e se degrada pouco com o tempo; 90% do pó de chumbo na superfície do solo continuará presente setenta anos após a contaminação, segundo informa o Departamento de Saúde Pública de Illinois. O Instituto Blacksmith estima que em 2011 quase 18 milhões de pessoas em todo o mundo estiveram expostas a níveis nocivos de chumbo.[20] A Figura 4.1 mostra uma visão geral mundial da contaminação de chumbo.

Qualquer processo em que o chumbo intervenha pode ser perigoso. Se não forem tratadas de forma adequada, a fundição do chumbo, sua extração do metal em bruto ou sua recuperação a partir de materiais reciclados mediante um processo de combustão com ar quente podem liberar grandes quantidades de pó de chumbo e de enxofre no ar, além de gerarem quantidades significativas de resíduos tóxicos. A reciclagem informal de baterias é outro vetor importante da contaminação por chumbo. Alguns países em desenvolvimento importam grandes quantidades de baterias chumbo-ácido usadas (especialmente de carros) para abri-las de forma manual e extrair o chumbo para a revenda. Boa parte desse trabalho é realizado em casas ou em fábricas informais, sem equipamento de segurança, com alto risco de exposição ao chumbo e ao ácido das baterias. Entre os trabalhadores envolvidos na reciclagem das baterias estão crianças.[21]

Figura 4.1 – População em risco de contaminação por chumbo em consequência de fundições de chumbo, 2012

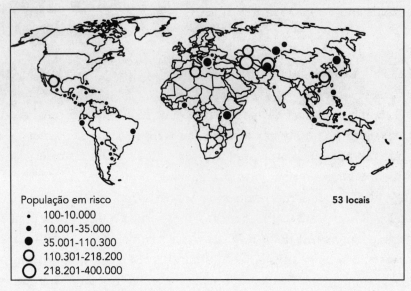

Fonte: Instituto Blacksmith, 2011d.

Haina, República Dominicana

Bajos de Haina está localizada no litoral da República Dominicana, a cerca de 32 quilômetros da capital, Santo Domingo. Inicialmente uma zona industrial que abrigava várias recicladoras de baterias e refinarias de gasolina, hoje é habitada por mais de 80 mil pessoas, a maioria afetada pelo legado da contaminação industrial. A última recicladora de baterias fechou em 1997, depois que ativistas locais chamaram a atenção de uma organização chamada Friends of Lead Free Children (Amigos das Crianças Livres de Chumbo).

A empresa MetaloXa administrou uma planta de reciclagem de baterias e de fundição de chumbo em Haina de 1979 a 1997.

Em 1995, Stephen Null, diretor da Friends for Lead Free Children, visitou o local e encontrou o terreno de 45 hectares coberto por montes de dez metros de altura de baterias usadas e uma fundição de chumbo ativa 24 horas por dia. Ao redor da área, casas de famílias. Exames iniciais em empregados da fábrica mostraram que muitos tinham um nível de chumbo no sangue superior a 300 µg/dL, mais do que o dobro do necessário para causar inchaço cerebral e provocar problemas graves. Depois de exames mais abrangentes mostrarem que 91% das crianças estavam envenenadas pelo chumbo (o nível médio no sangue era maior do que sete vezes o limite internacionalmente reconhecido de 10 µg/dL), a planta foi obrigada a fechar. Em 1997, a MetaloXa transferiu sua fundição, e em 1999 o governo dominicano anunciou que o lugar havia sido limpo. Apesar disso, os níveis de chumbo encontrados nas crianças continuaram sendo perigosamente altos e amostras do solo colhidas por pesquisadores ainda registravam quase 50% de chumbo, número extraordinariamente elevado. De fato, é o local mais contaminado por chumbo de que se tem notícia em todo o mundo, com uma proporção de chumbo no solo de até 463.970 ppm.[22] Null descobriu que a "limpeza" realizada pela companhia e aparentemente autorizada pelo governo consistia em enterrar ali mesmo as baterias que restavam e na instalação de um portão de ferro para proibir a entrada de pessoas no local. Em 2008 e 2009, uma escavação na fábrica de baterias removeu cerca de 6 mil metros cúbicos de material tóxico. O Instituto Blacksmith informou que os níveis médios de chumbo no sangue dos moradores diminuíram de 71µg/dL em 1997 para 28µg/dL em 2009. Mas os níveis de 2009 ainda são quase três vezes maiores do que o limite aceitável de contaminação por chumbo em crianças.[23]

La Oroya, Peru

La Oroya é uma cidade de mineração de mais de 30 mil habitantes situada nas montanhas centrais do Peru. Desde 1893, quando foi concluída a linha Lima-Huancavelica, tinha a estrada de ferro de bitola-padrão mais alta do mundo, até a inauguração da Qinghai--Tibet, em 2006. A mineração se expandiu em 1922, quando a Cerro de Pasco Copper Corporation, de propriedade americana, construiu um complexo de fundição e refinaria que descreveu como "projetado especialmente para processar o minério polimetálico típico dos Andes centrais". Esse complexo de mineração foi nacionalizado em 1974 pela ditadura militar do general Velasco Alvarado e administrado pelo governo peruano até ser novamente privatizado e adquirido em leilão pela Doe Run Company, em 1997. Sob os novos proprietários, a capacidade de produção anual chegou a 77 mil toneladas de cobre, 134 mil toneladas de chumbo, 50 mil toneladas de zinco, 1,15 milhão de quilos (37 milhões de onças-troy) de prata e 2 mil quilos (64 mil onças-troy) de ouro.[24]

Problemas sérios de saúde pública surgiram pouco depois de completada a transação. Em 1999, o Ministério da Saúde do Peru descobriu que 99,1% das crianças em La Oroya sofriam de envenenamento por chumbo e que 20% dos casos eram graves. Outros exames realizados pela Escola de Saúde Pública da Universidade de St. Louis encontraram níveis elevados de outros metais pesados no sangue dos moradores: os níveis de cádmio chegavam a três vezes a média americana, e os de arsênico eram duas vezes maiores. La Oroya foi confirmada como um dos lugares mais tóxicos do hemisfério ocidental. A pressão sobre a Doe Run Company foi enorme, mas, apesar de gastar mais de US$ 16 milhões em melhoramento ambiental (cerca do triplo do que havia sido acertado com o Ministério de Energia e Minas do Peru), as emissões de metais tóxicos continuaram altamente nocivas. Um estudo de 2005 mostrou que 97% das crianças menores de 6 anos tinham níveis elevados de chumbo no sangue.[25]

Em 2009, depois de problemas ambientais recorrentes e da queda dos preços das matérias-primas, a Doe Run suspendeu a produção. Um ano mais tarde, sem ter uma data prevista para reiniciar os trabalhos, 3.500 empregados realizaram protestos e bloquearam o acesso a uma estrada principal. Apesar de terem consciência dos problemas ambientais e de saúde que atingiam a comunidade por causa do complexo de mineração, eles não podiam continuar sem trabalho. A maioria das pessoas em La Oroya, confrontada com uma escolha entre o salário e a saúde, queria que a planta reabrisse depois que fossem instalados os controles ambientais adequados. Atualmente, o complexo é administrado por credores como parte de uma liquidação operacional, e está em processo de vender os ativos. Não se sabe quando a planta voltará a operar em plena capacidade nem sob qual protocolo ambiental.[26]

CONTAMINAÇÃO POR CROMO

Assim como o chumbo, o cromo está presente em grandes quantidades em alguns processos industriais, e os subprodutos desse elemento concentrado são altamente tóxicos. O cromo hexavalente causa asma, diarreia, hemorragias intestinais, problemas nos rins e no fígado, além de ser um poderoso carcinogênico. Estima-se que 1,8 milhão de pessoas no mundo tenham a saúde ameaçada por altos níveis de cromo.

A indústria de curtumes é uma grande geradora de subprodutos industriais do cromo. Países com rendimentos baixos e médios entraram com sucesso nessa indústria: desde 1970, sua participação na indústria global pesada de couro aumentou de 26% para 56%. Mundialmente, a indústria do couro se expandiu entre as comunidades desfavorecidas, as quais justamente têm mais probabilidade de carecer de infraestrutura regulatória e industrial. Além disso, a organização local da indústria nos países em desenvolvimento cria sinergias capazes de intensificar os efeitos da contaminação. Nesses países, as indústrias de curtumes geralmente consistem em grupos de pequenas e médias empresas concentradas em zonas marginais das áreas urbanas, o que possibilita acesso, entre outras coisas, a grandes quantidades de trabalhadores não qualificados dispostos a aceitar um trabalho sujo e tóxico que é estigmatizado em muitas culturas.

Outro fator na localização desses grupos é o acesso à água de boa qualidade, porque o processo de curtimento envolve a repetida submersão dos couros em banhos químicos e depois a eliminação da água restante. Muitos desses pequenos negócios não têm acesso a instalações de tratamento adequadas, nem recursos para processar ou armazenar os efluvios tóxicos. Com frequência, os dejetos são lançados na rua. A localização desses negócios nas proximidades de uma fonte de água de boa qualidade significa que o cromo e outros subprodutos chegam facilmente à rede de abastecimento. Além disso, esse grupo de pequenas e médias empresas produz uma concentração de contaminantes que é capaz de vencer as defesas naturais do meio ambiente e de chegar a níveis químicos bioativos.

Muitas vezes essas pequenas empresas estão localizadas em bairros distantes das residências de pessoas ricas e influentes. Os mais expostos às toxinas são os estigmatizados trabalhadores dos curtumes e suas famílias. As quantidades de dejetos gerados por esses estabelecimentos podem ser enormes: uma grande aglomeração em Bangladesh tinha cerca de 200 curtumes e produzia 7,7 milhões de litros de água residual e 88 milhões de toneladas de resíduos sólidos por ano, de acordo com o Instituto Blacksmith.[27] A Figura 4.2 fornece um panorama global dos principais lugares em que se registrou contaminação por cromo proveniente de curtumes.

Figura 4.2 – População em risco de contaminação por cromo em decorrência de curtumes, 2011

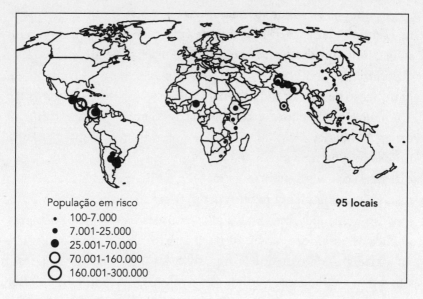

Fonte: Instituto Blacksmith, 2011f.

Ranipet, Índia

Durante a década de 1970, o estado indiano de Tamil Nadu procurou retirar as fábricas de áreas urbanas muito populosas e aumentar o emprego na zona rural. Para isso, o governo ofereceu consideráveis subsídios e incentivos aos empresários que se estabelecessem em determinadas "áreas atrasadas". O povoado de Ranipet, situado às margens do rio Palar, a vinte quilômetros da cidade industrial de Vellore, possuía os recursos hídricos necessários para a indústria do curtume, conhecida como poluente e grande consumidora de água. Rapidamente, Ranipet foi transformada em um centro dessa indústria. Mas o crescimento foi maior do que a água disponível, e agora a população enfrenta uma enorme contaminação por causa dos resíduos dos curtumes, que incluem o cromo hexavalente e corantes azoicos.

Atualmente, mais de 50 mil pessoas vivem em Ranipet, que continua sendo um centro da indústria de artigos de couro. Predominam os pequenos produtores, que administram estabelecimentos sem as economias de escala necessárias para bancar sistemas adequados de eliminação de resíduos. Após quatro décadas, o resultado, somado à ignorância geral quanto aos problemas ambientais, é a contaminação do lençol freático. Em 2001, os 60 curtumes do local empregavam 10 mil pessoas para produzir 100 mil quilos de produtos de couro por dia, mas só havia sete plantas individuais de tratamento de águas residuais e uma planta pública para processar todos os resíduos da indústria. Em 2009, havia mais 180 curtumes e somente uma planta pública de tratamento dos resíduos. Essa expansão abrupta se explica, em parte, pelo fato de que Ranipet não é um povoado isolado, mas um subúrbio industrial próximo a Vellore. A cidade tem a maior indústria de exportação de couro da Índia: um distrito do tamanho do estado americano de Oregon, habitado por 5 milhões de pessoas, das quais 2,5 milhões, incluindo crianças, trabalham em algum setor da indústria de curtumes.

Podemos dar como certo que houve um enorme aumento dos resíduos e que a maior parte não é tratada adequadamente. Em 2009, a administração municipal de Ranipet estimava que mais da metade dos resíduos sólidos não era recolhida, e que nada do que se coletava era descartado da maneira correta. O conselho estadual de controle da poluição calcula que uma única fábrica que produza compostos para curtumes terá acumulado mais de 1,5 milhão de toneladas de resíduos sólidos mal armazenados após duas décadas de operação. Os agricultores se queixam de que 80% de suas colheitas fracassam e que a água de irrigação lhes causa irritação e bolhas na pele. O mais preocupante é que a persistente contaminação do rio Palar agora ameaça o abastecimento de água de cidades mais populosas ao longo do rio, entre elas Vellore, com 3,5 milhões de habitantes.[28]

MINERAÇÃO/EXTRAÇÃO DE RECURSOS

As indústrias de mineração e extração de rochas duras têm um papel significativo na degradação de vastos territórios e na criação de terra morta. Os pesquisadores estimavam que até a década de 2000 essa indústria produzirá pelo menos 10 bilhões de toneladas de resíduos de partículas finas [sem contar os resíduos líquidos] no mundo. Seria possível afirmar, então, que a indústria de minerais é a maior produtora de resíduos do mundo". Outras fontes informam que nos Estados Unidos a mineração corresponde a "menos de um décimo de 1% do PIB", mas gera poluição e consome energia em níveis desproporcionalmente altos. Em 2001, calculava-se que nos países da OCDE a mineração produzia 550 milhões de toneladas de resíduos sólidos. Como as operações de mineração mais importantes do mundo estão situadas em países em desenvolvimento, é provável que a quantidade global de resíduos de mineração torne os números da OCDE ínfimos em comparação.

Na maior parte do mundo, a prática de gestão de resíduos da indústria consiste em "reciclar os resíduos sólidos para preencher a mesma mina e bombear os resíduos líquidos para dentro de gigantescos depósitos construídos pelo homem". Os resíduos produzidos pela mineração, tanto sólidos quanto líquidos, podem gerar sérios danos ao ambiente. Os minerais metálicos têm, em geral, níveis significativos de metais pesados quimicamente similares ao material que se procura extrair, e estão dispostos em formulações similares (por exemplo, óxidos ou sulfatos). Quando os minerais são processados para a retirada do metal que se procura, também são liberadas no meio ambiente grandes quantidades de metais pesados indesejáveis. Por exemplo, segundo a National Wildlife Federation, no oeste dos Estados Unidos 40% dos leitos freáticos estão contaminados pela mineração de rochas duras. A contaminação perdura muito depois de as minas fecharem: uma típica mina de rocha dura pode esgotar o material rentável entre 5 e 15 anos, mas os poluentes continuam contaminando o meio ambiente de forma acelerada por centenas de anos. Os subprodutos típicos da mineração de rocha dura podem ter efeitos desastrosos se não forem tratados de forma adequada. Os resíduos estão cheios de toxinas de metais pesados, e o entulho compactado que se usa para preencher a mina ou para cobrir os arredores (ou o que se lança diretamente à água do local, segundo o caso) é capaz de se oxidar e produzir escoamentos muito ácidos.

A mineração de baixa tecnologia também não poupa o meio ambiente. Por exemplo, as minas de ouro artesanais são muitas vezes operações informais em escala muito menor. Operações de mineração subterrâneas ou superficiais coletam sedimentos de solos ricos em ouro, geralmente com pouco mais do que uma simples pá. Em seguida, esses sedimentos são tratados diretamente com mercúrio, que se liga ao minério de ouro. Depois que o amálgama de ouro e mercúrio é isolado do entulho, é aquecido para que o mercúrio se evapore, deixando apenas o ouro puro. Essa mineração de baixa tecnologia cria quantidades insignificantes de resíduos rochosos ou de eflúvios tradicionais; porém, estima-se que o método seja responsável por um terço do mercúrio lançado ao meio ambiente por ano, e os produtos químicos utilizados no processo costumam ser derramados, ingeridos acidentalmente ou tratados de forma inadequada.[29]

Fraturamento hidráulico

O fraturamento hidráulico, ou *fracking*, é o processo de injeção de água, substâncias químicas e sílica a alta pressão dentro de uma rocha impermeável com o objetivo de liberar hidrocarbonetos (geralmente gás natural) para serem utilizados como combustível. O processo usa enormes quantidades de água e introduz hidrocarbonetos e substâncias químicas em lençóis freáticos. Por causa do uso excessivo de água e de suas emissões venenosas, é extremamente destrutivo para o ambiente. Vale a pena observar que já começamos a ver proibições ao *fracking* em razão de suas consequências nocivas: já foi banido na França, na África do Sul, nas províncias de Nova Gales do Sul, na Austrália e em Quebec, no Canadá, por causa de preocupações de ordens ambientais e sanitárias.[30]

Uma área típica de fraturamento hidráulico utiliza entre 4 milhões e 20 milhões de litros de água em sua vida útil. Juntos, este e outros tipos de mineração representaram entre 1% e 2% do consumo não termoelétrico de água nos Estados Unidos no início da década de 2000. Mas desde então o *fracking* cresceu rapidamente. Num condado do Colorado, o fraturamento hidráulico é responsável por um a três terços do total do consumo de água: "Um relatório de março da Colorado Oil & Gas Conservation Commission, que regulamenta a produção de energia no estado, informa que a água usada para fraturamento hidráulico no Canadá era de cerca de 13.900 acre-pés em 2010, e espera-se que aumente 35%, para cerca de 18.700 acres-pés em 2015".

Mas talvez a maior ameaça imposta pelo fraturamento hidráulico seja o tipo de dano causado às reservas hídricas. É comum que a água usada no processo se misture aos hidrocarbonetos ou a resíduos de mineração e substâncias químicas. Entre as utilizadas em áreas de *fracking* estão o amoníaco, ácido bórico, ácido sulfúrico, cloreto de octadecil trimetil amônio e cloreto de potássio. Além disso, entre 10% e 40% da água usada reflui para a superfície, onde pode ser isolada em tanques de resíduos tóxicos, ou volta a se infiltrar no lençol freático. A contaminação da água também ocorre quando o gás natural liberado da rocha impermeável se infiltra em poços e reservatórios de água.

Com o aumento da prática do fraturamento hidráulico, esses impactos só devem crescer e afetar um número cada vez maior de áreas no mundo. Deve-se notar que boa parte da informação oferecida pela indústria apresenta o método como tradicional e bem estabelecido, o que é falso. Apesar de a indústria alegar ter sessenta anos de experiência, o tipo específico de *fracking* usado hoje é relativamente novo. Os métodos recentes incorporaram uma técnica de perfuração horizontal que utiliza mais água e produz mais gás natural, e também cria uma pressão de água cinquenta a cem vezes maior que a encontrada em poços mais antigos.[31]

Radioatividade

Um relatório recente publicado por Melissa Belcher e Marvin Renikoff para o FreshWater Accountability Project, em Ohio, examinou os efeitos do fraturamento hidráulico no contexto das propriedades radioativas conhecidas do estrato da formação de Marcellus Shale. Trata-se de uma área de produção de gás natural que vai do estado de West Virginia até o leste de Ohio e o sul do estado de Nova York, com grandes concentrações de isótopos de rádio, urânio e tório que emitem uma radiação até trinta vezes maior do que as emissões residuais normais. Isso levanta duas questões importantes: quanta radiação é liberada para a superfície durante o fraturamento hidráulico e como a indústria está descartando os resíduos radioativos? Em 2013, o Departamento de Conservação Ambiental do Estado de Nova York descobriu que a água de refluxo dos poços continha radioatividade "até 267 vezes o limite aceitável para o despejo no ambiente, e milhares de vezes o limite aceitável para a água potável". Para perfurar o Marcellus Shale, são necessárias enormes quantidades de água: em cada ação de *fracking*, utiliza-se entre 7,5 milhões e 30 milhões de litros de água, aproximadamente, e os poços podem necessitar de fraturamento muitas vezes ao longo de sua vida útil. De 65% a 95% do líquido volta à superfície durante a perfuração, o que gera grande preocupação sobre como essa água com resíduos radioativos é tratada.

A perfuração de um poço de gás natural padrão na formação de Marcellus Shale produz em média 117 metros cúbicos de detritos radioativos: calcula-se que a Pensilvânia sozinha tenha produzido mais de um milhão de metros cúbicos de detritos desse tipo. A maioria dos aterros sanitários na Pensilvânia não conta com alarmes de radiação, mas aqueles que têm informaram que os dispararam 1.325 vezes em 2012, e que mais de mil dessas ocorrências foram causadas por resíduos de perfurações. Resíduos transportados até Ohio mostraram ter níveis de rádio 36 vezes superiores ao limite regulatório. O descarte inadequado desses materiais representaria uma grande economia de custos para as empresas de perfuração: o preço para armazenar adequadamente os resíduos radioativos pode chegar a US$ 12.350 por metro cúbico.[32]

O lençol freático

Dado seu rápido crescimento nos últimos anos, o fraturamento hidráulico representa cada vez mais uma ameaça para os lençóis freáticos, tanto em termos de consumo quanto de poluição. Já mencionamos a quantidade de água utilizada por poço, e que cada poço pode necessitar de fraturamento hidráulico várias vezes. Além disso, mais de 750 substâncias químicas diferentes podem ser misturadas à água nesse processo, entre elas benzeno, naftaleno, óleo diesel, cloreto de hidrogênio e etilenoglicol. Foram descobertos níveis de elementos e de substâncias tóxicas muito mais altos do que o permitido pela EPA. Hurdle relata um processo judicial contra a Atlas Energy:

> Os exames básicos da água um ano antes de iniciada a perfuração eram "perfeitos". (...) (Depois de iniciada a perfuração,) os exames encontraram arsênico 2.600 vezes acima do nível aceitável, benzeno 44 vezes acima do limite e níveis de naftaleno cinco vezes maiores do que o padrão federal. Em amostras de solo, foram detectados mercúrio e selênio acima dos limites oficiais, bem como etilbenzeno, substância química utilizada na perfuração, e tricloroeteno, substância química existente na natureza, mas que é tóxica e que

pode ser trazida à superfície no processo da perfuração em busca de gás. As substâncias químicas podem causar muitas doenças graves, incluindo danos aos sistemas imunológico, nervoso e respiratório, segundo o Endocrine Disruption Exchange, órgão que investiga os efeitos sobre a saúde das substâncias químicas usadas na perfuração.

Um estudo publicado em 2013 concluiu que componentes de gás natural como metano e propano existem em níveis elevados nas proximidades de poços de gás natural. Em poços de água potável a menos de um quilômetro dos locais de extração, as concentrações de metano eram em média seis vezes superiores ao nível encontrado em poços mais distantes. Nos poços de água potável localizados nas proximidades de poços de gás, o nível de etano era 23 vezes maior do que o encontrado em poços mais distantes, e o propano foi detectado apenas nos poços de água próximos aos poços de gás natural.

Terremotos

Relatórios recentes causaram preocupação quanto ao potencial de o fraturamento hidráulico desencadear terremotos em áreas onde nunca haviam ocorrido antes. Pesquisadores do Serviço Geológico dos Estados Unidos vincularam ao fraturamento o aumento da atividade sísmica na região central do país, e outro estudo informa que a atividade sísmica em Oklahoma aumentou 11 vezes nos períodos de 2008-2011 e de 1976-2007. A investigação indica que houve uma média de 21 terremotos na região central da América do Norte entre 1971 e 2000, mas o número aumentou para 50 terremotos em 2009, para 87 em 2010 e para 134 em 2011. Esse aumento deve-se quase que seguramente à atividade humana, e, para ser mais específico, à reinjeção de águas residuais nos poços de descarte: o aumento da pressão da água naqueles poços de armazenamento muito utilizados conseguiu separar falhas geológicas que antes eram estáveis. Alguns indícios também levam a pensar que o tamanho dos terremotos associados ao fraturamento hidráulico poderia ser maior do que se pensava. Entre 2010 e 2011, houve uma série de terremotos em Oklahoma que atingiram entre 5,0 e 5,7 na escala Richter, depois que falhas vulneráveis foram afetadas pelo descarte de águas residuais a alta pressão.

Também foram registrados terremotos em áreas do Reino Unido e Holanda onde o fraturamento hidráulico é realizado. Em 2011, a empresa Cuadrilla Resources, que explora gás de xisto, chegou à conclusão de que era "muito provável" que o fraturamento hidráulico fosse a causa de uma série de pequenos terremotos de magnitude entre 1,5 e 2,3 em Lancashire, Inglaterra. Na Holanda, o número de terremotos próximos a locais de fraturamento aumentou de 20, anualmente, antes de 2011, para 18 no primeiro mês e meio de 2013.[33]

Mineração de remoção do topo de montanhas

Na exploração de carvão tradicional subterrânea, também conhecida como "profunda", o carvão é retirado de seu substrato, alterando a geologia interna mas deixando intacta a maior parte da ecologia da superfície. A mineração de remoção do topo de montanhas, como o nome indica, é o processo de retirar uma montanha do veio de carvão, deixando-o exposto para a extração. A escala é enorme: na maior operação de remoção de topo, retirou-se material suficiente para deixar exposta uma área de mais de 65 quilômetros quadrados. Esse processo não apenas destrói a ecologia da superfície do local: os resíduos minerais penetram no lençol freático, causando consideráveis efeitos à jusante. A transformação ecológica radical causada pela remoção significa que, mesmo depois de concluídas as operações de mineração, é possível que muitas plantas e animais originários do local não possam a ele retornar, ou que sejam sobrepujados por espécies invasoras.

Esse processo, conhecido formalmente como mineração de remoção do topo com preenchimento de vales, é um tipo de mineração de superfície de alta tecnologia. O processo se inicia com o corte da vegetação e a remoção do solo superficial. Depois, empregam-se explosivos para romper as rochas e deixar o carvão a descoberto. O volume de rejeitos gerado por esse processo é maior do que o da montanha removida, porque os escombros são menos densos do que a rocha sólida. Em seguida, todos esses rejeitos são empurrados até vales próximos, não raro cobrindo nascentes de córregos. Os resíduos de carvão, sais rochosos e metais vestigiais se combinam para formar o equivalente químico de uma enorme bateria que está vazando, o que, junto com toxinas como o selênio, afeta gravemente toda a ecologia dos rios. As pequenas espécies que formam os níveis mais baixos da cadeia alimentar aquática, como as efêmeras, são especialmente vulneráveis, e sua ausência é sentida por todo o ecossistema. Os seres humanos também são vulneráveis: estudos indicam que a proximidade desse tipo de mineração está relacionada a um aumento do número de casos de câncer, defeitos congênitos e problemas cardiovasculares.

Explodir montanhas para deixar o carvão a descoberto é um exercício em economias de escala: cria minas maiores, com menor necessidade de empregados e, portanto, menores custos de operação. De acordo com um relatório publicado em 2012 pela U.S. Energy Information Administration (Administração da Informação de Energia dos Estados Unidos), as taxas de produtividade das minas de carvão na zona central da região de Appalachia (onde se extrai carvão de forma contínua há mais de um século) caíram 45% entre 2002 e 2010, pressionando produtores a buscar soluções extremas e, por sua vez, comunidades locais, que dependem da mineração, a aceitar essas soluções. O Bureau of Labour Statistics (Escritório de Estatísticas do Trabalho) informa que, à medida que se extrai mais carvão por métodos cada vez mais destrutivos, os benefícios para os mineradores e as comunidades diminuem: na indústria de carvão americana o emprego caiu mais de 50% durante os últimos 27 anos, de 177.800 postos em julho de 1985 para 80.600 em julho de 2012. Contudo, a quantidade de carvão extraído anualmente aumentou durante o mesmo período, de 883,6 milhões de toneladas em 1985 para 1.084,4 milhões de toneladas em 2010. Tal situação é insustentável.[34]

A mina Ok Tedi, em Papua-Nova Guiné

A operação de mineração Ok Tedi, em Papua-Nova Guiné, é um exemplo do dano que os subprodutos da mineração podem causar ao meio ambiente quando não são tratados de forma correta. A mina foi inaugurada em 1984 e controlada por um grupo financeiro multinacional. Os planos iniciais de contenção dos resíduos, embora muito previdentes em comparação com as normas da indústria na década de 1970, não haviam levado em consideração o potencial altamente ácido do substrato local nem o histórico de deslizamentos de terra na região. Ignorou-se completamente o possível impacto da mina sobre os agricultores autóctones que estavam no sopé da montanha. Em 1983, três anos após a abertura da mina, decidiu-se que era necessário repensar por completo o plano de tratamento dos resíduos: a represa hidrelétrica do projeto e um dos reservatórios de rejeitos foram cancelados. O estado, sem conselho técnico e violando as próprias leis de desenvolvimento, autorizou um plano provisório para permitir que o trabalho na mina continuasse sem um programa formal de tratamento de resíduos. A mina começou a despejar os dejetos diretamente na bacia hidrográfica.

Em 1984, a mina gerava 20 mil toneladas de entulho por dia. "De 1981 a 1988, o total dos resíduos produzidos pela mina Ok Tedi que penetraram na bacia hidrográfica, segundo relatório da própria empresa, o que provavelmente não será uma subestimativa, foi de 884 milhões de toneladas, aumentando em até oito vezes os resíduos sólidos na carga de fundo." Os sedimentos elevaram os leitos dos rios e causaram enormes inundações. O lodo fino formado por rochas ácidas e partículas de metais pesados deixou grandes trechos estéreis ao longo das margens depois de uma inundação: "Em 2002, 1.461 quilômetros quadrados de vegetação tinham sido afetados. (...) O ambiente ribeirinho foi alterado, com a perda de habitat de peixes e o dramático declínio do número e da diversidade de peixes." Os resíduos continham níveis de cobre seguros para o consumo humano, mas perigosos para a vida aquática. "Na década de 1990, a parte baixa do (rio) Ok Tedi tinha acumulado tanto lodo que transbordava periodicamente e depositava uma camada de areia estéril sobre os diques que antes abrigavam as fartas hortas dos moradores ribeirinhos. Distributários e canais secundários foram entupidos pelos sedimentos, matando muitas palmeiras-sagu e cerca de 480 quilômetros quadrados de selva, enquanto a constante turvação da água afastava as populações de peixes." As palmeiras-sagu, que constituem o elemento básico da dieta da comunidade dessas planícies, sofreram declínio na taxa de crescimento e no valor nutritivo. Nem o governo nem o grupo proprietário haviam estudado o potencial efeito da mina sobre o principal cultivo alimentar da região.

Em 1988, habitantes das tribos locais abriram um processo judicial contra a Broken Hill Proprietary, que à época era o maior conglomerado de mineração do mundo. Em 2004, as partes chegaram a um acordo que indenizaria os moradores. A mina deveria continuar produzindo até 2010, quando, segundo estimativas, o minério recuperável chegaria ao fim. Contudo, em março de 2013 continuava em operação.[35]

As minas de Atomredmetzoloto, em Chita, Rússia

A cidade de Chita, na Sibéria, situa-se nas que talvez sejam as jazidas minerais mais ricas da Rússia, uma área que tem sido o centro da mineração de ouro e urânio desde a década de 1960. Hoje, produz a maioria do urânio do país, com a mina de Krasnokamensk gerando 50% das 15 mil toneladas que a Rússia consome a cada ano. Ao longo dos últimos trinta anos, produziu no mínimo cinco milhões de toneladas de resíduos de urânio líquidos e sólidos anualmente, o que a torna a maior produtora contínua de resíduos de urânio no mundo. Hoje, a companhia estatal de mineração Atomredmetzoloto (ARMZ) é a proprietária e operadora da mina.

As 400 mil pessoas que vivem em Chita e seus arredores foram gravemente afetadas pelos resíduos. Somente na área de Balei, centenas de casas tinham níveis de radiação mais de dez vezes superiores ao nível permitido, e quase mil casas mostraram ter níveis de radiação acima das normas de segurança internacionais. Os custos para a saúde humana têm sido extremos: em algumas áreas, até 95% das crianças têm doenças crônicas ou deficiências, e não raro nascem com mutações graves, como falta de membros ou retardo mental. As taxas de síndrome de Down são quatro vezes maiores do que a média nacional. Atualmente, não há planos públicos de recuperação ambiental: o governo russo não reconhece a existência do problema.[36]

O PODER DE ENVENENAR TERRA, ÁGUA E AR

Acidentes nucleares, gases mortais

A mineração e os resíduos industriais têm, certamente, a capacidade de envenenar o meio ambiente. Mas vale a pena destacar o lixo nuclear como particularmente perigoso em diversos aspectos: sobretudo porque pode ser carregado pelo ar e pela água por distâncias enormes, e também por causa de sua vida longa. Gases venenosos têm vida mais curta, mas podem ser igualmente perigosos a curto prazo e continuam sendo produzidos de forma legal e em grandes quantidades para uso industrial. Esses dois contaminantes apresentam riscos que nem mesmo pessoas ricas podem evitar, à diferença de muitos perigos associados à mineração e aos resíduos industriais. No mais das vezes, eles têm sido muito mais bem regulamentados do que a mineração e os tipos de indústrias descritos no começo deste capítulo. Mas negligência e acidentes acontecem. Os casos a seguir contam uma história maior que não necessita de muita explicação.

Chernobyl, Ucrânia

A explosão de um reator de canaletas de alta potência (conhecido pela sigla RBMK) no complexo energético de Chernobyl em 26 de abril de 1986 continua sendo o pior acidente nuclear até a data. Foram liberados 5,2 milhões de terabecqueréis de emissões radiativas (um becquerel equivale a uma atividade de decaimento atômico por segundo): cem vezes mais radiação do que a liberada pelas bombas atômicas lançadas sobre Hiroshima. O desastre foi causado pelo projeto defeituoso da usina e por graves erros operacionais. Durante um teste de rotina da capacidade operativa do sistema a baixa potência, o reator tornou-se instável por não estar recebendo água suficiente para o seu resfriamento. Os operadores tinham desativado funções importantes da usina, como o sistema de desligamento automático, e quando a situação se tornou instável eles foram forçados a buscar medidas alternativas para deter a reação. Durante essa tentativa, desencadeou-se um enorme pico de potência que provocou uma explosão de vapor, deslocou a tampa protetora – uma placa de mil toneladas de aço – e lançou vapor radioativo e produtos da fissão à atmosfera. Segundos mais tarde, produziu-se uma segunda explosão, que lançou pedaços de combustível do núcleo do reator. Os reatores RBMK foram projetados sem a cúpula de contenção de cimento e aço que protege a maioria das usinas nucleares, de forma que não havia nenhum mecanismo que pudesse conter a radiação se o reator estivesse comprometido.

O reator queimou pelos 10 dias seguintes, liberando no ambiente pelo menos 5% das 192 toneladas de combustível radioativo. Isso provocou a degradação de um vasto território: 150 mil quilômetros quadrados de terras na Ucrânia, Bielorrússia e Rússia foram logo classificados como contaminados (com níveis de radiação acima de 38 mil becqueréis por metro quadrado), principalmente por isótopos de césio, estrôncio e iodo. A área de evacuação forçada foi ampliada para 4.300 quilômetros quadrados, e 336 mil pessoas tiveram que ser reassentadas de forma permanente. Vinte e seis anos depois do acidente, o governo da Ucrânia ainda proíbe a habitação num raio de 30 quilômetros ao redor da usina.

O número de mortes causadas pelo acidente ainda é tema de debate. No local, dois trabalhadores morreram durante a explosão inicial, e outros 28 morreram nos três meses seguintes, depois de serem expostos a 20 sieverts de radiação. Os efeitos da exposição à radiação nem sempre são fáceis de determinar: indivíduos expostos a níveis elevados podem ou não desenvolver problemas de saúde como o câncer, mas se o fazem é difícil de determinar se foram induzidos pela radiação ou por outro fator, como o tabagismo. A Organização Mundial da Saúde (OMS) informa que um total de 4 mil pessoas morrerão em consequência do acidente, e que o aumento total na incidência de câncer será de 3%. Contudo, a organização conclui que o problema de saúde pública mais significativo resultante da crise é a piora geral na saúde mental e no bem-estar econômico daqueles que se viram obrigados a se deslocar subitamente das áreas contaminadas. A OMS destaca especialmente a intensa ansiedade das pessoas em relação a efeitos em sua saúde, os quais já antecipam, embora talvez nunca os experimentem.

Por outro lado, pesquisadores da Academia de Ciências de Nova York afirmam que a Agência de Energia Atômica Internacional e a Organização Mundial da Saúde "sempre minimizaram ou ignoraram muitos dos resultados registrados na literatura científica da Europa Oriental, e, consequentemente, erraram ao não incluir essas avaliações", e calculam que mais de 985 mil pessoas morreram em consequência do acidente de Chernobyl.

De qualquer forma, uma quantidade considerável de material radioativo continua dentro do reator, protegido por um sarcófago de aço e cimento construído como solução provisória imediatamente após a crise. Esse recipiente de contenção se deteriora rapidamente, e a radiação continua a vazar. A instalação de uma nova estrutura protetora, projetada para durar cem anos, estava prevista para 2015.[37*]

Hanford, Washington

Em 1943, o governo americano utilizou o War Powers Act para confiscar uma área de 1.450 quilômetros quadrados nas proximidades do rio Columbia, no sul do estado de Washington, deslocando todas as 1.200 pessoas que viviam nas comunidades rurais de Hanford, White Bluffs e Richland.[38] Os militares, preocupados porque a Alemanha nazista estava à frente dos Estados Unidos na corrida pela bomba atômica, tinham decidido acelerar a pesquisa e o desenvolvimento de armas de plutônio. Hanford tornou-se a sede da primeira usina de produção de plutônio em grande escala no mundo. Hoje, contém cerca de dois terços dos resíduos altamente radioativos do país.

O plutônio é criado durante a fissão, quando o urânio-238 absorve um nêutron para se tornar urânio-239, que em seguida sofre dois decaimentos beta, convertendo-se primeiro em netúnio-239 e depois em plutônio-239. Para retirar o plutônio fissionável dos reatores nucleares, as barras de combustível utilizadas são dissolvidas em ácido, de onde o plutônio se precipita para se separar dos outros subprodutos da fissão. Antes de encerrar as atividades em 1987, calcula-se que o complexo de Hanford tenha processado 120 mil quilos de plutônio. A maioria desse material altamente radioativo continua no local:

---

* O projeto para a instalação da nova estrutura protetiva da Unidade 4 do reator da Usina Nuclear de Chernobyl começou em 2010 e seria finalizado em 2015, mas foi adiado para o fim de 2017 devido à necessidade de novo aporte financeiro, de acordo com o Banco Europeu para a Reconstrução e o Desenvolvimento, um dos apoiadores do empreendimento. (N. da E.)

apenas 11.655 quilos foram eliminados ou removidos, deixando plutônio suficiente enterrado no local para construir 1.800 cópias da bomba chamada "Fat Man", que destruiu Nagasaki.

Hoje o local é uma tragédia em câmera lenta: existem mais de 189 milhões de litros de dejetos químicos e radioativos de alto nível armazenados em 177 tanques, muitos dos quais com vazamentos, enterrados a cerca de 19 quilômetros do rio Columbia. Cerca de 3,8 milhões de litros já vazaram. Em 2008, um relatório do Departamento de Ecologia do Estado de Washington assinalou que substâncias tóxicas já haviam penetrado no lençol freático e que em um prazo não maior do que sete anos poderiam chegar à água do rio num local acima de cidades habitadas por um milhão de pessoas e fazendas com valor total de US$ 6,4 milhões. O Departamento de Energia, que administra o local, não tem planos no momento para conter as toxinas antes que penetrem na rede de abastecimento de água, nem para limpar os resíduos sólidos do local. Na verdade, o departamento solicitou ao governo federal que traga mais dejetos nucleares de outros locais para Hanford, declarando o local uma causa perdida de fato.

Fukushima Daichii, Japão

Segundo o governo japonês, as áreas próximas à usina nuclear de Fukushima Daichii, que foi arrasada por um terremoto e um tsunami em 2011, provavelmente serão uma zona proibida por muitas décadas. Em 2011, autoridades japonesas afirmaram aos líderes comunitários que as áreas que emitiam cem milisieverts de radiação por ano não seriam seguras por uma década, e as áreas com duzentos milisieverts seriam inabitáveis pelo dobro desse tempo. Atualmente, a população só pode chegar a vinte quilômetros da usina.

Ainda não se conhece a extensão dos danos em Fukushima, mas será determinada em grande parte pela proporção de isótopos de longa vida no vapor radioativo que escapou da usina durante o dano inicial. O césio-137, com meia-vida de 30,2 anos, é provavelmente a toxina mais nociva (em termos de quantidade emitida e duração de meia-vida), como no caso de Chernobyl. Cerca de 50 mil pessoas foram obrigadas a evacuar a área depois do desastre, e muitos agricultores e pescadores perderam seu sustento.[39]

Explosão química em Bhopal, Índia

Bhopal é a capital do estado de Madhya Pradesh, na Índia. Foi o cenário do pior desastre industrial de todos os tempos em 1984, quando uma fábrica de pesticidas da Union Carbide localizada na cidade liberou 45 toneladas de um gás derivado do cianeto num bairro pobre que estava próximo. O vazamento matou 3.800 pessoas enquanto dormiam, e algumas das 558.125 pessoas que foram expostas morreram mais tarde em consequência de problemas causados pelo gás.

A planta foi vendida em 1994 a um consórcio de bancos indianos e ao governo do país, que antes detinha 49% da fábrica. Os compostos químicos armazenados na fábrica nunca foram removidos adequadamente e acredita-se que ainda existam 450 toneladas de rejeitos contaminando o terreno de 4,5 hectares da fábrica. Agora os produtos químicos são considerados a causa do número extraordinário de defeitos de nascença (fendas palatinas, retardo mental, ausência de globos oculares) na cidade, que em 2011 tinha uma população de 2.368.145 habitantes, aumento de 28,46% em comparação à década anterior. O governo aceitou levar água potável em caminhões até Bhopal depois de reclamações da população, mas as entregas são irregulares, e muitas pessoas pobres ainda bebem a água do local.[40]

Os oceanos do mundo

Zonas mortas

O nível de acidez na superfície das águas oceânicas vem aumentando desde o começo da industrialização, e as projeções indicam que se elevará muito mais à medida que os oceanos continuem absorvendo dióxido de carbono. Com base em diversos estudos científicos, o Banco Mundial afirma que "estimativas de níveis futuros de dióxido de carbono, baseadas em cenários de emissão em que tudo permaneça como está, indicam que no fim deste século as águas superficiais dos oceanos poderiam ser quase 150% mais ácidas, resultando em níveis de pH que os oceanos não experimentam há mais de 20 milhões de anos".[41]

Talvez o caso mais brutal da destruição ou degradação de corpos d'água seja a existência de aproximadamente quatrocentas zonas mortas nos oceanos do mundo, que cobrem uma área de 245 mil quilômetros quadrados. Uma série de práticas humanas, entre elas a poluição agrícola, tem um papel crucial nesta que é uma das formas mais extremas de degradação ambiental. As zonas sofrem de hipóxia, falta do oxigênio necessário para manter a vida, e não experimentam a renovação das colunas de água necessária para reabastecer os níveis de oxigênio.

A hipóxia e o estado eutrófico resultante são um subproduto do escoamento no oceano de fertilizantes utilizados na agricultura comercial. Os corpos d'água doce rasos e aquecidos pelo sol que levam esses fertilizantes até o oceano são mais quentes e menos densos (por causa da falta de salinidade) que a água salgada do fundo do mar. Ao entrar no oceano, essas massas d'água criam uma camada superior abundante em fertilizantes que não se mistura com a água que está debaixo dela. O fertilizante nessa camada superior desencadeia uma floração de algas, especialmente de cianobactérias tóxicas, que são venenosas para muitos peixes. Peixes e algas mortos vão para o fundo da coluna d'água, onde sua decomposição consome oxigênio. Quando os níveis de oxigênio sob a capa eutrófica vão se exaurindo até não poderem mais sustentar a vida, criam-se o que se conhece como zonas mortas. Essas zonas mortas perduram até que as colunas d'água sejam adequadamente perturbadas de modo a repor o oxigênio nos estratos mais baixos do oceano. Calcula-se que as zonas mortas do planeta tenham eliminado entre 343 mil e 734 mil toneladas de biomassa. À medida que águas antes ricas se convertem em zonas mortas, a pesca definha e populações costeiras enfrentam a redução de suas fontes de sustento.

Níveis do mar em elevação

A elevação do nível do mar é outra consequência muito importante do aquecimento global, e vem ocorrendo mais rapidamente do que considerávamos possível. O Banco Mundial informa que, segundo especialistas, "uma elevação de cinquenta centímetros até 2050 poderia ser inevitável como resultado de emissões anteriores". Será particularmente marcante em algumas regiões do mundo, sobretudo em partes da Ásia. Os níveis da água na costa sudeste da Ásia serão "de 10% a 15% mais altos que a média global no final do século XXI em relação a 1986-2005", segundo projeções. Manila, Jacarta, Ho Chi Minh City e Bangcoc devem sofrer uma elevação no nível do mar de mais de cinquenta centímetros acima do nível atual até 2060, e de cem centímetros até 2090.

Isso traz grandes implicações para as populações e economias locais. O delta do rio Mekong, por exemplo, gera cerca de 50% do total da produção agrícola do Vietnã e uma porção considerável das exportações de arroz do país, de maneira que "um aumento de trinta centímetros no nível do mar, o que poderia ocorrer já em 2040, provocaria a perda de cerca de 12% da produção agrícola (...) em relação aos níveis atuais". Para agravar ainda mais a situação, a precipitação anual deverá aumentar até 30% se a temperatura mundial subir 4°C.

Por exemplo, Bangcoc teria um aumento do nível do mar de até 40% se os níveis globais subirem aproximadamente 15 centímetros em relação aos níveis atuais, o que poderia ocorrer na década de 2030. E a cidade poderia ver uma elevação do nível do mar de até 70% se os níveis aumentarem 88 centímetros globalmente, o que poderia acontecer na década de 2080, se houver um aquecimento de até 4°C.

Ao mesmo tempo, em outras partes do mundo, temperaturas mais altas serão experimentadas em forma de mais secas. Isso inclui o noroeste da Ásia, importante área de produção de alimentos, que segundo projeções vai se tornar ainda mais seca. Por último, podemos esperar diferenças mais marcantes nas precipitações entre as estações, "com uma diminuição de até 30% durante a estação seca e um aumento de 30% durante a estação de chuvas, num mundo com um aumento de mais 4°C".

Esse padrão duplo de desertificação em algumas regiões e inundações em outras poderia aparecer em diversas partes do mundo. "Com um aquecimento de 2°C, é provável que as diferenças existentes na disponibilidade de água (na África subsaariana) se tornem mais pronunciadas. Por exemplo, estima-se que a média anual de precipitações aumentaria principalmente no Chifre da África (com efeitos tanto positivos quanto negativos), enquanto partes da África Meridional e Ocidental poderiam ver a diminuição de 50% a 70% das precipitações e do nível de recarga de água subterrânea. De acordo com muitos modelos, com um aquecimento de 4°C as precipitações anuais diminuiriam até 30% na África Meridional, e a África Ocidental seria mais úmida do que agora, levando a uma diminuição geral do risco de seca."[42]

Países maiores sofrem a mudança climática por meio de diversos padrões. No caso dos Estados Unidos, houve uma elevação acelerada dos níveis da água em algumas áreas e secas em outras. O ano de 2012, o último para o qual existem dados disponíveis, foi o pior em toda a história registrada de eventos climáticos extremos, segundo a National Oceanic and Atmospheric Administration (Administração

Oceânica e Atmosférica Nacional). Onze grandes eventos – entre eles tornados, incêndios florestais, secas e furacões – em conjunto geraram uma conta coletiva de mais de US$ 110 bilhões, desde a perda de colheitas em razão da seca no Meio-Oeste até prejuízos por inundações na Costa Leste após o furacão Sandy (US$ 60 bilhões, maior custo individual). Durante o verão de 2013, a seca afetou aproximadamente 50% dos estados contíguos do país.[43]

Giros de lixo

A confluência de grandes correntes oceânicas em cinco pontos ao redor do globo cria gigantescos redemoinhos, também conhecidos como giros. São eles: os giros do Atlântico Norte, do Atlântico Sul, do Pacífico Norte, do Pacífico Sul e do oceano Índico. Tudo o que flutua no oceano acaba se juntando nesses giros, feito detritos girando ao redor de um ralo: qualquer coisa que flutue no mar por tempo suficiente vai chegar a um desses cinco pontos de coleta. Esses giros são os nós centrais da vasta rede de correntes dos oceanos, velhas conhecidas de mercadores e marinheiros. Contudo, à medida que os plásticos utilizados ao redor do mundo vão encontrando seu caminho até o oceano, os giros começaram a parecer grandes depósitos de lixo. A cada ano são produzidas em todo mundo cerca de 300 milhões de toneladas de plástico, 7 milhões das quais acabam no oceano. O plástico não se decompõe; sofre fotodegradação. Quando exposto ao sol e à água, as moléculas que o formam se quebram, mas não acontece mais do que isso. Várias moléculas de plástico e outros elementos químicos nocivos como o DDT e os PCBs (bifenilos policlorados) permanecem suspensos na água, formando uma espécie de ensopado tóxico. Elementos químicos desses plásticos penetram em plantas e animais aquáticos e acabam se concentrando no topo da cadeia alimentar. Há indícios de que a quantidade de plástico dissolvida nos oceanos duplicou entre 1999 e 2009.[44]

AÇAMBARCAMENTO DE ÁGUA

Como vimos no início deste capítulo, com a utilização do fraturamento hidráulico, as empresas de mineração estão se tornando algumas das maiores consumidoras de água no mundo desenvolvido, tanto direta quanto indiretamente pelo envenenamento de reservas hídricas. Com menos alarde, as empresas de refrigerantes e de água mineral também aumentam rapidamente seu consumo. Juntos, esses diversos atores esgotaram toda a reserva de água subterrânea disponível em várias partes do mundo. Para compensar a escassez da água, atualmente a Nestlé e outras empresas de engarrafamento constroem enormes tubulações, utilizam supertanques e gigantescas bolsas seladas para transportar o líquido por longas distâncias para fins comerciais. E já que a demanda por água potável deverá aumentar 50% até 2030, alguns jornalistas e cientistas advertem que é provável que se torne "o novo petróleo". Mas a água não recebeu tanta atenção quanto os alimentos, apesar de os níveis de necessidade serem cada vez mais parecidos. Estima-se que 870 milhões de pessoas sofram de desnutrição atualmente, e que 780 milhões não tenham acesso à água potável segura, de acordo com o World Food Program (Programa Mundial de Alimentos) e a Unicef. O açambarcamento de água está rapidamente se tornando um agravante à escassez hídrica para os pobres em áreas cada vez maiores do mundo.[45]

As controversas operações mundiais da Nestlé

A Nestlé é hoje a maior engarrafadora de água no mundo. É proprietária de oito marcas internacionais de água engarrafada, sendo a Perrier a mais conhecida delas. A indústria cresceu de forma rápida antes da recessão, expandindo-se a uma taxa anual de 7,6% entre 2002 e 2007. A recessão pôs ainda mais pressão sobre o negócio: à medida que as vendas na América do Norte caíam 13% entre 2007 e 2009, a

Nestlé lutou de forma agressiva pelo acesso a novas concessões sobre a água e por novas regulamentações ambientais.[46]

Numa entrevista gravada em 2005, o presidente da Nestlé, Peter Brabeck-Letmathe, expressou a lógica da empresa quando o tema é o uso da água. O acesso à água, "a mais importante das matérias--primas", não deveria ser considerado um direito humano:

> A questão é se devemos privatizar o fornecimento normal de água à população. E existem duas opiniões diferentes sobre isso. Uma opção, que considero extrema, é representada pelas ONGs, que insistem que a água deve ser declarada um direito humano. Isso significa que enquanto ser humano você deve ter direito à água. Essa é uma solução extrema. A outra opinião diz que a água é um gênero alimentício como qualquer outro e, como qualquer outro gênero alimentício, deve ter um valor de mercado. Pessoalmente, creio que é melhor dar um valor aos alimentos, porque assim todos temos consciência de que têm seu preço. Depois, deveriam ser tomadas medidas específicas quanto à parte da população que não tem acesso a essa água. E aí existem muitas possibilidades diferentes.[47]

A ideia de que os seres humanos não devem ter direito à água gerou muita publicidade negativa, e Brabeck-Letmathe voltou atrás em sua declaração em várias entrevistas quando as consequências se tornaram claras. Uma dessas entrevistas posteriores, porém, reforçou e tornou ainda mais clara a ideia de que cada coisa precisa ter um valor de mercado e ser administrada dentro de uma estrutura de mercado, ideia com consequências problemáticas para os mais pobres. Em uma entrevista de 2012, o executivo explicou uma abordagem para economizar água que garantiria que permanecesse sob constante ameaça e ao mesmo tempo fosse constantemente explorada:

> Os 25 litros mínimos de que necessitamos por pessoa para viver decentemente... Isso é um direito humano. Mas não creio que seja um direito humano encher minha piscina, lavar meus carros... Ou

mesmo regar o jardim. Não acho que isso seja um direito humano. E se não entendermos que a (quantidade de) água que é um direito humano é uma parte mínima do que estamos usando... Usamos cerca de quatrocentos litros por dia nos Estados Unidos. Então, não creio que esses 380 sejam um direito humano, e devem ter um preço. Por quê? Porque se você não põe um preço, não vamos fazer os investimentos necessários a fim de utilizar o mais precioso dos recursos que possuímos de uma forma mais responsável... Se não dermos um valor à água, esses investimentos não serão realizados, porque ninguém tem interesse em investir se não existe um retorno econômico.[48]

A Nestlé foi duramente criticada por sua extração excessiva de água nos Estados Unidos. Esse excesso pode ser explicado por dois motivos. Primeiro, o sistema legal americano deixa a água particularmente vulnerável à exploração excessiva. "O direito consuetudinário sobre a água subterrânea oferece alguma proteção contra danos causados por grandes bombas que captam a água de poços, mas quase nenhuma proteção do interesse público na conservação ou proteção do meio ambiente. No direito consuetudinário, a lei da água subterrânea é uma lei de captação. O uso da água do solo é um direito 'natural' inerente à propriedade da superfície. A lei da água do solo foi formulada antes que a mecânica dos aquíferos fosse bem compreendida e quando ainda não havia bombas de alta capacidade."[49] Em segundo lugar, os cidadãos americanos têm os recursos materiais e legais necessários para processar grandes corporações como a Nestlé. Não é uma coincidência que a batalha da Índia contra a Coca-Cola tenha sido realizada por uma ONG com sede nos Estados Unidos, a India Resource Center.

O padrão de apropriação da Nestlé ficou claro. A empresa procura fontes de água em áreas que não estão acostumadas a negociar contratos com multinacionais, em especial pequenas comunidades rurais. Elas trazem a promessa de que a fábrica criará novos empregos e investirá em causas filantrópicas. Cidadãos, associações locais e grupos ambientalistas que entraram com ações judiciais para defender os recursos hídricos locais consideraram a tarefa difícil, dados os recursos imensamente superiores da empresa – desde dinheiro e advogados até o apoio de políticos.

A Nestlé nos Estados Unidos

Hoje, nos Estados Unidos, o consumo de água para engarrafar por parte da Nestlé está se tornando um assunto controverso. Estima-se que em 2013 (um ano para o qual existem dados disponíveis) a Nestlé Waters retirou um total de cerca de sete trilhões de litros para produção de água engarrafada somente nos Estados Unidos. Em particular, houve graves preocupações quanto às apropriações de água feitas pela Nestlé em zonas propensas a seca. A seguir alguns dos casos contra a empresa.[50]

FLÓRIDA: EXTRAÇÃO EXCESSIVA EM ÁREAS ATINGIDAS PELA SECA

A Crystal Springs Recreation Preserve, a cinquenta quilômetros de Tampa, se apresenta como "um santuário natural de mais de duzentos hectares dedicado à educação ambiental e à preservação do meio ambiente natural da Flórida". Contudo, em 1996, o proprietário do terreno e presidente do conselho da reserva, Bob Thomas, fechou o parque ao público depois de chegar a um acordo de venda de água para a Nestlé e passou a solicitar ao governo local um enorme aumento de seus direitos sobre a água. Durante uma grave seca, nos anos 2000 e 2001, Thomas pediu para aumentar a extração de cerca de 1,1 milhão de litros por dia para 6,8 milhões de litros por dia. O pedido não foi autorizado, pois se temia que fosse esgotar os estoques locais. Thomas já havia sido intimado várias vezes por ter excedido sua quota de água em até mais de 20 mil litros por dia.

No condado de Madison, a Nestlé conseguiu obter acesso para extrair quantidades ilimitadas de água de uma fonte em um parque estadual por apenas US$ 230. O estado não recebeu royalties nem taxas adicionais. O caso gerou controvérsias, pois a Flórida travava uma amarga disputa contra estados vizinhos por causa de uma escassez geral na região enquanto a Nestlé extraía centenas de milhões de galões praticamente de graça. Em referência aos impostos corporativos pagos pela empresa, o porta-voz, Jim McClellen, afirmou que a Flórida fizera um excelente negócio: "Estamos falando de muitos milhões de dólares em benefícios fiscais, um negócio muito bom para o estado da Flórida."[51]

TEXAS: A LEI DA CAPTAÇÃO

No condado de Henderson, no estado do Texas, a empresa Great Spring Waters of America, de propriedade da Nestlé, foi acusada de extrair volumes excessivos de água subterrânea para sua fábrica engarrafadora de Osarka. Em março de 1996, a empresa começou a extrair 350 mil litros de água por dia de Rohr Springs, na localidade de Big Rock. Dias depois de iniciada a extração, os poços locais secaram. As famílias que ficaram sem água entraram com um processo judicial, afirmando que a extração constituía uma violação de seus direitos de propriedade privada. Com um veredito que surpreendeu a muitos, um tribunal de primeira instância acolheu uma lei do Texas conhecida como "lei da captação", que dá aos proprietários da terra o direito sobre toda água subterrânea existente em sua propriedade, e considerou que a Nestlé não era de forma alguma responsável. A lei da captação se baseia na lei consuetudinária da Inglaterra e remonta aos tempos em que o Texas era uma república independente. Essa lei anacrônica afirma que "a água subterrânea é propriedade privada do dono da terra que a cobre" e que este "tem direito a captar a água que está sob sua terra". Em 1998, a Suprema Corte do Texas reafirmou a decisão, e a lei continua em vigor.[52]

MICHIGAN: USO IRRACIONAL DA ÁGUA

Em 2000, outra empresa da Nestlé, a Ice Mountain Spring Water, obteve autorização para extrair até 1.500 litros de água por minuto no Condado de Mecosta, no estado de Michigan. Em 2001, a companhia tentou aumentar a quantidade que estava autorizada a captar para que pudesse expandir a fábrica. Mais da metade dos eleitores do condado se manifestaram contra a medida que autorizava a expansão. Em 2002, um juiz decidiu que, apesar de a Nestlé ter direito a extrair a água com base em "um uso razoável", tal extração havia prejudicado ou tinha a probabilidade de prejudicar os moradores da comunidade e o meio ambiente. A Nestlé recorreu e o processo judicial se estendeu até 2009, quando fez um acordo fora do tribunal para obter direitos limitados à água. Essa batalha judicial de nove anos indica até onde a empresa está disposta a ir para obter fontes de água.[53]

A Nestlé fora dos Estados Unidos

A seguir alguns casos envolvendo aquela que é uma das empresas com maior presença global.

A NESTLÉ NO BRASIL

A região da serra da Mantiqueira é famosa por seu circuito das águas. Há fontes com alto conteúdo mineral que, segundo se crê, teriam propriedades medicinais. É também a fonte da marca de água "Pure Life", de propriedade da Nestlé. Depois que a Nestlé iniciou suas atividades no local, no fim da década de 1990, a captação excessiva secou as fontes locais. Os moradores entraram com um processo judicial em 2001 e conseguiram impedir que a empresa continuasse extraindo mais água em 2006, pois, segundo a lei brasileira, a desmineralização é ilegal. Entretanto, as ações da Nestlé continuarão afetando a qualidade da água na região por muito tempo, já que foram necessários séculos de exposição aos aquíferos rochosos para que a água apropriada pela empresa chegasse a estar altamente mineralizada. A organização Corporate Watch informa que a Nestlé parece ter agora esgotado o suprimento da tão apreciada água mineral.[54]

A NESTLÉ NO CANADÁ

A Nestlé Waters do Canadá e suas antecessoras, Aberfoyle Springs e Aberfoyle Fisheries, obtiveram concessão para extrair água de um poço em uma propriedade em Aberfoyle, na região de Guelph, desde 1984. Em 30 de março de 2007, a Nestlé apresentou ao Ministério do Meio Ambiente de Ontário uma solicitação de renovação da extração da água por cinco anos, sem aumento na taxa nem na quantidade. A Nestlé capta 3,6 milhões de litros de água por dia da sub-bacia hidrográfica local. Isso gerou controvérsia, pois naquele mesmo momento a cidade de Guelph pedia aos moradores que poupassem água. Ainda assim a concessão foi renovada. O motivo foi a falta de provas de que a extração de água fosse prejudicial. Porém, não foram realizados estudos para determinar o tamanho dos prejuízos.[55]

Outras empresas e casos

Augustin Ranch, no Novo México

Em maio e junho de 2010, mais de novecentas pessoas protestaram contra uma solicitação de extração de água apresentada ao estado do Novo México. O requerimento partiu de uma empresa com sede em Nova York, a Augustin Ranch LLC, proprietária de terras perto de Datil, no extremo norte das Planícies de San Augustin, localizada no centro-sul do estado.[56] A empresa enviou a solicitação inicial ao

Departamento de Engenharia do estado no outono de 2007 e agora tenta expandir as operações.

Vale a pena entrar em detalhes para mostrar o que implica este tipo de projeto. O novo plano exige a perfuração de 37 poços de até novecentos metros de profundidade para extrair cerca de 64 trilhões de litros de água por ano do aquífero das Planícies de San Agustin. Também prevê aumentar a área de exploração para quaisquer pontos dentro dos condados de Socorro, Catron, Sierra, Valencia, Bernalillo, Sandoval e Santa Fé, localizados na bacia do rio Grande. No requerimento atualizado consta que a água poderia ser utilizada para fins amplos e não especificados. Ativistas afirmam que a água seria provavelmente vendida e levada por tubulações até o rio Grande, para compensar a escassez causada pelo consumo excessivo rio acima.

A água da Coca-Cola

O estado indiano de Kerala é um importante polo exportador internacional de especiarias e borracha, além de ser um grande centro de produção agrícola. Cobre uma área de quase 40 mil quilômetros quadrados no sudoeste do país, no litoral do oceano Índico. Em 2000, uma subsidiária da Coca-Cola chamada Hindustan Coca-Cola Beverages começou a operar uma fábrica de engarrafamento na aldeia de Plachimada, com permissão para extrair 510 mil litros de água por dia de poços e perfurações. Segundo a organização Right to Water and Sanitation (Direito à Água e ao Saneamento), a cada 3,75 litros de água extraída, a planta produzia um litro de produto como água mineral, Coca-Cola, Fanta e Thumbs-Up. O restante era eliminado como água residual. Em 2003, não havia mais água potável em um raio de 10 quilômetros da fábrica, e o fracasso das colheitas deixou 10 mil pessoas sem trabalho. Nesse mesmo ano, a Coca-Cola culpou a diminuição das chuvas pelo esgotamento do lençol freático.

Em 2002, agricultores começaram a organizar protestos diários na fábrica, reclamando que os poços de irrigação haviam secado de repente e que a água que restava tinha sido contaminada por produtos químicos. Estudos realizados pelo Centro de Ciência e Meio Ambiente de Nova Délhi mostraram que os produtos da Coca--Cola engarrafados na Índia continham pesticidas acima dos níveis permitidos para o consumo pelo Conselho Europeu. Além disso, compostos químicos liberados pela fábrica penetraram na rede de abastecimento de água, causando queimaduras e bolhas na pele dos moradores da região. Em 2003, a aldeia negou-se a renovar a licença da fábrica e, em 2004, depois de uma série de casos judiciais, esta foi forçada a suspender as atividades. Em 2010, a Coca-Cola foi multada em US$ 48 milhões.[57]

Uso de vias aquáticas públicas para escoar veneno

Dzerzhinsk, Rússia

Durante a Guerra Fria, Dzerzhinsk era uma cidade industrial secreta, onde eram produzidas as armas químicas da União Soviética. Hoje, as fábricas químicas operam a menos de 30% da capacidade: atrofiaram a economia local e deixaram 136 mil quilos de resíduos sólidos da época em que fabricavam grandes quantidades de sarin e de gás VX. Cerca de um quarto da população trabalha nas indústrias químicas, que eliminam resíduos não tratados em charcos artificiais nos bosques que circundam a cidade. Muitos dos charcos apresentam círculos brancos ao seu redor, formados pelos compostos de cloro.

Hoje as indústrias não fabricam mais armas, apenas artigos civis. Porém, segundo o Instituto Blacksmith, foram encontrados na água subterrânea cerca de 180 compostos químicos altamente tóxicos (incluindo fenol e dioxinas), em concentrações até 17 milhões de vezes maiores do que os limites sanitários aceitos. Segundo as autoridades municipais, a expectativa de vida dos habitantes está na média, mas, para algumas organizações internacionais, está muito abaixo disso (42 anos para os homens e 47 anos para as mulheres), e os bebês correm um risco muito maior de ter defeitos congênitos. Especialistas da ONU realizaram testes com leite materno e encontraram níveis tóxicos de dioxina. Atualmente, não há planos para limpar Dzerzhinsk. Existem algumas ideias, que foram consideradas muito caras para serem implementadas. Autoridades dão a entender que o problema foi exagerado, apesar do fato de a cidade constar como a mais poluída do mundo no *Guinness Book of World Records*.[58]

Minas de Sukinda, Índia

O cromo, oligoelemento e elemento metálico que já mencionamos, é utilizado em uma ampla variedade de processos industriais, entre os quais estão a fabricação de aço, operações de galvanização, tinturaria de tecidos e curtimento de couros. Existe uma grande demanda mundial pelo metal e seus compostos, apesar de o cromo ser produzido em poucos lugares. Em 2008, o consumo mundial do elemento e de compostos chegou a 31,86 milhões de toneladas, mais de 70% das quais foram produzidas na África do Sul, no Cazaquistão e na Índia.

A participação da Índia na produção global (16%) foi gerada quase que integralmente no distrito de mineração de Sukinda, onde se localizam mais de 90% das reservas do país. Em 2008, mais de dez minas a céu aberto operavam no distrito, nenhuma delas com planejamento ambiental ou de remoção de resíduos adequado, e não havia qualquer tipo de regulamentação estatal ou legislação ambiental. A forma do cromo presente na cidade, hexavalente, é altamente carcinogênica e tóxica para o corpo humano. O risco se agrava pelo fato de a área de mineração estar às margens do rio, única fonte de água para os 2,6 milhões de habitantes do vale do rio Sukinda, cuja maioria vive perto das minas. Medições realizadas na água superficial da região encontraram 3,4 miligramas de cromo por litro, ultrapassando em muito a quantidade permitida nos Estados Unidos, de 0,1 mg por litro; 60% de toda a água potável está contaminada. O envenenamento por cromo atingiu toda a população: mais de 80% das mortes na área de mineração e na zona industrial próxima são resultado disso. Governo e indústria estão conscientes dos problemas, mas consideram as soluções muito caras. Segundo o governo local, "é um caso único, gigantesco, e está além dos meios e do alcance do Conselho (Estadual do Controle da Poluição) resolver esse problema".[59]

AUMENTO DA ESCALA GLOBAL

Houve uma época em que os danos ambientais que provocávamos permaneciam localizados, confinados a lugares específicos. Esse tempo acabou. Áreas não industriais, como a Groenlândia e a Antártida, sofrem com a poluição industrial gerada nos Estados Unidos e na Rússia, para mencionar apenas dois países. Agora, os danos produzidos em locais específicos aumentam em escala, impulsionados pela vasta destruição, e se convertem em problema planetário, que atinge até mesmo lugares que não contribuíram para o estrago.

Os gases de efeito estufa (entre os quais estão dióxido de carbono, metano, óxido nitroso e partículas em suspensão, como as do carbono negro) são as principais causas das mudanças climáticas.[60] Diversas medições levaram à estimativa de que a atividade humana gerou 350 bilhões de toneladas de carbono desde 1959; 55% disso foi absorvido pelos oceanos e pela terra, e o restante ficou na atmosfera. Somente em 2009, as emissões globais de dióxido de carbono aumentaram 5,3%, chegando a 30 bilhões de toneladas. Em 2011, as emissões anuais aumentaram 5,3%, atingindo 31,6 bilhões de toneladas. E, no início de 2013, o nível de dióxido de carbono na atmosfera superava o nível crítico de quatrocentas partes por milhão. É um nível que não se via na Terra desde o Plioceno, há 3 milhões de anos.

Nas condições atuais, as emissões globais de CO_2 (incluindo emissões relacionadas ao desmatamento) chegarão a 41 bilhões de toneladas por ano em 2020. A EPA estima que as emissões industriais representem 50% dos gases de efeito estufa emitidos nos Estados Unidos, e a indústria é provavelmente responsável por uma proporção ainda maior das enormes e crescentes emissões da China. Nessa escala, em virtude da relação do dióxido de carbono com as mudanças climáticas, a poluição industrial é o motor de enormes problemas globais.

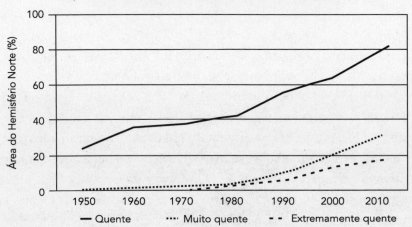

Figura 4.3 – Área de terras com temperaturas quentes, muito quentes e extremamente quentes

Fonte: Banco Mundial, 2012, Figura 18.

Um efeito importante é a elevação da temperatura da Terra (ver Figura 4.3). Os números da atual fase do aquecimento são extremos se comparados aos registros históricos disponíveis. Maio de 2012 foi "o 327º mês consecutivo em que a temperatura de todo o planeta superou a média do século XX", escreve Bill McKibben. A primavera de 2012 foi a mais quente de todos os tempos e registrou a maior diferença em relação à temperatura sazonal média marcada em qualquer estação. Nos Estados Unidos, o mês de junho de 2012 quebrou 3.215 recordes de calor em todo o país, e maio de 2012 foi o maio mais quente em toda a história do país. Há debates e divergências sobre a taxa exata, o tempo e o nível desse aumento, mas estudos muito diferentes concordam quanto à tendência ascendente (ver Figura 4.4).[61]

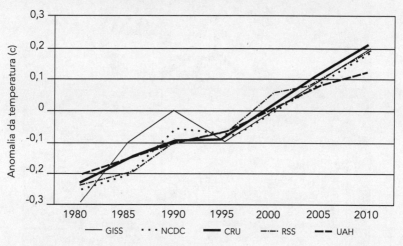

Figura 4.4 – Dados sobre a temperatura: Múltiplas fontes confirmam a tendência de aquecimento 1980-2010

Fonte: Banco Mundial, 2012, Figura 3.

A mudança climática já começou a afetar a produção agrícola global (ver Figura 4.5). O Clube de Roma prevê que a mudança climática causará um aumento de 2°C na temperatura média até 2052 e um aumento de 2,8°C na temperatura média até 2080. Há prognósticos de que um aumento dessa magnitude "reduzirá dois terços do rendimento da região de cultivo de milho na África, mesmo na ausência de seca"; as perdas nas safras de milho poderão chegar a 20% na metade do século.[62]

EXPULSÕES | 237

Figura 4.5 – Abastecimento insuficiente de água: Impactos sobre a produtividade agrícola de 2009

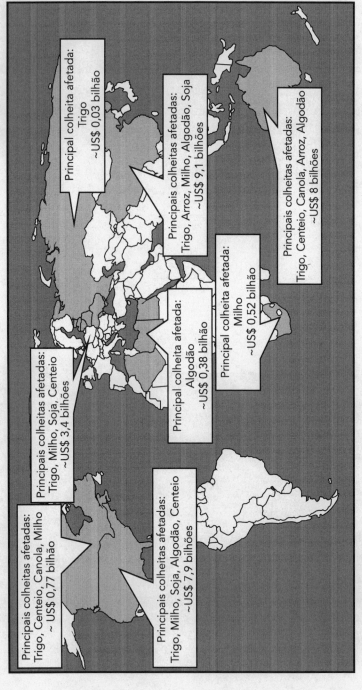

Fonte: Gonzalez-Valero, 2009, p. 4.

238 | SASKIA SASSEN

Nem todas as secas (ou inundações) podem ser atribuídas a esse tipo de mudança climática, como indiquei no início deste capítulo. Por exemplo, a região que se conhece como Dust Bowl nos Estados Unidos – uma planície seca que se estende desde a região central do país até o Canadá, com Oklahoma e Texas no centro – é anterior à mudança climática antropogênica. Para Seager *et al.*, uma diferença hoje é que o impacto dos gases de efeito estufa no clima fez o deserto de Chihuahua se expandir, ou, nas palavras de Mingfang: "Basicamente, estamos mudando o deserto para mais ao norte." Pesquisas sobre as mudanças climáticas sugerem que em 2020 o sudoeste dos Estados Unidos enfrentará uma seca permanente.[63]

Na Ásia, o mar de Aral é um impressionante caso de um lago que secou por completo. Assim como na Dust Bowl americana, a mudança climática não é única causa da seca. Mas a escala e a velocidade da perda de água talvez se devam, em parte, ao aumento da escala global da mudança climática e de seus efeitos indesejáveis em lugares apenas indiretamente envolvidos. Assim como nos Estados Unidos naquela época, os projetos de irrigação na União Soviética demonstraram ser incrivelmente ineficazes. Um exemplo é o Qaraqum, maior canal de irrigação do mundo, que desviou 13 quilômetros cúbicos de água do mar de Aral durante anos. Até 50% da água se perdeu no meio do caminho por causa de erros de engenharia. Além dessas deficiências, a seca e a desertificação impulsionadas pela mudança de clima impuseram ainda mais problemas sobre o mar de Aral. Como resultado, o que antes era o quarto maior corpo de água doce do mundo foi reduzido a menos de 10% de seu volume original.[64]

A outra grande transformação planetária surgida dos efeitos diretos e indiretos dos gases de efeito estufa é a elevação do nível dos oceanos (ver Figura 4.6) e de sua acidez. Entre 443 bilhões e 629 bilhões de toneladas de água de degelo são acrescentadas aos oceanos anualmente, o que eleva o nível em cerca de 1,5 milímetro por ano. Isso se soma à elevação anual de dois milímetros causada pela expansão do oceano que se aquece. É verdade que nem todas as áreas de geleira estão derretendo. Em algumas delas, a quantidade de gelo que se forma nos pontos mais altos é quase igual à que se derrete na base. Isso pode ocorrer porque o que se derrete na periferia evapora, e depois volta a se condensar e a congelar nos picos mais frios e menos úmidos. E, por uma série de razões meteorológicas, partes da Antártida e algumas geleiras específicas em outros lugares não estão perdendo gelo por causa do derretimento. Isso é em parte explicado pelo fato de que o gelo se forma com mais facilidade sobre a terra do que sobre o oceano. Contudo, a extensão do derretimento de gelo é mesmo alarmante.[65]

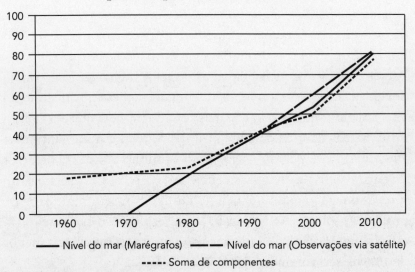

Figura 4.6 – Nível da elevação do mar (em milímetros) por múltiplas medições, 1960-2010

Fonte: Banco Mundial, 2012, Figura 6B.

Às vezes os principais efeitos da destruição ambiental se tornam visíveis a um público mais amplo. Entre 8 e 12 de julho de 2012, 57% da camada de gelo da Groenlândia derreteu. Isso reduziu a cobertura de gelo para 3% do seu máximo, aturdindo cientistas, aterrorizando observadores do clima e mobilizando a imprensa para que relatasse os acontecimentos. A Figura 4.7 mostra a extensão desse degelo em imagens de satélite do Observatório da Terra da NASA. Esse degelo poderia ser parte de uma tendência anual de aquecimento. Porém, dados parecem indicar que a perda maciça de gelo e de *permafrost* está se tornando permanente.

Figura 4.7 – Extensão do derretimento da superfície sobre a camada de gelo da Groenlândia, 8 e 12 de julho de 2012

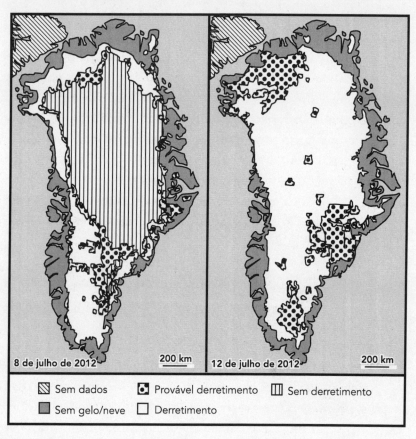

Fonte: Viñas, 2012.

Expulsões | 241

O derretimento de gelo nessa escala tornou-se um grande fator na elevação do nível do mar. A interação entre a temperatura da água e o degelo deriva do fato de que este reflete mais energia solar do que aquela: isso isola o sol do mar que está sob o gelo. Quando o gelo derrete, o isolamento diminui ou desaparece e a água do oceano se aquece, o que por sua vez faz mais gelo derreter. Assim começa uma cadeia de água mais quente, gelo que derrete e níveis do oceano em elevação. Hoje, as perdas de gelo dividem-se de forma mais ou menos igual entre a Groenlândia e a Antártida. Se a aceleração atual continuar, o derretimento da camada de gelo poderia contribuir para até 56 centímetros de elevação do nível do mar antes de 2100.[66]

Um tipo diferente de derretimento é o do gelo permanente no Círculo Ártico. Este também é causado pela mudança climática antropogênica. Em 2008, o *permafrost* sob a cidade de Newtok, no Alasca, começou a derreter, e os edifícios, a afundar. O mar de Bering engoliu o que havia se tornado um litoral permeável. A comunidade de Yup'ik Inuit, formada por 320 pessoas cujos antepassados viveram naquele mesmo lugar durante dois mil anos, foi forçada a se mudar. Dos 213 povos nativos do Alasca, 184 foram seriamente afetados pela erosão e pelas inundações, e seis deles necessitavam de ajuda imediata.

O derretimento do gelo permanente cria um ciclo de realimentação que acelera o tipo de mudança climática que observamos. À medida que o *permafrost* derrete, o material orgânico preso nele começa a se decompor e a liberar metano e dióxido de carbono. O derretimento do gelo permanente é bastante perigoso porque provavelmente produzirá metano (CH_4), cujo efeito de aquecimento é muito mais forte do que o do dióxido de carbono. Em geral, os cientistas concordam que entre 9% e 15% das três camadas superiores do gelo permanente terão derretido em 2040; essa quantidade deve aumentar entre 47% e 61% até 2100. Estima-se que o carbono liberado pelo derretimento do *permafrost* seja de 30 bilhões a 63 bilhões de toneladas até 2040, de 232 bilhões até 2100, e entre 549 bilhões e 865 bilhões de toneladas até 2300.[67]

Os esforços atuais de muitos governos para deter esse tipo de mudança climática não serão suficientes. Mesmo se implementássemos as normas hoje aprovadas, não poderíamos assegurar a sustentabilidade do planeta. A Figura 4.8 mostra dois padrões futuros: um sob as condições atuais e o segundo se implementássemos todos os acordos existentes para reduzir os danos ambientais. Isso faria diferença, porém seria uma diferença muito pequena para alterar a trajetória básica. Os acordos existentes para enfrentar a destruição ambiental operam em um nível e por meio de formatos que não afetam as dinâmicas mais profundas que causam a mudança climática. Essas dinâmicas atravessam as fronteiras e divisões do atual sistema de Estados.

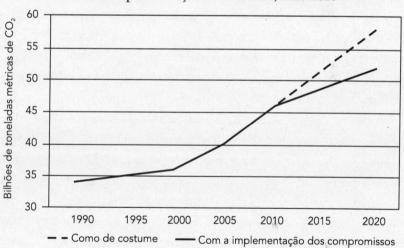

Figura 4.8 – Emissões anuais de gases de efeito estufa[a] com a total implementação dos acordos, 2010-2020

Nota: a. Emissões totais de gases de efeito estufa incluindo emissões relacionadas a desmatamento.
Fonte: Banco Mundial, 2012, Figura 2B.

CONCLUSÃO
ALÉM DAS DIFERENÇAS NACIONAIS:
UMA CONDIÇÃO GLOBAL

O esforço conceitual que perpassa este exame de casos concretos em todo o nosso planeta foi tornar visível a recorrência de modos ambientalmente destrutivos, por mais diversas que sejam as economias políticas em ação. Em conjunto e ao longo do tempo, geramos uma condição planetária que vai muito além das fontes de destruição específicas e das formas concretas de organização político-econômica em que ocorrem. É uma condição que paira sobre espaços que vão desde a estratosfera até as profundidades dos giros oceânicos.

Existe uma separação profunda entre essa condição planetária e suas fontes, por um lado, e a lógica dominante que dá forma às respostas governamentais e a boa parte da política, por outro. O ar, a terra e a água destruídos passam a ser uma condição genérica, um fato separado da paisagem geopolítica dos países e das políticas dominantes. Os Estados concentram-se principalmente em se beneficiar do atual enfoque político consensual básico da mudança climática, que é o comércio de carbono. O esforço não é no sentido de reduzir a destruição, mas de maximizar a vantagem de cada Estado em seu direito a destruir: os governos pressionam para expandir sua cota "legítima", seja para aumentar o direito de poluir ou o que podem vender a governos que querem poluir mais. Lideranças de todos os tipos aparentemente acham impossível encarar a destruição planetária e preferem diminuir seus esforços ao mínimo denominador comum, o que parece tornar a tarefa mais administrável.

Os casos aqui discutidos levam a crer que certas formas de organização política e econômica evitam parte dessa destruição? Sim, mas surpreendentemente as diferenças são pequenas em comparação com a escala da destruição. Em sua maioria, essas diferenças organizacionais ficam abaixo dos níveis que poderiam ter consequências na redução da destruição em escala global; têm mais importância para o lugar do que para a condição geral do planeta. As novas tecnologias evitam mais destruição do que as anteriores? Algumas das tecnologias novas e mais complexas que começam a ser utilizadas não são muito melhores do que os modos de produção anteriores, muito mais elementares. São apenas diferentes: o fraturamento hidráulico ou a remoção de todo o topo de uma montanha versus a abertura de uma mina de carvão. Tudo aponta para os limites da nossa abordagem dominante atual, com sua ênfase nas diferenças entre países e a proposta comum de que modos de produção mais avançados nos permitirão reduzir a destruição ambiental.

Dinâmicas mais profundas e conceitualmente invisíveis estão atravessando países e lugares muito diferentes. Vejo uma sistematicidade global em ação, independentemente de seus densos exemplos localizados. É mais profunda do que as diversas formações geopolíticas e as economias que construímos em nosso planeta. Globalmente, mais acima dessas diferenças, segmentos da biosfera são expulsos de seu espaço vital e se convertem em terra e água mortas. O que é então a biosfera? É como se não pertencesse a nosso planeta, apesar de representar boa parte dele, e apesar de nós mesmos sermos a biosfera.

Existe algum paralelo entre os módulos que a expulsão pode adotar nos domínios muito diferentes examinados nos capítulos anteriores? Sim, existe. É a situação ambígua da biosfera em nossas economias políticas, não muito diferentes da ambígua situação político-econômica atual da maioria dos cidadãos na maioria de nossos Estados nacionais. Muitos cidadãos e muito da biosfera são usados e abusados sem consideração alguma por sua saúde ou prosperidade.

Notas

1. Bai *et al.*, 2008, p. 223. Neste parágrafo, as demais citações são de Banco Mundial, 2013b. Outras fontes são Banco Mundial, 2012, 2013b; Hakkeling, Olderman e Sombroek, 1991.

2. As fontes desta seção são Bai *et al.*, 2008; Hakkeling, Olderman e Sombroek, 1991; Van Lyden, 2004.
3. Bai *et al.*, 2008. Embora o Normalized Difference Vegetation Index não forneça informação sobre o tipo de degradação ambiental que está ocorrendo, pode-se ter alguma medida disso porque o índice está mapeado como uma superfície contínua; assim, "as forças que a impulsionam podem ser reveladas pela correlação com outros dados biofísicos e socioeconômicos geolocalizados". (*Ibid.*, 224); NASA, na internet.
4. As fontes desta seção são Banco Mundial, 2013b; Coumou e Rahmstorf, 2012; Stott, Stone e Allen, 2004; Founda e Giannaoupolos, 2009; Karoly, 2009; Barriopedro *et al.*, 2011; NOAA, 2011, 2013a, 2013b; Rupp *et al.*, 2012; Hansen, Sato e Ruedy, 2012.
5. Todos os cinco verões mais quentes na Europa desde 1500 ocorreram depois de 2002, sendo 2003 e 2010 excepcionalmente quentes (Barriopedro *et al.*, 2011). Estima-se o número de mortos pela onda de calor de 2003 em 70 mil pessoas (Field *et al.*, 2012), com um excesso de mortalidade diária chegando a 2.200 na França (Fouillet *et al.*, 2006). A onda de calor na Rússia em 2010 resultou em um número de vítimas estimado em 55 mil pessoas, das quais 11 mil mortes foram apenas em Moscou, e mais de um milhão de hectares de terra queimados (Barriopedro *et al.*, 2011). Em 2012, os Estados Unidos experimentaram uma onda de calor e um período de seca devastadores (NOAA, 2012a, 2012b); no fim de julho, cerca de 63% dos estados contíguos americanos foram afetados por condições de seca, e o período de janeiro a julho foi o mais quente já registrado. No mesmo período também ocorreram inúmeros incêndios florestais, com a área total queimada estabelecendo um novo recorde (NOAA, 2012b).
6. Todas as citações deste parágrafo são de World Bank, 2013b.
7. Solomon *et al.*, 2007; Wigley e Santer, 2012; Hansen, Sato e Ruedy, 2012.
8. Foster e Rahmstorf, 2012, entre outros, mostram que se forem removidos fatores conhecidos que afetam variações de temperatura de curto prazo (variabilidade solar, aerossóis vulcânicos, El Niño, entre outros), fatores naturais não conseguem explicar o aquecimento. Daí esse poder ser atribuído em grande parte a fatores an-

tropogênicos – feitos pelo homem. Ver também Santer *et al.*, 1995; Stott, 2000; Duffy e Tebaldi, 2012; Jones, Lister e Li, 2008; Stott *et al.*, 2011; Sample, 2007.

9. UNEP/GRID, 2006, p. 27.
10. Borodkin e Ertz, 2004; Bronder *et al.*, 2010, p. 9; Blacksmith Institute, 2013a, 2013b; Norilsk Nickel, 2008; Mines and Communities, 2003; BBC News, 2007; Golovnina, 2005; Bronder *et al.*, 2012.
11. Bronder *et al.*, 2010.
12. Norilsk Nickel, 2008; Borodkin e Ertz, 2004.
13. Cole, 2013, pp. 5 e 22.
14. Abel, 1997; Klauk, 2013c; EPA, 1994, p. 1; Mineral Policy Center, 2000.
15. Perlez e Johnson, 2005; Mitchell, 2004, p. 10; Klauk, 2013a, 2013b; McClure, 2001; Stiffarm, 2005.
16. Jones, 1989; Massey, 1991a, 1991b; Spokane Chronicle, 1990; Associated Press, 1991; Mining Truth, 2012.
17. Bureau of Land Management, 1996, p. 2.528; Newmont Mining Corporation, 1998, 2013; Selcraig, 1998; "Mine in Wilderness", 2001.
18. Leistner, 1995; EPA, 2008; Kelleher, 2007.
19. Blacksmith Institute, 2013b.; Huseynova, 2007.
20. Blacksmith Institute, 2011a.
21. Lidsky e Schneider, 2002; Illinois Department of Public Health, s/d; Blacksmith Institute, 2011c, 2011d.
22. Isso é confirmado por Blacksmith Institute, 2011c, 2011d.
23. Robles, 2007; Friends of Lead Free Children, 2009; Blacksmith Institute, 2013f; Kaul *et al.*, 1999, p. 917.
24. Doe Run Peru, s/d.
25. Serrano, 2008; Jamasmie, 2012; Pouiller, 2010; Kramer, 2012.
26. Kramer, 2012; Wolman, 2006; Sydor, 2004; Doe Run Peru, s/d; Doe Run Resources Corporation, 2006, 2012.
27. Lenntech, 2011, Blacksmith Institute, 2011a, 2011c, 2011f; IPPC, 2003; Kennedy, 2005; Blackman e Kildegaard, 2003; Warren, 1940.
28. Voyant Solutions, 2009; Blacksmith Institute, 2013c.
29. Fontes principais: Hart e Boger, 2008; Townsend e Townsend, 2004; UNEP/GRID, 2006; National Wildlife Federation, 2012; Duruibe, Ogwuegbu e Egwurugwu, 2007; Blacksmith Institute, 2011a, 2011e.

30. Brown, 2012; Hurdle, 2009; ver também nota 28. Desde 2012, mais de 15 regiões proibiram o fraturamento hidráulico. Para atualizações, visite Keep Tap Water Safe, 2013.
31. Kenny *et al.*, 2009; Harden, 2012; Marcellus Drilling News, 2010; Olson--Sawyer, 2012; Johnson, 2011; Chesapeake Energy, 2012; Demelle, 2011; Jackson *et al.*, 2013.
32. Belcher e Renikoff, 2013; Davies, 2009.
33. Keranen *et al.*, 2013; Ellsworth *et al.*, 2012; Drajem, 2012; Joyce, 2012; Romm, 211; Tagliabue, 2013.
34. McQuaid, 2012; Aurora Lights, 2013; Palmer *et al.*, 2010; Hendryx, 2009; U.S. Energy Information Administration, 2012a, 2012b; Bureau of Labor Statistics, 2012; Gagnon, 2004, Aurora Lights, 2013.
35. Townsend e Townsend, 2004; Jorgenson, 2006; Murphy, 1996; Bice, 2013.
36. Belton, 2006; Blacksmith Institute, 2007; ARMZ Uranium Holding Co., 2012.
37. BBC News, 2011; Blacksmith Institute, 2007; World Nuclear Association, 2012; International Atomic Energy Agency, s/d; OMS, 2005; Environment News Service, 2010; Godoy, 2011.
38. Harvey, 2000; Harden e Morgan, 2004; EPA, 2012a; Wald, 2010; Porter, 2004; Washington State Department of Ecology, 2008.
39. Tsukimori e Layne, 2011; Smith, 2011; Bradsher e Pollack, 2011.
40. Pino, Kannel e Gardner, 2012; Bhopal Census Highlights, 2011.
41. Fontes dessa seção sobre zonas de água morta: Banco Mundial, 2013b; Diaz e Rosenberg, 2008; Eggler, 2007.
42. Banco Mundial, 2013b.
43. NOAA, 2013b.
44. Wassener, 2011; Hoshaw, 2009.
45. Jowit, 2008; World Food Programme, 2013; UNICEF, 2012.
46. Fontes dessa seção introdutória sobre a Nestlé: CBC, 2008; Hall, 2010; Wagenhofer, 2005; Brabeck-Letmathe, 2012; Tarlock, 2004.
47. Wagenhofer, 2005.
48. Brabeck-Letmathe, 2012.
49. Tarlock, 2004.
50. Clarke, 2007.

51. Crystal Springs Preserve, 2013; Samek, 2004; Schwartz, 2004; Penn, 2008.
52. Eskanazi, 1998; Patoski, 2011; Texas A&M University, 2013.
53. Clarke, 2007; Michigan Citizens for Water Conservation, 2012.
54. Corporate Watch, s/d.
55. Wellington Water Watchers, 2011.
56. El Defensor Chieftan, 2009; Ray, 2013.
57. Fontes da seção sobre a Coca-Cola: Right to Water and Sanitation, 2010; Sen, 2003; Global Research, 2010.
58. Bloomfield, 2007; Knobel, 1997; Blacksmith Institute, 2013b; Ruditsky, 2004; Walsh, 2007.
59. Ideas First Research, 2010; Blacksmith Institute, 2013e; EPA, 2012b; Environment and Process Division, 2004.
60. Ballantyne *et al.*, 2012; Rogers e Evans, 2011; International Atomic Energy Agency, s/d; Gillis, 2013; Ifran e Uvaneswari, 2012; McKibben, 2012.
61. McKibben, 2012.
62. Chestney, 2012; Economist, 2011a.
63. Seager *et al.*, 2007; Mingfang Ting, entrevistada em Vergano, 2007.
64. Zeiss, 2011; Gray, 2012.
65. Carrington, 2012. Para uma explicação disso, ver Freeland e Gilbert, 2009; "Sea Level", *Guardian*, <www.guardian.co.uk/environment/sea-level>.
66. Viñas, 2012; Rignot *et al.*, 2011.
67. Kinnard *et al.*, 2011; Pilkington, 2008; Schuur e Abbott, 2011.

Conclusão
NO LIMIAR DO SISTEMA

O objeto de indagação neste livro é o limite sistêmico. A principal dinâmica nesse limite é a expulsão dos diversos sistemas em jogo: econômico, social, biosférico. Esse limite é fundamentalmente diferente da fronteira geográfica no sistema interestatal. O foco no limite provém da hipótese central que organiza este livro: que a passagem do keynesianismo à era global, de privatizações, desregulamentação e fronteiras abertas para alguns, implicava uma passagem de uma dinâmica que atraía pessoas para seu interior para outra dinâmica que empurra pessoas para fora. Essa passagem da incorporação à expulsão pode estar começando também na China e na Índia. A China, principalmente, viu uma enorme incorporação de pessoas a economias monetizadas, mas agora também sofre com desigualdades cada vez mais marcantes, novas formas de concentração econômica no topo e bullying corporativo.

Cada um dos principais domínios tem um limite sistêmico próprio que o diferencia: esse limite está constituído de maneiras diferentes para a economia, para a biosfera e para o campo social. Um dos pressupostos que organizam este livro é que o limite do sistema é o lugar em que as condições gerais adotam formas extremas precisamente porque é o lugar de expulsão ou de incorporação. Além disso, o caráter extremo das condições no limite torna visíveis tendências maiores que são menos extremas e por isso mesmo mais difíceis de captar. Imagino essas tendências maiores como conceitualmente subterrâneas porque não temos como torná-las visíveis por meio de nossas categorias de pensamento atuais com facilidade. Daí a importância de posicionar minha indagação no limite sistêmico.

Para ilustrar isso com uma referência a uma era anterior, houve um período em que, olhando de cima, na superfície, a Inglaterra parecia uma economia predominantemente rural. Mas na realidade a lógica dominante da economia política já era o capitalismo industrial. As ovelhas no campo agora alimentavam as máquinas nas fábricas da cidade. Tanto as ovelhas como as máquinas estavam no limite sistêmico: moviam-se em direção a uma nova era industrial urbana, embora a ordem visual maior fosse a de uma economia rural.

Hoje, vejo novas lógicas sistêmicas surgindo da decomposição da economia política do século xx. Essa decomposição começou na década de 1980. Naquela época, os Estados de bem-estar mais fortes e o sindicalismo dos trabalhadores estabelecidos em boa parte do Ocidente, incluídos aí vários países latino-americanos, tinham sido devastados ou se encontravam sob enormes pressões. Até certo ponto, os projetos estatais com políticas de bem-estar orientadas à população tinham sido aspectos fortes em outras partes do mundo, entre as quais estavam, à sua maneira, países comunistas e outros com variações do nacionalismo socialista, como por exemplo as políticas de Estado de bem-estar de Nasser no Egito, os sistemas desenvolvidos depois da independência em vários países africanos e a forma de socialismo estatal adotada na Índia. Também nesses países a decomposição foi iniciada nas décadas de 1980 e 1990.

Falar sobre essa decomposição não significa oferecer uma visão romântica do século xx, época caracterizada por guerras devastadoras, genocídio, fome e ideologias extremas tanto de direita como de esquerda. Mas o mundo que começamos a construir no dia seguinte à devastação, iniciando no Ocidente, em especial após a Segunda Guerra Mundial, era o mundo impulsionado por uma lógica de inclusão, por esforços combinados para trazer os pobres e os marginalizados até a corrente política e econômica dominante. Os pressupostos keynesianos, igualitários e de base nacional, por trás desse projeto de construção de uma sociedade justa começaram a desmoronar no fim do século. Demoramos muito a compreender e a dar nome às forças e às dinâmicas que surgiram do pó.

O que afirmo aqui é que caímos sob a influência de um conceito perigoso e limitado de crescimento econômico. O crescimento, claro, era essencial para o projeto do Estado de bem-estar social. Mas também era um meio de promover o interesse público, de fazer aumentar uma prosperidade que seria compartilhada por muitos, embora muito mais por alguns do que por outros. Em comparação, hoje nossas instituições e nossos pressupostos estão cada vez mais a serviço do crescimento econômico corporativo. Essa é a nova lógica sistêmica. Talvez não todas, mas um número suficiente de empresas procurou se libertar de quaisquer restrições, incluindo as de interesse público local, que interfiram em sua busca de lucro. Qualquer coisa ou qualquer pessoa, seja uma lei ou um esforço cívico, que dificulte a obtenção de lucro corre o risco de ser posta de lado – de ser expulsa. Essa mudança na lógica econômica é uma tendência sistêmica importante que as explicações atuais não captam completamente.

Como vimos, as empresas têm novas ferramentas impressionantes à sua disposição: matemática e comunicações avançadas, máquinas que literalmente podem mover montanhas, liberdade global de movimentos que nos permite ignorar ou intimidar governos nacionais, e cada vez mais instituições internacionais que impõem ao mundo inteiro o cumprimento de suas agendas. Os governos ocidentais, os bancos centrais, o FMI e instituições internacionais afins agora falam sobre a necessidade de reduzir as dívidas governamentais excessivas, os programas de bem-estar social excessivos, a regulamentação excessiva. Essa é a linguagem das principais instituições que põem ordem no Ocidente e, cada vez mais, em todos os lugares. Ela contém a promessa implícita de que, se pudéssemos reduzir esses excessos, voltaríamos à normalidade, aos dias mais fáceis do pós-guerra. Mas essa promessa esconde a medida em que esse mundo não mais existe, e a medida em que, apesar do que possam dizer os governos nacionais, muitos atores econômicos corporativos não o desejam de volta. Eles querem um mundo em que governos gastem muito menos com serviços sociais ou com as necessidades das economias de bairro ou das pequenas empresas, e muito mais com as desregulamentações e infraestruturas que os setores econômicos corporativos almejam.

Isto é, de fato, um projeto de contração do espaço da economia de um país, mas não da rentabilidade econômica do setor corporativo. Em sua simples brutalidade, a transformação da Grécia ilustra bem isso: a expulsão rápida e maciça das classes médias modestas e não tão modestas de empregos, serviços sociais e médicos e, cada vez mais, de suas casas. Essa "limpeza econômica" tem sido tão eficiente que em janeiro de 2013 o Banco Central Europeu pôde anunciar que a economia grega estava em vias de recuperação, e a agência Moody's elevou a classificação de crédito da dívida governamental do país. O que não se disse foi que essa recuperação, se baseava no fato de que cerca de um terço da força de trabalho da Grécia foi expulsa não apenas de seus empregos, mas também dos serviços básicos. Dependia de decisões que causaram um grande aumento da fome, do número de crianças abandonadas em igrejas por pais pobres demais para alimentá-las e das taxas de suicídio. Esse tipo de processo está ocorrendo em muitos países europeus, desde Espanha e Portugal até a Holanda, embora não tão drasticamente nem com um papel de comando tão forte por parte do Banco Central Europeu. Mesmo países onde o emprego cresce, como os Estados Unidos, reduziram de fato o espaço de suas economias, como fica evidente quando incluímos a elevação abrupta dos números de desempregados a longo prazo e dos encarcerados.

Quero enfatizar uma vez mais que essa mudança que nos afasta de uma fase de crescente inclusão social e econômica para o cidadão médio ocorreu também em áreas que hoje vemos como sem qualquer esperança, cujos tempos melhores foram esquecidos por muitos observadores, como se essa falta de esperança fosse uma condição intrínseca. Na África subsaariana, sob as guerras e sociedades desmembradas de hoje, existe um período anterior de indústria forte, crescimento das classes médias, de cidades comerciais e capitais prósperas, de infraestrutura desenvolvida pelo governo e de sistemas de saúde e educação que funcionavam. Antes de quebrar, a Somália era um país bastante próspero, muito bem governado (embora autocrático) e com uma classe média bem-educada. Ou então consideremos a Rússia. Em anos passados, na União Soviética e no Leste Europeu, os regimes comunistas tinham Estados de bem-estar social que cuidavam de seus cidadãos. Mas hoje a enorme quantidade de pessoas desabrigadas, idosos abandonados e de muitos pobres sem acesso a serviços sociais é um desdobramento novo.

Uma das intenções deste livro era tornar visível a travessia para o espaço dos expulsos: captar o lugar ou o momento visível de expulsão, antes que nos esqueçamos dele. Os moradores de aldeias e os pequenos agricultores expulsos de suas terras por causa da introdução de plantações de palmeiras em seguida se materializam como habitantes de favelas em vastas megacidades, completando o apagamento de seu passado como pequenos agricultores. Na Grécia, os empregados do governo que perderam o emprego em nome das demandas da União Europeia para reduzir a dívida logo passaram a fazer parte da massa dos desempregados e deixaram de ser reconhecidos como antigos funcionários do governo. Extensões de terra morta, envenenada por emissões tóxicas de fábricas ou minas, são expulsas da terra arável e esquecidas.

A hipótese organizadora é que, sob as especificidades de cada um dos grandes campos examinados neste livro, existam tendências sistêmicas que estão surgindo. Apesar das ordens visuais e sociais muito diferentes, desde o fortalecimento da corporação global até o enfraquecimento da democracia local, estas são formadas por algumas poucas dinâmicas básicas de livre busca de lucro e de indiferença para com o meio ambiente.

Isso significa também que a pesquisa empírica e a recodificação conceitual devem avançar juntas: necessitam uma da outra.

Visualmente, algo pode parecer "russo" ou "americano", mas esses marcadores geográficos de uma era anterior ainda serão úteis para entendermos o caráter de nossa época? Meu argumento não é que as forças destrutivas que discuto estejam todas interconectadas. Essas forças destrutivas atravessam nossas fronteiras conceituais – os termos e as categorias que utilizamos para pensar a economia, a política, a diversidade de Estados nacionais e de ideologias, do comunismo ao capitalismo. Mas elas o fazem de maneiras invisíveis a nosso olho conceitual. É nesse sentido, portanto, que as descrevo como conceitualmente subterrâneas. Aqui, a complexidade é parte da condição. Quanto mais complexo um sistema é, mais difícil é de entender, mais difícil é de assinalar com precisão as responsabilidades, e mais difícil é que qualquer pessoa dentro dele se sinta responsável. Quando as forças destrutivas irrompem e se tornam visíveis, o problema é de interpretação. As ferramentas que temos para interpretá-las são antiquadas, e daí caímos naquelas nossas categorias familiares: falamos de governos que não têm responsabilidade fiscal, de famílias que contraem mais dívida do que podem pagar, de alocações de capital que são ineficientes porque há regulamentação demais, e por aí vai. Não nego que esses problemas possam ser reais: há excelentes estudos empíricos que documentam isso, e eu os utilizo e dependo deles, em parte. Mas meu esforço neste livro foi o de averiguar se não existirão outras dinâmicas ativas além delas, dinâmicas que atravessam essas fronteiras conceituais/históricas familiares e bem estabelecidas. De certo modo, os açambarcamentos de terra discutidos no Capítulo 2 são um caso concreto de outro tipo de açambarcamento muito maior e mais difícil de captar. Nesse sentido, esse capítulo nos dá acesso a uma história maior que nem sempre assume uma forma tão literal como a de nosso próprio pedaço de terra, nossa forma de sustento, nossa história e nosso ser social.

Poderíamos caracterizar as formas emergentes do capitalismo – em relação aos capitalismos mais tradicionais – como marcadas pelas expulsões, mas também pelos apagamentos por meio das incorporações. Afirmar que nossa época atual é caracterizada pela expansão das economias de mercado é uma descrição muito vaga e parcial, já que a maioria dos mercados é controlada por grandes empresas corporativas. As empresas de manufatura, as grandes plantações e as minas de propriedade de capitalistas tradicionais com raízes em um só país são cada vez mais destruídas ou adquiridas pelas empresas globais mais poderosas. Mesmo setores em que os lucros por unidade são mínimos hoje podem se tornar corporativos, porque a escala – o enorme número de unidades envolvidas – compensa o baixo lucro por unidade. Levando isso ao extremo, poderíamos dizer que a relação entre o capitalismo avançado de hoje e as formas mais tradicionais de capitalismo de mercado se caracteriza por uma acumulação cada vez mais primitiva: complexidade e progresso técnico servem a causas de simplicidade brutal.

Cada um dos capítulos cobriu um conjunto particular de expulsões no limite sistêmico. Concebo essas expulsões como o momento material de uma dinâmica mais esquiva e complexa: as tendências subterrâneas conceitualmente invisíveis que atravessam os significados e conceitos familiares com os quais explicamos nossas economias e sociedades. Esses resultados materiais são determinados em parte por instrumentos específicos muitas vezes complexos, mesmo no caso de expulsões elementares. Por fim, as expulsões e os instrumentos que as possibilitam passam a ser parte de uma trajetória interconectada, e não raro se reforçam mutuamente, afastando-nos cada vez mais de nossa etapa anterior de incorporação e crescimento da classe média. Poderíamos dizer que cada capítulo captou uma dessas trajetórias.

O Capítulo 1 examinou e contextualizou a reconstituição da "economia" em países bem estabelecidos e altamente desenvolvidos como um espaço contraído com relativamente menos empresas, menos trabalhadores e menos lares consumidores, todos indicadores de um sistema orientado à expulsão de tudo o que não se encaixa em sua lógica em evolução. Os déficits governamentais no mundo desenvolvido se elevaram bruscamente, em parte por causa da evasão de impostos das grandes empresas e excessivas apropriações para projetos duvidosos que vão desde guerras e resgate de bancos até os açambarcamentos por elites predatórias. A maioria dos governos das Américas e da Europa, e no período imediato pós-colonial da década de 1960 em boa parte da África, não poderia fazer hoje o que fez durante a reconstrução e projetos de infraestrutura maciços dos anos 1950 e 1960, pois agora está muito endividada. As exceções são vários países asiáticos, o Brasil, e alguns poucos mais em que a capacidade governamental de incentivar e realizar diretamente o desenvolvimento continua forte. Se eles evitarão a deriva em direção ao modo de expulsão que enfrentamos no Ocidente é uma questão importante. Tudo parece indicar que não. No extremo oposto do espectro dos governos recentemente endividados está a enorme expansão da riqueza e dos lucros das grandes corporações, um terceiro elemento dessa lógica em evolução.

A lógica em evolução no Norte global tem um paralelo no Sul global com os programas de reestruturação do FMI e do Banco Mundial aplicados em inúmeros países durante as décadas de 1980 e 1990, examinados brevemente no Capítulo 2. Em ambos os casos o resultado é um estreitamento do significado de "economia" e a expulsão do que não se encaixa. Grécia, Espanha, Portugal, Estados Unidos e alguns poucos países desenvolvidos do Ocidente são apenas os casos mais extremos no Norte global. Eles tornam visível o que provavelmente é mais intermediado no Reino Unido, na Holanda e em outros países ricos desenvolvidos. Mas a dinâmica geral tende a encolher o espaço da economia, sem importar as dificuldades. O objetivo é sempre alcançar uma economia que funcione perfeitamente. Mais uma vez, o Banco Central Europeu agora vê a Grécia como em vias de recuperação, depois de ter expulsado até 30% do que formava boa parte de sua economia. Afirmações parecidas foram feitas em relação a diversos países africanos depois que estes cortaram seus "custos" de saúde, sociais e de infraestrutura, e dedicaram uma parte significativa, muitas vezes maior, da renda do Estado ao pagamento de juros sobre a dívida.

Podemos entender essa contração como um enfraquecimento e uma degradação do projeto de Estado de bem-estar liberal, entendido no sentido amplo. Com todas as deficiências e a força estrutural desigual de seus diversos ramos e organismos, um Estado liberal que funcione pode garantir certo grau de redistribuição socioeconômica. É capaz de fazê-lo, em parte, permitindo que os desfavorecidos lutem por seus direitos e por justiça social. Isso funcionou quando setores poderosos necessitavam de mais trabalhadores e não podiam simplesmente importar mão de obra barata ou levar a produção até o outro lado do oceano. Mas quando os mecanismos para a acumulação de lucros deixam de ser a expansão da produção em massa e o desenvolvimento da infraestrutura pública e passam a ser as inovações financeiras e o formato corporativo pós-1980, a base para fazer reivindicações de justiça desmorona e se converte num limite sistêmico. É isso o que ocorre hoje em partes cada vez maiores do mundo. Os que reivindicam estão no limite sistêmico, e facilmente podem acabar do outro lado, expulsos. Já vimos uma quantidade crescente de pequenos negócios e lares urbanos indo parar no limite sistêmico no Sul global, principalmente por meio dos programas de reestruturação lançados pelo FMI e pelo Banco Mundial na década de 1980, e vemos o mesmo processo começar na década de 2000 em áreas rurais, com o grande aumento das aquisições de terras por governos e empresas estrangeiros. Vemos isso no Norte global, e a Grécia é apenas um caso simples e acelerado dessa reestruturação – que em outros países apenas está mais intermediada, e por isso mesmo é mais lenta.

A geografia global da extração que por muito tempo fez parte do desenvolvimento econômico acabou chegando muito além de sua tradicional associação a grandes plantações e minas, embora estas também estejam se expandindo. Amplia-se à extração das conquistas pelas quais os trabalhadores lutaram durante a maior parte do século XX, da terra de pequenos produtores rurais e das casas modestas de muitas pessoas que confiaram e entregaram suas poupanças. Não raro, os mecanismos dessas extrações são muito mais complexos que os resultados, os quais costumam ser bastante elementares.

Os Capítulos 1, 2 e 3 trazem ao primeiro plano essa tensão entre instrumentos complexos e resultados brutalmente elementares. Essa tensão nunca foi mais evidente nem mais poderosa do que nas finanças, com o caso das hipotecas *subprime* analisado no Capítulo 3 como exemplo principal. Eram necessários até 15 passos complexos para transformar essas hipotecas em um projeto financeiro orientado a satisfazer as necessidades do mundo das altas finanças. O que em suas origens era um projeto estatal para permitir que famílias e pessoas com rendimentos modestos tivessem sua casa própria foi transformado em um projeto financeiro desenvolvido para permitir a obtenção de maiores lucros. Essa transformação de projeto estatal em privado não foi uma tarefa simples. Foi necessário juntar matemáticos avançados, advogados e contadores brilhantes, e instrumentos financeiros impenetráveis até para muitas pessoas do ramo (que apenas utilizavam o software). Esses instrumentos são capazes de circular muito além dos Estados Unidos (o vale do Silício das inovações financeiras), onde foram inventados e onde levaram à execução das hipotecas de mais de 13 milhões de lares. Começamos a ver números extraordinariamente grandes de execuções hipotecárias em outros países, em especial na Hungria e na Espanha, que discutimos no Capítulo 1. O potencial global de criar devastação desses instrumentos é enorme. Além das finanças, essa tensão entre instrumentos complexos e resultados elementares e brutais está presente também em outros setores econômicos. Exemplos disso são as novas modalidades de mineração, como o fraturamento hidráulico (discutido no Capítulo 4), e as longas cadeias de passos para a compra de terra em um país estrangeiro soberano (discutidas no Capítulo 2).

O que tentei extrair de todos esses casos é o que vejo como uma justaposição fundamental em nossas formas atuais de constituir um espaço econômico: a utilização de formas complexas de conhecimento e de criatividade que muitas vezes trazem consigo, além de fortes lucros, brutalidades assombrosamente elementares. Uma pergunta que isso suscita é se o que ainda entendemos como setores econômicos diferentes e separados não serão, na realidade, simplesmente as manifestações na superfície de algumas grandes capacidades técnicas e organizacionais transformativas que estão sob todas essas diferenciações superficiais. Existirão algumas poucas lógicas que impulsionam o que se mostra na superfície como mundos muito diferentes – o mundo do fraturamento hidráulico, o mundo das finanças, o mundo da logística da terceirização? Toda essa variabilidade especializada visível se resumirá a algumas poucas lógicas menos visíveis, capazes de engolir e reposicionar diversos tipos de conhecimentos especializados em algumas lógicas organizadoras? Sim – vejo isso na economia e na forma como alguns de seus atores mais poderosos usam pessoas, governos e os recursos do mundo para garantir o crescimento econômico de corporações com o mínimo de restrições globais e com as mínimas responsabilidades locais possíveis. Digo isso sobre o espaço da economia corporativa, não sobre espaços como as universidades, onde a diferenciação é parte das tradições de ensino e aprendizagem que podem (ainda) coexistir com a reformulação do espaço econômico que examinei neste livro. Ainda assim, pequenas porções de conhecimento técnico, de engenharia, biologia, economia e outras formas de conhecimento acadêmico são cada vez mais reposicionadas para servir à lógica dominante e dominadora que organiza o espaço econômico.

Esta é, claramente, uma formulação extrema, mas é assim que as coisas parecem no limite sistêmico. A forma mais poderosa dessa lógica organizadora é captada de forma analítica no conceito de formação predatória que apresentei no Capítulo 1, o qual inclui vários dos principais casos examinados nos quatro capítulos empíricos centrais deste livro. Essas formações são agrupamentos de atores poderosos, mercados, tecnologias e governos. São muito mais do que os indivíduos mais ricos, as empresas mais ricas ou os governos mais poderosos. Essas formações incorporam apenas elementos de qualquer um desses mundos. A lógica que os move não se submete facilmente a mecanismos de governança existentes. Em muitos aspectos, nem mesmo os indivíduos ou as empresas mais poderosos podem controlar ou dirigir esses agrupamentos: são inúmeros os pedaços que se partem desses diferentes mundos institucionais e que se reagrupam para formar novas dinâmicas poderosas, as quais não podem ser reduzidas a nenhuma das instituições fundamentais: nem à economia, nem à lei, nem ao capital. Os registros históricos nos fazem pensar que essas formações não são novas. Mas o que pode ser diferente hoje é a complexidade de alguns componentes cruciais. Um exemplo importante seriam as inovações financeiras avançadas, que conseguem atravessar uma diversidade de setores econômicos e submetê-los a sua própria lógica, sem importar seu conteúdo: de dívidas intangíveis até enormes edifícios. Um segundo exemplo importante é o aumento da escala global de nossa destruição ambiental, que volta como um bumerangue pelo mundo e afeta lugares e fluxos que não contribuíram para essa destruição – talvez o caso mais extremo seja o derretimento da camada de gelo permanente do Ártico, hoje ameaçada pela mudança climática.

Essa possibilidade ajuda a explicar o que é central neste livro: existem dinâmicas maiores que atravessam formas mais antigas de diferenciação, e por isso são capazes de gerar expulsões em diferentes mundos. Exponho isso cruamente por uma questão de clareza, e não pretendo negar que fizemos progressos em algumas áreas, como na ampliação dos direitos das minorias. Mas acredito que essa é a direção em que estamos indo em lugares demais, tanto nos Estados Unidos quanto na África do Sul, na Rússia, na China e em outros países.

O limite sistêmico hoje é um espaço de expulsões, em comparação com a época keynesiana, em que o limite do sistema era um espaço de incorporação, não porque fosse um período ideal, mas porque as sistematicidades constitutivas incluíam a produção e o consumo em massa. Hoje não é mais assim.

O que está em jogo em todos esses processos é a questão do pertencimento e da participação constitutiva. Examinei diferentes modos e domínios com o objetivo de recordarmos um espaço vital maior que está ameaçado. Para fazê-lo, concentrei-me em uma série de densos microespaços. Cada um está em uma condição extrema, tanto que nos permite ver uma capacidade de destruição que a maioria de nós ainda não necessariamente apreende ou experimenta em nossa vida cotidiana. Quis captar conceitualmente a existência de grandes tendências transversais que apontam para condições planetárias: expulsões de pessoas, economias, espaços vitais. Nossas divisões de países e setores ainda são úteis para explicar muito do que acontece, mas não nos ajudam a enfrentar as condições planetárias maiores que estão surgindo.

Quero terminar com uma pergunta: quais são os espaços dos expulsos? Eles são invisíveis às medições comuns de nossas economias e nossos estados modernos. Porém, deveriam ser tornados conceitualmente visíveis. Quando proliferam as dinâmicas de expulsão, seja na forma da economia contraída da Grécia, das elites predatórias em Angola, do crescimento do número de desempregados a longo prazo ou de encarcerados em prisões com fins lucrativos nos Estados Unidos, o espaço dos expulsos se expande e se torna cada vez mais diferenciado. Não é simplesmente um buraco escuro. Está presente. Os espaços dos expulsos também necessitam ser conceitualizados. Elaborei um raciocínio semelhante sobre a proliferação de extensões de terra e água mortas em decorrência de nossos modos tóxicos de desenvolvimento. Estas também estão presentes. Assim, em uma jogada conceitual para tornar presente a terra morta, defendi que isso deveria ser concebido como uma jurisdição informal. De modo geral, os espaços dos expulsos clamam por reconhecimento conceitual. São muitos, crescem e se diversificam. São condições conceitualmente subterrâneas que precisamos trazer para a superfície. São, em potencial, os novos espaços para a criação: de economias locais, de novas histórias e de novas formas de pertencimento.

Referências bibliográficas

AABO, Ellen; KRING, Thomas. "The Political Economy of Large-Scale Agricultural Land Acquisitions: Implications for Food Security and Livelihoods/Employment Creation in Rural Mozambique". United Nations Development Program, Nova York, Artigo n° 2012-004, 2012.

AALBERS, Manuel B. *Subprime Cities: The Political Economy of Mortgage Markets*. Chichester, West Sussex: Wiley-Blackwell, 2012.

ABEL, Heather. "The Rise and Fall of a Gold Mining Company". *High Country News*, 1997.

ALDERMAN, Liz. "Greece Shuts Broadcaster in Bid to Show Resolve". *New York Times*, 12 de junho 2013.

ALEXANDER, Michelle. *The New Jim Crow: Mass Incarceration in the Age of Colorblindness*. Nova York: The New Press, 2010.

ALLEGRETTO, Sylvia. 2011. "The State of Working America's Wealth, 2011: Through Volatility and Turmoil, the Gap Widens". Economic Policy Institute, Washington, D.C., Boletim Informativo n° 292.

ALVARENGA, Carlos. "HFT Update: The Rise of the 'Dark Pool." *Reconomics* [blog], 2013.

American Civil Liberties Union. "Combating Mass Incarceration – The Facts" [infográfico]. Disponível em: <www.aclu.org/combating-mass--incarceration-facts-0>. Acesso em: 17 de junho de 2011.

AMIN, Ash. *Land of Strangers*. Cambridge, Reino Unido: Polity, 2012.

AMIN, Ash; THRIFT, Nigel. *Arts of the Political: New Openings for the Left*. Durham, NC: Duke University Press, 2013.

AMIN, Sarnir. "Exiting the Crisis of Capitalism or Capitalism in Crisis?". *Globalizations* 7, n° 1, pp. 261–273, abril de 2010.

ANSEEUW, Ward; BOCHE, Mathieu; BREU, Thomas; GIGER, Markus; Lay, Jann; MESSERLI, Peter; NOITE, Kerstin. *Transnational Land Deals for Agriculture in the Global South*. Roma: International Land Coalition, 2012.

ANSEEUW, Ward; WILY, Lily A.; COTULA, Lorenzo; TAYLOR, Michael. *Land Rights and the Rush for Land: Findings of the Global Commercial Pressures on Land Research Project*. Roma: International Land Coalition, 2012.

ARESTIS, Philip; SOBREIRA, Rogério; OREIRO, José Luís. *The Financial Crisis: Origins and Implications*. Houndmills, Basingstoke: Palgrave Macmillan, 2011.

Armz Uranium Holding Co. "Priargunsky Industrial Mining and Chemical Union", 2012. Disponível em: <www.armz.ru/eng/companies/subsidiaries/ppgho>.

ARRIGHI, Giovanni. "The Three Hegemonies of Historical Capitalism". In: GIOVANNI ARRIGHI. *The Long Twentieth Century: Money, Power, and the Origins of Our Times*. Londres: Verso, pp. 27–84.

Asian Human Rights Commission. "Indonesia: Police Shoot and Injure Five Farmers in Riau during Land Rights Protests." Disponível em: <www.humanrights.asia/news/urgent-appeals/AHRC-UAC-051-2012>. Acesso em: 30 de junho de 2013.

Associated Press. Bunker Hill Mining Files for Bankruptcy Protection. Moscow-Pullman Daily News, 18 de janeiro de 1991.

_____. "'Most Polluted' Town Sees a Ray of Hope". NBCNews.com, 20 de junho de 2007.

_____. "Peru to Seek Bids for First Private Prison". Associated Press, 1º de abril de 2010.

ATINC, Tamar M.; BANERJEE, Abhijt; FERREIRA, Francisco H. G.; LANJOUW, Peter; MENENDEZ, Marta; OZLER, Berk; PRENNUSHI, Giovanna; RAO, Vijayendra; ROBINSON, James; WALTON, Michael; WOOLCOCK, Michael. *World Development Report 2006: Equity and Development*. Washington, D.C.: Banco Mundial, 2006.

ATKINSON, Anthony B.; PIKETTY, Thomas; SAEZ, Emmanuel. "Top Incomes in the Long Run of History". *Journal of Economic Literature* 49, nº 1, pp. 3–71, março de 2011.

Aurora Lights. "What Is Mountaintop Removal?". Disponível em: <http://auroralights.org/map_project/theme.php?theme=mtr&article=primary>. Acesso em: 2 de janeiro de 2013.

AUSTIN, James; COVENTRY, Carry. *Emerging Issues on Privatized Prisons*. Washington, D.C.: U.S. Department of Justice, Office of Justice Programs, 2001.

BADKAR, Mamta. "Here Comes the 2012 Tidal Wave of Foreclosures". *Business Insider*, 15 de março de 2012.

BAI, Z. G.; DENT, D. L.; OLSSON, L.; SCHAEPMAN, M. E. "Proxy Global Assessment of Land Degradation". *Soil Use and Management* 24, n° 3, pp. 223-234, 24 de julho de 2008.

BAKALIDOU, Sophia. "Press Release: Index Of Wages Of The Whole Economy". *Hellenic Statistical Authority*. Disponível em: <http://www.statistics.gr/portal/page/portal/ESYE/BUCKET/A0199/PressReleases/A0199_DKT08_DT_QQ_03_2013_01_F_EN.pdf>. Acesso em: 1° de janeiro de 2014.

BALLANTYNE, A. P.; ALDEN, C. B.; MILLER, J. B.; TANS, P. P.; WHITE, J. W. C. "Increase in Observed Net Carbon Dioxide Uptake by Land and Oceans during the Past 50 Years". *Nature*, 488, n° 7.409, pp. 70-72, 2012.

BANAI, Adam; KIRALY, Julia; NAGY, Marton. "Home High Above and Home Deep Down: Lending in Hungary". Artigo de pesquisa 5836, 2011, Banco Mundial.

Bank for International Settlements. "Semiannual OTC Derivatives Statistics at End-June 2012". Disponível em: <www.bis.org/statistics/otcder/dt1920a.pdf>. Acesso em: 17 de julho de 2013.

Banco Mundial. "Increasing Aid and Its Effectiveness". In: *Global Monitoring Report: Millennium Development Goals: From Consensus to Momentum*, pp. 151-188. Washington, D.C.: Banco Mundial, 2005.

_____. *Global Economic Prospects 2006: Economic Implications of Remittances and Migration*. Washington, D.C.: Banco Mundial, 2006.

_____. *Global Monitoring Report 2008*. Washington, D.C.: Banco Mundial, 2008.

_____. *Turn Down the Heat: Why a 4° Warmer World Must Be Avoided*. Washington, D.C.: Banco Mundial, 2012.

_____. "Europe and Central Asia Housing Finance Crisis Prevention and Resolution: A Review of Policy Options". Working paper n° 78346, Washington, Banco Mundial, D.C., 2013.

_____. *Turn Down the Heat: Climate Extremes, Regional Impacts, and the Case for Resilience*. Washington, D.C.: Banco Mundial, 2013.

_____. "GDP *Per Capita* (Current US$). Disponível em: <http://data.worldbank.org/indicator/NY.GDP.PCAP.CD?page=1>. Acesso em: 1º de janeiro de 2014.

BARRIOPEDRO, David; FISCHER, Eric M.; LUTERBACHER, Jürg; TRIGO, Ricardo M.; GARCIA-HERRERA, Ricardo. "The Hot Summer of 2010: Redrawing the Temperature Record Map of Europe". *Science*, 332, nº 6.026: pp. 220–224, 2011.

BBC News. "Toxic Truth of Secretive Siberian City". BBC News, 5 de abril de 2007.

_____. "How Does Fukushima Differ from Chernobyl?" BBC News Asia-Pacific. Disponível em: <www.bbc.co.uk/news/world-asia-pacific-13050228>. Acesso em: 3 de janeiro de 2013.

_____. "Greece's Economy Shrinks Further". BBC Business News, 14 de novembro de 2012.

BEHRMAN, Julia; MEINZEN-DICK, Ruth; QUISUMBING, Agnes. "The Gender Implications of Large-Scale Land Deals". Relatório de políticas do IFPRI. Disponível em: <http://www.ifpri.org/sites/default/files/publications/bp017.pdf>. Acesso em: 17 de abril de 2011.

BELCHER, Melissa; RENIKOFF, Marvin. "Hydraulic Fracturing: Radiological Concerns for Ohio". Fresh Water Accountability Project Ohio. Disponível em: <http//catskillcitizens.org/learnmore/OHIO_FACT_SHEET_6–10-13.pdf>. Acesso em: 26 de junho de 2013.

BELTON, Catherine. "For Russia, Dependence on 'a Man-Made Disaster'". *New York Times*, 12 de janeiro de 2006.

BENSASSON, Marcus. "Greek Economy Shrank in First Quarter as Investment Fell". Bloomberg.com, 7 de junho de 2013.

BERGMANN, Karyn S. "Bankruptcy, Limited Liability and CERCLA: Closing the Loophole and Parting the Veil". Center for Health and Homeland Security, University of Maryland School of Law, 2004.

BERTOLA, Luis; Ocampo, Jose Antonio. *The Economic Development of Latin America since Independence*. Oxford: Oxford University Press, 2013.

"Bhopal Census 2011 Highlights". Census 2011: Population Census India. Disponível em: <www.census2011.co.in/news/747-bhopal-census-2011-highlights.html>.

BHUIYAN, M. A.; SURUVI, N. I.; DAMPARE, S. B.; ISLAM, M. A.; QURAISHI, S. B.; GANYAGLO, S.; SUZUKI, S. "Investigation of the Possible Sources of Heavy Metal Contamination in Lagoon and Canal Water in the Tannery Industrial Area in Dhaka, Bangladesh". *Environmental Monitoring and Assessment* 175, n° 1-4, pp. 633–649, Abril de 2011.

BICE, Sara. "Ok Tedi Immunity Gone, with Implications beyond BHP". *The Conversation*. Disponível em: <http://theconversation.com/ok-tedi-immunity-gone-with-implications-beyond-bhp-19188>. Acesso em: 4 de janeiro de 2014.

BIELLO, David. "400 PPM: Carbon Dioxide in the Atmosphere Reaches Prehistoric Levels". Blog "Observations". *Scientific American*, 2013.

BIVENS, Josh. *Failure by Design: The Story behind America's Broke: Economy*. Washington, D.C.: Economic Policy Institute, 2011.

———. "Using Standard Models to Benchmark the Costs of Globalization for American Workers without a College Degree". Boletim Informativo n° 354. Washington, D.C.: Economic Policy Institute, 2013.

BLACKMAN, Allen; KILDEGAARD, Arne. "Clean Technological Change in Developing-Country Industrial Clusters: Mexican Leather Tanning". Artigo de discussão 03-12. Resources for the Future, Washington, D.C., 2003.

Blacksmith Institute. "The World's Worst Polluted Places: The Top Ten of the Dirty Thirty". Disponível em: <www.blacksmithinstitute.org>. Acesso em: 3 de janeiro de 2013.

———. "Artisanal Gold Mining". Disponível em: <www.worstpolluted.org/projects_reports/display/>. Acesso em: 23 de novembro de 2013.

———. "Chromium". Disponível em: <www.worstpolluted.org/projects_reports/display/80>. Acesso em: 23 de novembro de 2013.

———. "Lead-Acid Battery Recycling". Disponível em: <www.worstpolluted.org/projects_reports/display/90>. Acesso em: 23 de novembro de 2013.

———. "Lead Smelting". Disponível em: <www.worstpolluted.org/projects_reports/display/86>. Acesso em: 23 de novembro de 2013.

———. "Mining and Ore Processing". Disponível em: <www.worstpolluted.org/projects_reports/display/84>. Acesso em: 23 de novembro de 2013.

_____. "Tannery Operations". Disponível em: <www.worstpolluted.org/projects_reports/display/88>. Acesso em: 23 de novembro de 2013.

_____. "The World's Top Ten Pollution Problems 2011". Disponível em: <www.worstpolluted.org/2011-report.html>. Acesso em: 23 de novembro de 2013.

_____. "Norilsk, Russia". Disponível em: <www.worstpolluted.org/projects_reports/display/43>. Acesso em: 3 de janeiro de 2013.

_____. "Top Ten Most Polluted Places 2007: Sumgayit, Azerbaijan". Disponível em: <www.worstpolluted.org/projects_reports/display/27>. Acesso em: 3 de janeiro de 2013.

_____. "World Bank and Blacksmith Institute Partner to Take Care of 'Orphaned' Toxic Polluted Sites". Disponível em: <www.blacksmithinstitute.org/legacy-pollution-sites.html>. Acesso em: 3 de janeiro de 2013.

_____. "Dzerzinsk, Russia". Disponível em: <www.worstpolluted.org/projects_reports/display/42>. Acesso em: 3 de janeiro de 2013.

_____. "Sukinda, India". Disponível em: <www.worstpolluted.org/projects_reports/display/36>. Acesso em: 3 de janeiro de 2013.

_____. "Blacksmith's Work in Haina". Disponível em: <www.blacksmithinstitute.org/haina.html>. Acesso em: 3 de janeiro de 2013.

BLACKSTONE, Brian; BOURAS, Stelios; BRYAN-LOW, Cassell. "Europe's Growth Woes Worsen". *Wall Street Journal*. 15 de fevereiro de 2012.

BLAIR, David. "Greece Sinks to Its Knees". *Telegraph*. 26 de fevereiro de 2012.

BLOMFIELD, Adrian. "Doom and Gloom in Dzerzhinsk". *Telegraph*. 5 de novembro de 2007.

BOLAÑOS, Alejandro. "Las Rentas Empresariales Superan Por Primera Vez a Las Salariales en España". *El País*. Disponível em: <http://economia.elpais.com/economia/2012/02/16/actualidad/1329424061_546148.html>. Acesso em: 1º de janeiro de 2014.

BOLTON, Patrick; SAMAMA, Frederic; STIGLITZ, Joseph E. *Sovereign Wealth Funds and Long-Term Investing*. Nova York: Columbia University Press, 2011.

BORODKIN, Leonid; ERTZ, Simon. "Coercion versus Motivation: Forced Labor in Norilsk. In: PAUL R. GREGORY e VALERY LAZAREV (org.).

The Economics of Forced Labor: The Soviet Gulag. Stanford, CA: Hoover Institution Press, 2004.

BORRAS, Saturnino M. Jr.; FRANCO, Jennifer C. "Global Land Grabbing and Trajectories of Agrarian Change: A Preliminary Analysis". *Journal of Agrarian Change* 12, n° 1, pp. 34–59, 2012.

BORRAS, Saturnino M. Jr.; FRANCO, Jennifer C.; KAY, Cristobal; SPOOR, Max. *Land Grabbing in Latin America and the Caribbean Viewed from Broader International Perspectives.* Nova York: Nações Unidas, 2011. Disponível em: <http://www.tni.org/sites/www.tni.org/files/download/borras_franco_kay__ spoor_land_grabs_in_latam__caribbean_nov_2011.pdf>.

Boston Common Asset Management. "Boston Common Asks Newmont Mining to Disclose Risks of Its Environmental and Social Liabilities". Comunicado de imprensa, 11 de dezembro de 2003. Disponível em: <www.bostoncommonasset.com/news/newmont-disclosure.html>.

BOURGUIGNON, François; MORRISSON, Christian. "Inequality among World Citizens: 1820–1992". *American Economic Review* 92, n° 4, pp. 727–744, 2002.

BRABECK-LETMATHE, Peter. "Water Can't Be Free". *Big Think.* Disponível em: <www.youtube.com/watch?v=rzaV8tg6hno>. Acesso em: 18 de junho de 2013.

BRADSHER, Keith; POLLACK, Andrew. "Nuclear Company to Compensate Evacuees in Japan". *New York Times*, 15 de abril 2011.

BRÄUTIGAM, Deborah; XIAOYANG, Tang. "African Shenzhen: China's Special Economic Zones in Africa". *Journal of Modern African Studies* 49, n° 1, pp. 27–54, 2011.

BRONDER, Larisa; KUDRIK, Igor; NIKITIN, Alexander; JORGENSEN, Kristin V.; NIKIFOROV, Vladislav. "Norilsk Nickel: The Soviet Legacy of Industrial Pollution". Bellona Foundation, São Petersburgo, 2010.

BROTHERS, Caroline. "U.N. Reports Steady Rise of Refugees". *New York Times.* 19 de junho de 2011.

BROWN, Desair. "Expert Answers Your Questions on Fracking". *USA Today.* 24 de abril 2012.

BRUNORI, Margherita. "Indonesian Court Gives Land Rights Back to Millions of Indigenous". LandPortal.info, 21 de junho de 2013. Acesso em: 30 de junho de 2013.

BRYSON, John R.; DANIELS, Peter W. (orgs.). *The Handbook of Service Industries*. Cheltenham: Edward Elgar Publishing, 2007.

Budapest Business Journal. "Gov't to Extend Eviction Moratorium, Banks Opposed". *Budapest Business Journal*. 20 de fevereiro de 2013.

"Bunker Hill Reports Profitable Quarter". *Spokane Chronicle*. 2 de maio de 1990.

Bureau of Labor Statistics. "Employment, Hours, and Earnings from the Current Employment Statistics Survey (National)". *United States Department of Labor*. Disponível em: <www.bls.gov/data/#employment>. Acesso em: 5 de janeiro de 2013.

_____. 2013. "Labor Force Statistics from the Current Population Survey". *United States Department of Labor*. Disponível em: <http://data.bls.gov/pdq/SurveyOutputServlet>. Acesso em: 10 de janeiro de 2014.

Bureau of Land Management. "Notice of Intent to Prepare an Environmental Impact Statement (EIS) for the Midnite Uranium Mine (MUM) Reclamation". *Federal Register* 61, 1996, n° 18, p. 2528.

BURGEN, Stephen. 2013. "Spain Youth Unemployment Reaches Record 56.1%". *The Guardian*. Disponível em: <http://www.theguardian.com/business/2013/aug/30/spain-youth-unemployment-record-high>. Acesso em: 10 de janeiro de 2014.

BURGERS, Paul; SUSTANI, Ari. "Oil Palm Expansion in Riau Province, Indonesia: Serving People, Planet, Profit?" Artigo para o European Report on Development. Disponível em: <http://erd-report.com/erd/report_2011/documents/researchpapers_sustani-burgers.pdf>.

CALHOUN, C. "A World of Emergencies: Fear, Intervention, and the Limits of Cosmopolitan Order". *Canadian Review of Sociology and Anthropology* 41, 2004, n° 4, pp. 373-395.

CARRINGTON, Damian. "The Himalayas and Nearby Peaks Have Lost No Ice in Past 10 Years, Study Shows". *Guardian*, 2 de agosto de 2012.

CARTER, Jimmy. "Call Off the Global Drug War". *New York Times*, 17 de junho de 2011.

CASTLE, Stephen. "Irish Legacy of Leniency on Mortgages Nears an End". *New York Times*, 30 de março de 2013.

CBC. "Bottled Water: Quenching a Planet's Thirst". Disponível em: <www.cbc.ca/news/background/consumers/bottled-water.html>. Acesso em: 22 de janeiro de 2013.

_____. "Mayor Rob Ford Wants to Banish Gun Convicts from Toronto". *Huffington Post*, 20 de julho de 2012.

_____. "Rob Ford's Ex-con Banishment Plan Won't Fly, Says Minister". CBC/Radio Canada, 20 de julho de 2012.

Center for Housing Policy. "High-Cost Purchase Loans and Census Tract Level Foreclosure Data". Disponível em: <www.foreclosure-response.org/maps_and_data/high_cost_maps.html>. Acesso em: 28 de julho de 2012.

CHANG, Cindy. "In World of Prisons, Some Rural Parishes' Economies Hinge on Keeping Their Jails Full". *Times-Picayune*, 13 de maio de 2012. Disponível em: <http://www.nola.com/crime/index.ssf/2012/05/in_world_of_prisons_some_rural.html>.

CHATTERJEE, Partha. *Lineages of Political Society: Studies in Postcolonial Democracy*. Nova York: Columbia University Press, 2011.

CHENG, Derek. "New Private Prison at Win Given Green Light". *New Zealand Herald*, 8 de março de 2012.

Chesapeake Energy. "Hydraulic Fracturing Facts". Disponível em: <www.hydraulicfracturing.com/Pages/information.aspx>. Acesso em: 30 de julho de 2012.

CHESTNEY, Nina. "Club of Rome Sees 2 Degree Celsius Rise in 40 Years". Reuters, 8 de maio de 2012.

CIA. "Country Comparison: Distribution of Family Income – GINI Index". *cia World Factbook*, 2012.

CLARK, Colin. "Improving Speed and Transparency of Market Data". *NYSE EURONEXT* [blog]. Disponível em: <http://exchanges.nyx.com/cclark/improving-speed-and-transparency-market-data>.

CLARKE, Tony. "Nestlé's Water Wars: The Experience in North America". Polaris Institute, Ottawa, 2007.

CLINTON, Bill. "NAFTA Will Create 200,000 American Jobs in Two Years". *Philadelphia Inquirer*, 19 de setembro de 1993.

CNNMONEY, Staff. "S&P 500 Above 1,800. Dow Hits Record Again". *CNNMoney*. Disponível em: <http://money.cnn.com/2013/11/22/investing/stocks-markets/>. Acesso em: 1º de janeiro de 2014.

COLCHESTER, Marcus. *Palm Oil and Indigenous Peoples in South East Asia*. Roma: International Land Coalition, 2011.

COLE, Juan. "Asia Will Drown, Africa Will Starve in 30 Years: World Bank Report on Global Warming." *Informed Comment* [blog]. Disponível em: <www.juancole.com/2013/06/starve-report-warming.html>. Acesso em: 22 de novembro de 2013.

CoreLogic. "National Foreclosure Report". Disponível em: <www.corelogic.com/research/foreclosure-report/national-foreclosure-report-april-2013.pdf>. Acesso em: 3 de agosto de 2013.

_____. "CoreLogic Equity Report: First Quarter 2013". Disponível em: <http://www.corelogic.com/research/negativeequity/corelogic-q1-2013-negative-equity-report.pdf>. Acesso em: 1º de janeiro de 2014.

Corporate Watch. "Nestle SA: Corporate Crimes". Disponível em: <www.corporatewatch.org.uk/?lid=240>. Acesso em: 22 de janeiro de 2013.

COTULA, Lorenzo. *The Outlook on Farmland Acquisitions*. Roma: International Land Coalition, 2011.

COTULA, Lorenzo; TIENHAARA, Kyla. "Reconfiguring Investment Contracts to Promote Sustainable Development". In: K. SAUVANT (org.). *Yearbook on International Investment Law & Policy* 2011–2012, pp. 281–310. Oxford: Oxford University Press, 2013.

COTULA, Lorenzo; VERMEULEN, Sonja; LEONARD, Rebeca; KEELEY, James. "Land Grab or Development Opportunity?: Agricultural Investment and International Land Deals in Africa". Roma: FAO, IIED e IFAD (Organização das Nações Unidas para a Alimentação e Agricultura [FAO, na sigla em inglês], Instituto Internacional para o Meio Ambiente e o Desenvolvimento [IIED] e Fundo Internacional para o Desenvolvimento Agrícola [IFAD]), 2009.

COUMOU, D.; RAHMSTORF, S. "A Decade of Weather Extremes". *Nature Climate Change* 2: pp. 491-496, 2012.

Crystal Springs Preserve. "About Us". Disponível em: <http://crystalspringspreserve.com/about-us/>. Acesso em: 13 de julho de 2013.

DALEY, Suzanne. "In Spain, Homes Are Taken but Debt Stays". *New York Times*, 27 de outubro de 2010.

DAVIES, Nigel. "Spain's Economy Seen Contracting 1.4 Percent in 2012,2013". Reuters, 7 de novembro de 2012.

DAVIES, Peter J. "Radioactivity: A Description of Its Nature, Dangers, Presence in the Marcellus Shale and Recommendations by the Town of Dryden to the New York State Department of Environmental Conservation for Handling and Disposal of such Radioactive Materials". Cornell University. Disponível em: <www.tcgasmap.org/media/Radioactivity%20from%20Gas%20Drilling%20 SGEIS%20Comments%20by%20 Peter%20Davies.pdf>. Acesso em: 23 de novembro de 2013.

DAY, Paul. "Spain's Economy Shrinks for Seventh Straight Quarter". Reuters. 30 de abril de 2013.

DEATON, Angus. *The Great Escape: Health, Wealth, and the Origins of Inequality*. Princeton, NJ: Princeton University Press, 2013.

DEDDY, Ketut. "Community Mapping, Tenurial Rights and Conflict Resolution in Kalimantan". In: FADZILAH MAJID COOKE (org.). *States, Communities and Forests in Contemporary Borneo*. Canberra: Australian National University Press, 2006.

DERNELLE, Brendan. "Natural Gas Industry Rhetoric versus Reality". *DeSmogBlog*. Disponível em: <www.desmogblog.com/natural-gas--industry-rhetoric-versus-reality>. Acesso em: 30 de julho de 2012.

DEMPSEY, Daniel. "Seeing in the Dark: The Rise of *Dark pools*, and the Danger Below the Surface". Disponível em: <http://tabbforum.com/opinions/seeing-in-the-dark-the-rise-of-dark-pools-and-the-danger--they-present>.

DENAVAS-WALT, Carmen; PROCTOR, Bernadette D.; SMITH, Jessica C. *Income, Povert and Health Insurance Coverage in the United States: 2010*. U.S. Census Bureau, Current Population Reports. Washington, D.C.: U.S. Government Printing Office, 2011.

DE SCHUTTER, Oliver. "The Green Rush: The Global Race for Farmland and the Rights of Land Users". *Harvard International Law Journal* 52, n° 2, pp. 504–559, 2011.

DEWAN, Shaila. "A City Invokes Seizure Laws to Save Homes". *New York Times*, 30 de julho de 2013.

DIAZ, R. J.; ROSENBERG, R. "Spreading Dead Zones and Consequences for Marine Ecosystems". *Science* 321, n° 5.891, pp. 926–929, 2008.

DIGGS, Morse. 2013. "Atlanta Police Chief Seeks to Banish Convicted Prostitute". KDFW. Dallas, TX, 28 de janeiro.

Doe Run Peru. "History of the Company". Disponível em: <www.doerun.com.pe/content/pagina.php?pID=764>. Acesso em: 3 de janeiro de 2013.

Doe Run Resources Corporation. "United States Securities and Exchange Commission: Form 10-K". Securities and Exchange Commission. Disponível em: <www.sec.gov/Archives/edgar/data/l061112/000110465906018264/a06-5938_110k.htrn#Item2_Properties_131244>.

DOSSOU, Paulin Jésutin; ALLAGBE, Simon B. Y.; DESOUZA, Tatiana; NOUDAIKPON, Grégoire; TOVISSOHE, Alexis N.. *Evolution and Impacts of Coastal Land Use in Benin: The Gase of the Sèmè-Podji Commune*. Roma: International Land Coalition, 2011.

DRAJEM, Mark. "Fracking Tied to Unusual Rise in Earthquakes in U.S.". *Bloomberg*, 12 de abril 2012.

DUFFY, P. B.; TEBALDI, C. "Increasing Prevalence of Extreme Summer Temperatures in the U.S.". *Climatic Change* 111, n° 2, pp. 487–495, 2012.

DURUIBE, J. O.; OGWUEGBU, M. O. C.; EGWURUGWU, J. N. "Heavy Metal Pollution and Human Bioroxic Effects". *International Journal of Physical Sciences* 2, n° 5, pp. 112–118, 2007.

eAfrica. "Case Study: Private Prisons". South African Institute of International Affairs. Disponível em: <www.saiia.org.za/archive-eafrica/case-study-private-prisons.html>.

Earthworks. "Fort Belknap Reservation". Disponível em: <www.earthworksaction.org/voices/detail/fort_belknap_reservation>. Acesso em: 30 de julho de 2012.

EASTERLY, William. *The Tyranny of Experts: Economists, Dictators, and the Forgotten Rights of the Poor*. Nova York: Basic Books, 2014.

Economic Policy Institute. "When Income Grows, Who Gains?" The State of Working America. Disponível em: <http://stateofworkingamerica.org/who-gains/#/?start=2000&end=2007>. Acesso em: 9 de fevereiro de 2013.

_____. "Nearly Half of Family Income Goes to the Top Fifth, the Only Income Group with Increased Income Share since 1973". The State of Working America. Disponível em: <http://stateofworkingamerica.org/charts/share-of-family-income-by-income-fifth-1947–201>. Acesso em: 9 de fevereiro de 2013.

_____. "Family Income Growth in Two Eras". The State of Working America. Disponível em: <http://stateofworkingamerica.org/charts/real-annual-family-income-growth-by-quintile-1947-79-and-1979-2010>. Acesso em: 9 de fevereiro de 2013.

_____. "Wealth Skewed towards the Richest of the Rich". The State of Working America. Disponível em: <http://stateofworkingamerica.org/charts/average-wealth-by-wealth-class-in-2009>. Acesso em: 9 de fevereiro de 2013.

_____. "Share of Total Household Income Growth Attributable to Various Groups, 1979–2007". The State of Working America. Disponível em: <http://stateofworkingamerica.org/chart/swa-income-figure-2y-share-total-household/>. Acesso em: 9 de fevereiro de 2013.

_____. "The Ratio of Average Top I % Wealth to Median Wealth, 1962–2010". The State of Working America. Disponível em: <http://stateofworkingamerica.org/chart/swa-wealth-figure-6c-ratio-top-1-wealth/>. Acesso em: 9 de fevereiro de 2013.

_____. "Median Household Wealth, by Race and Ethnicity, 1983–2010 (2010 Dollars)". The State of Working America. Disponível em: <http://stateofworkingamerica.org/chart/swa-wealth-table-6-8-average-median-assets/>. Acesso em: 9 de fevereiro de 2013.

_____. "Share of Total Household Wealth Growth Accruing to Various Wealth Groups, 1983–2010". The State of Working America. Disponível em: <http://stateofworkingamerica.org/chart/swa-wealth-figure-6b-share-total-household/>. Acesso em: 9 de fevereiro de 2013.

_____. "Average Family Income Growth, by Income Group". The State of Working America. Disponível em: <http://stateofworkingamerica.org/data>. Acesso em: 9 de fevereiro de 2013.

Economic Times. "Plachimada Anti-Coca Cola Unit Plans Stir". Economic Times. Disponível em: <http://articles.economictimes.indiatimes.com/2013-07-12/news/40536432_1_plachimada-claims-special-tribunal-bill-cola-unit>. Acesso em: 4 de janeiro de 2014.

Economist. "One Degree Over: Data from Crop Trials Underline the Threat Climate Change Poses to Farmers". Editorial de *Economist*, 17 de março de 2011.

_____. "Shining a Light on *Dark pools*". Disponível em: <http://www.economist.com/blogs/schumpeter/2011/08/sexchange-share-trading>. Acesso em: 6 de janeiro de 2014.

EGGLER, Bruce. "Despite Promises to Fix It, the Gulf's Dead Zone Is Growing". *Times-Picayune*, 9 de junho 2007.

El Defensor Chieftan. "Protestors to Fight 'Water Grab'". Disponível em: <www.dchieftain.com/2009/11/18/protesters-to-fight-water-grab>. Acesso em: 22 de novembro de 2013.

ELLSWORTH, W. L.; HICKMAN, S. H.; LLEONS, A. L.; MCGARR, A.; MICHAEL, A. J.; RUBINSTEIN, J. L. "Are Seismicity Rate Changes in the Midcontinent Natural or Manmade?" Resumo de apresentação oral no Encontro Anual da Seismological Society of America, 2012.

Environment and Process Division. "Mining-Related Chromate Vater Pollution in the Sukinda Watershed (Orissa, India)". Bureau de Recherches Géologiques et Minières, Orléans, França, 2004.

Environment News Service. "Chernohyl Radiation Killed Nearly One Million People: New Book". 26 de abril de 2010.

EPA. "Technical Report: Treatment of Cyanide Heap Leaches and Tailings". EPA530-R-94-037. U.S. Environmental Protection Agency, Office of Solid Waste, Special Waste Branch, 1994.

_____. "Chromium Compounds". U.S. Environmental Protection Agency. Technology Transfer Network: Air Toxics Web Site. Disponível em: <www.epa.gov/ttnatw01/hlthef/chromium.html>. Acesso em: 22 de junho de 2013.

_____. "Midnite Mine Superfund Site: Record of Decision". Office of Environment Cleanup, EPA Region 10. Disponível em: <www.epa.gov/region10/pdf/sites/midnite_mine/midnite-mine-rod-06.pdf>. Acesso em: 22 de junho de 2013.

_____. "Times Beach Site". U.S. Environmental Protection Agency. Disponível em: <www.epa.gov/superfund/sites/nplfs/fs0701237.pdf>. Acesso em: 22 de junho de 2013.

_____. "Plutonium". U.S. Environmental Protection Agency. Disponível em: <www.epa.gov/rpdweb00/radionuclides/plutonium.html>. Acesso em: 22 de junho de 2013.

_____. "EPA's Recommendations for Enhanced Monitoring for Hexavalent Chromium (Chromium-6) in Drinking Water". U.S. Environmental Protection Agency. Disponível em: <http://water.epa.gov/drink/info/chromium/guidance.cfm>. Acesso em: 22 de junho de 2013.

ESKANAZI, Stuart. "The Biggest Pump Wins". *Dallas Observer*. 19 de novembro de 1998.

EuroHealthNet. "Greece – Augmentation of 40% Rate of Suicide". Comunicado à imprensa. EuroHealthNet, Bruxelas, 25 de setembro de 2011.

Eurojobs. "Quarter of Europe Risks Poverty or Social Exclusion". *Eurojobs* [blog]. Disponível em: <http://blog.eurojobs.com/2012/12/quarter-of--europe-risks-poverty-or-social-exclusion>. Acesso em: 8 de fevereiro de 2013.

European Commission. "National Measures and Practices to Avoid Foreclosure Procedures for Residential Mortgage Loans", Artigo da equipe da Comissão 357. European Commission, 31 de março de 2011.

_____. "Spain: Deep Adjustment Continues". *European Economic Forecast, Autumn 2012*. Bruxelas: Directorate General for Economic and Financial Affairs. FAQ on the EU-US Transatlantic Trade and Investment Partnership ('TIIP'). Disponível em: <http//trade.ec.europa.eu/doclib/docs/2013/may/tradoc_151351.pdf>.

European Mortgage Federation. *Study on the Efficiency of Mortgage Collateral in the European Union*. European Mortgage Federation, Bruxelas, 2007.

Eurostat. "At Risk of Poverty or Social Exclusion in the EU27: In 2011, 24% of the Population Were at Risk of Poverty or Social Exclusion". Eurostat, Comunicado à imprensa 171/2012, 3 de dezembro de 2012. Acesso em: 31 de dezembro de 2012.

_____. "Income and Living Conditions". Eurostat. Disponível em: <http://epp.eurostat.ec.europa.eu/portal/page/portal/income_social_inclusion_living_conditions/introduction>. Acesso em: 31 de dezembro de 2012.

_____. "Emigration by Sex, Age Group, and Citizenship". European Commission. Disponível em: <http://appsso.eurostat.ec.europe.eu/nui/show.do?dataset-migr_emi1ctz&lang-en>. Acesso em: 31 de dezembro de 2012.

_____. *Second Estimate for the First Quarter of 2013. Euro Area GDP Down by 0.2% and EU27 Down by 0.1%, –1.1% and –0.7% Respectively compared* with First Quarter of 2012. Publicação número 86/2013, European Commission.

_____. Unemployment Statistics. Eurostat. Disponível em: <http://epp.eurosrat.ec.europa.eu/statistics_explained/index.php/Unemployment_statistics>. Acesso em: 5 de agosto de 2013.

_____. "Data Explorer: Unemployment Rate by Sex and Age Groups–Annual Average, %". Eurostat. Disponível em: <http://appsso.eurostat.ec.europa.eu/nui/show.do?dataset=une_rt_a&lang=en>. Acesso em: 1º de janeiro de 2014.

FAO. "CROPWAT 8.0 Decision Support System". Disponível em: <www.fao.org/nr/water/infores_databases_cropwat.html>. Acesso em: 6 de dezembro de 2013.

FARRELL, Diana; LUND, Susan; FÖLSTER, Christian; BICK, Raphael; PIERCE, Moira; ATKINS, Charles. *Mapping Global Capital Markets: Fourth Annual Report*. Nova York: McKinsey and Co, 2008.

FATIMA, Rabab; SIRAJEE, Adnan Ahmed. "Climate Change and Displacement in Bangladesh". International Organization for Migration, 16 de novembro de 2009.

FAVELL, A. *Eurostars and Eurocities: Free Movement and Mobility in an Integrating Europe*. Oxford: Blackwell, 2008.

FEANTSA. *European Observatory on Homelessness*. Disponível em: <www.feantsa.org/spip.php?article62&lang=en>. Acesso em: 29 de novembro de 2013.

Federal Bureau of Prisons. "BOP: Inmate Work Programs". U.S. Department of Justice. Disponível em: <http://www.bop.gov/inmate_programs/work_prgms.jsp>.

Federal Reserve Bank of St. Louis. "Corporate Profits after Tax (without IVA and CCAdj) (CP)". Disponível em: <http://research.stlouisfed.org/fred2/graph/?s[1][id]I=CP>.

_____. "Nonfinancial Corporate Business; Total Financial Assets, Level (TFAABSNNCB)". Disponível em: <http://research.stlouisfed.org/fred2/series/TFAABSNNCB>.

FERREIRA, Francisco H. G.; WALTON, Michael. "The Inequality Trap: Why Equity Must Be Central to Development Policy". *Finance and Development* 42, nº 4, 2005.

FIELD, C. B. et al. *IPCC: Managing the Risks of Extreme Events and Disasters to Advance Climate Change Adaptation*. Special Report of Working Groups I and II of the Intergovernment Panel on Climate Change. Cambridge: IPCC, 2012.

FISHER, Max. "Map: U.S. Ranks Near Bottom on Income Inequality". *Atlantic*, setembro de 2011.

FITZGERALD, Joan. "Cities on the Front Lines". *The American Prospect*. Disponível em: <http://prospect.org/article/cities-front-lines>.

FOSTER, G.; RAHMSTORF, S. "Global Temperature Evolution 1979–2010". *Environmental Research Letters* 6, n° 4, 2011.

FOUILLET, A. et al. "Excess Mortality Related to the August 2003 Heat Wave in France". *International Archives of Occupational and Environmental Health* 80, n° 1, 2006.

FOUNDA, D.; GIANNAOPOULOS, C. "The Exceptionally Hot Summer of 2007 in Athens, Greece–A Typical Summer in the Future Climate?" *Global and Planetary Change* 67, n° 3-4, 2009.

FRANK, Andre Gunder. *The Development of Underdevelopment*. Nova York: Monthly Review Press, 1966.

FRED. "Compensation of Employees: Wages & Salary Accruals (WASCUR)/Gross Domestic Product (GDP)". St. Louis Federal Reserve. Disponível em: <http://research.stlouisfed.org/fred2/graph/?g=2Xa>. Acesso em: 1° de janeiro de 2014.

FREELAND, Chrystia. *Plutocrats: The Rise of the New Global Super-Rich and the Fall of Everyone Else*. Nova York: Penguin Books, 2013.

FREELAND, Howard J.; GILBERT, Denis. "Estimate of the Steric Contribution to Global Sea Level Rise from a Comparison of the WOCE One-Time Survey with 2006–2008 Argo Observations". *Atmosphere-Ocean* 47, n° 4, pp. 292–298, 2009.

Friends of Lead Free Children. "Friends of Lead Free Children: Helping to Create an Environment for Children to Achieve Their Full Learning Potential". Disponível em: <http://friendsofleadfreechildren.org/dominican_programs.html>. Acesso em: 13 de julho de 2013.

FRIIS, Cecilie; REENBERG, Anette. *Land Grab in Africa: Emerging Land System Drivers in a Teleconnected World*. GLP Report n° 1. Copenhagen: GLP International Project Office, 2010.

Fundo Monetário Internacional. World Economic Outlook Database: Abril 2013 edition. FMI. Disponível em: <http://www.imf.org/external/pubs/ft/weo/2013/01/weodata/index.aspx>.

Furman Center. "New Housing Data Continue to Show Signs of Danger for New York City's Homeowners, Furman Center Analysis Concludes". Comunicado à imprensa. Furman Center for Real Estate and Urban Policy, New York University, 15 de outubro de 2007.

GAGNON, Geoffrey. "Moving Mountains". *Legal Affairs*, setembro-outubro de 2004.

GANCHEV, K.; KEARNS, M.; NEVMYVAKA, Y.; VAUGHN, J. W. "Censored Exploration and the Dark Pool Problem". Computer and Information Sience, University of Pennsylvania. Disponível em: <www.cis.upenn.edu/~mkearns./papers/darkpools-final.pdf>.

GANS, Herbert J. "An Enduring Recession?" *Challenge* 56, n° 1, pp. 72–87, 2013.

GAO. "Corporate Income Tax: Effective Rates Can Differ Significantly from Statutory Rate". Washington, D.C., 2013.

GHOSH, Palash. "A Cheap New Drug Decimating Greece's Homeless as Economic Crisis Tightens Grip". *International Business Times*, 17 de maio de 2013.

GILLIS, Justin. "Heat-Trapping Gas Passes Milestone, Raising Fears". *New York Times*, 11 de maio de 2013.

GILMORE, Ruth Wilson. *Golden Gulag: Prisons, Surplus, Crisis, and Opposition in Globalizing California*. Berkeley: University of California Press, 2007.

GLICK, Reuven; LANSING, Kevin J. "FRBSF Economic Letter: Global Household Leverage, House Prices, and Consumption". Federal Reserve Bank of San Francisco, 11 de janeiro de 2010.

Global Commission on Drug Policy. "The War on Drugs and HIV/aids: How the Criminalization of Drug Use Fuels the Global Pandemic". Global Commission on Drug Policy. Disponível em: <http://www.globalcommissionondrugs.org/reports>.

Global Insight. "The Mortgage Crisis: Economic and Fiscal Implications for Metro Areas". United States Conference of Mayors and the Council for the New American City, 2007.

Global Research. "Coca-Cola Causes Serious Depletion of Water Resources in India". Disponível em: <http://www.globalresearch.ca/coca-cola-

-causes-serious-depletion-of-waterresources-in-india/18305>. Acesso em: 30 de julho de 2012.

GODOY, Julio. "New Sarcophagus for Chernobyl Will Have to Wait Until 2015". Inter Press Service, 25 de abril de 2011.

Go Green America. "Great Pacific Garbage Patch". GoGreenAmericaTV.com. Disponível em: <http://gogreenamericatv.com/wp-content/uploads/2011/11/Great-Pacific-Garbage-Patch-picture.jpg>. Acesso em: 30 de julho de 2012.

GOLDSTEIN, Matthew. "Cheap Money Bankrolls Wall Street's Bet on Housing". Reuters, 6 de maio de 2013.

GOLOVNINA, Maria. "Interview – Norilsk Will Become Cleaner, but Not Overnight". Reuters, 12 de outubro de 2005.

GONZALEZ-VALERO, Juan. "Climate, Land Degradation, Agriculture and Food Security: Means to Adopt". Syngenta report, setembro de 2009. Disponível em: <http://www.wmo.int/wcc3/sessionsdb/documents/WS10_Gonzalez.pdf>. Acesso em: 30 de julho de 2012.

GRAEBER, David. *Debt: The First 5,000 Years*. Reprint edition. Brooklyn, NY: Melville House, 2012.

Grain. "Grain Releases Data Set with over 400 Global Land Grabs". Comunicado à imprensa, Grain, 23 de fevereiro de 2012.

GRAY, Ellen. "Land Stat Top Ten: A Shrinking Sea, the Aral Sea". NASA Earth Science News Team. Disponível em: <http://www.nasa.gov/mission_pages/landsat/news/40th-top10-aralsea.html>. Acesso em: 23 de julho de 2012.

"Greece Approves Sweeping Public Sector Cuts". *Telegraph*, 18 de julho de 2013.

GUERINO, Paul; HARRISON, Paige M.; SABOL, William J. "Prisoners in 2010". Bureau of Justice Statistics, Office of Justice Programs, U.S. Department of Justice. Disponível em: <www.bjs.gov/content/pub/pdf/pl0.pdf>.

HAKKELING, R. T. A.; OLDERMAN, L. R.; SOMBROEK, W. G. *World Map of the Status of Human-Induced Soil Degradation: An Explanatory Note*. Wageningen: International Soil Reference and Information Center, 1991.

HALL, Deborah. "Bottled Water Pits Nestlé vs. Greens". *Wall Street Journal*. Disponível em: <http://www.wsj.com/articles/SB10001424052748704414504575243921712969144>. Acesso em: 29 de novembro de 2013.

HALL, Ruth. "Land Grabbing in Africa and the New Politics of Food". Policy Brief 041. Future Agricultures, 2011.

HANKEWITZ, Gert. "Foreclosures Peak Last Year". *Postimees: In English*, 7 de fevereiro de 2013. Disponível em: <http://news.postimees.ee/1129916/foreclosures-peak-last-year>. Acesso em: 3 de agosto de 2013.

HANSEN, J.; SATO, M.; RUEDY, R. "Perception of Climate Change". *Proceedings of the National Academy of Sciences of the United States* 109: 14.726–14.727, 2012.

HARDEN, Blaine; MORGAN, Dan. "Debate Intensifies on Nuclear Waste: Lawmakers in Affected States Press Bush Administration on Cleanup". *Washington Post*, 2 de junho de 2004.

HARDEN, Mark. "Fracking in Colorado Uses a City's Worth of Water, Enviro Report Says". *Denver Business Journal*, 20 de junho de 2012.

HARDING, R. "Private Prisons". *Crime and Justice* 28, pp. 265–346, 2001.

HART, B.; BOGER, D. V. "Making an Unsustainable Industry More Sustainable". *Proceedings of the Eleventh International Seminar on Paste 08* 1, n° 1, pp. 3–14, 2008.

HARTMAN, Chester; SQUIRES, Gregory D. (orgs.). *From Foreclosure to Fair Lending*. Nova York: New Village Press, 2013.

HARVEY, David. *The Limits of Capital*. Chicago: University of Chicago Press, 1982.

HARVEY, David W. "History of the Hanford Site 1943-1990". Pacific Northwest National Laboratory. Disponível em: <http://ecology.pnnl.gov/library/History/Hanford-History-All.pdf>. Acesso em: 4 de janeiro de 2013.

HELD, David; KAYA, Ayse. *Global Inequality: Patterns and Explanations*. Cambridge: Polity, 2007.

HENDRYX, M. "Mortality from Heart, Respiratory and Kidney Disease in Coal Mining Areas of Appalachia". *International Archives of Occupational and Environmental Health* 82: pp. 243–249, 2009.

HERIVEL, Tara; WRIGHT, Paul (orgs.). *Prison Nation: The Warehousing of America's Poor*. Nova York: Routledge, 2003.

Her Majesty's Prison Service. "Contracted-out Prisons". Disponível em: <http://www.justice.gov.uk/about/hmps/contracted-out>, s/d.

HighQuest Partners. "Private Financial Sector Investment in Farmland and Agricultural Infrastructure". OECD Food, Agriculture and Fisheries Papers, nº 33, 10 de agosto de 2010.

Home Office. "Have You Got What It Takes? Working with Prisons". Disponível em: <http://www.homeoffice.gov.uk/publications/police/pcc/working-with-others/working-with-prisons?view=Binary>.

HOPE, Kerin. "Greek Deflation Accelerates after Wages Drop". *Financial Times*. Disponível em: <http://www.ft.com/cms/s/0/c8564ce8-48ab-11e3-8237--00144feabdc0.html#axzz2pGr9q4q0>. Acesso em: 1º de janeiro de 2014.

HOSHAW, Lindsey. "Afloat in the Ocean, Expanding Islands of Trash". *New York Times*, 10 de novembro de 2009.

HOVIL, Lucy. *Hoping for Peace, Afraid of War: The Dilemmas of Repatriation and Belonging on the Borders of Uganda and South Sudan*. Research paper nº 196. Genebra: Policy Development and Evaluation Service, United Nations High Commissioner for Refugees, 2010.

HUMBER, Yuriy. "Kremlin Sidelines Oligarchs in Taking Norilsk Control (Update 1)". Bloomberg.com. Disponível em: <http://www.bloomberg.com/apps/news?pid=newsarchive&sid=aLyndimCNJvY>. Acesso em: 23 de novembro de 2013.

HURDLE, Jon. "Pennsylvania Lawsuit Says Drilling Polluted Water". Reuters, 9 de novembro de 2009.

HUSEYNOVA, Shahnaz. "Azerbaijan: Sumgayir Becomes One of World's Most-Polluted Cities". Radio Free Europe/Radio Liberty, 18 de setembro de 2007.

Ideas First Research. "Sector–Metal & Mining: Industry–Ferroalloys". Ideas First Research, Mumbai, Índia, 2010.

IFPRI (International Food Policy Research Institute). "Outsourcing's Third Wave". *Economist*, 21 de maio de 2009.

IFRAN, Zareena Begum; UVANESWARI. "Determination of the Cost-Effective Adsorbents to Remove Toxic Metal Pollutants from Industrial Waste Water". *International Journal of Social Sciences and Interdisciplinary Research* 1, nº 4, 2012.

Illinois Department of Public Health. "Lead in Industry". Illinois Department of Public Health. Disponível em: <http://www.idph.state.il.us/about/epi/getpbout.htm>, s/d.

ILO. "Global Unemployment: Trends for Youth 2012". *International Labor Organization*. Genebra, Suíça, 2012.

ILO e OECD. "Short-term Labour Market Outlook and Key Challenges in G20 Countries: Statistical Update for the Meeting of G20 Labour and Employment Ministers", 18–19 de julho de 2013, Moscou. Disponível em: <http://www.ilo.org/wcmsp5/groups/public/---dgreports/---dcomm/---publ/documents/publication/wcms_217546.pdf>.

IMF. *Global Financial Stability Report: Market Developments and Issues*. Washington, D.C.: Fundo Monetário Internacional, 2006.

_____. *Global Financial Stability Report: Containing Risks and Restoring Financial Soundness*. Washington, D.C.: Fundo Monetário Internacional, 2008.

_____. *Global Financial Stability Report: Restoring Confidence and Progressing on Reforms*. Washington, D.C.: Fundo Monetário Internacional, 2012. Disponível em: <http:www.imf.org/External/Pubs/FT/GFSR/2012/02/pdf/text.pdf>. Acesso em: 31 de dezembro de 2012.

_____. "World Economic and Financial Surveys". *World Economic Outlook Database*. Disponível em: <http://www.imf.org/external/pubs/ft/weo/2012/01/weodata/index.aspx>. Acesso em: 31 de dezembro de 2012.

INMAN, Phillip; SMITH, Helena. "Greek Economy to Shrink 25% by 2014". *Guardian*, 18 de setembro de 2012.

Instituto Nacional de Estadística. "Economically Active Population Survey". Instituto Nacional de Estadística. Disponível em: <http://www.ine.es/en/inebmenu/mnu_mercalab_en.htm>. Acesso em: 29 de novembro de 2013.

_____. "Labour Market". Instituto Nacional de Estadística (Espanha), 2013.

_____. "Notas De Prensa: 30 de abril de 2013". Instituto Nacional de Estadística (Espanha). Disponível em: <http://www.ine.es/prensa/cntr0113a.pdf>. Acesso em: 29 de novembro de 2013.

Integrated Pollution Prevention and Control. "A Teaching Case: The Basel Ban and Batteries". Integrated Pollution Prevention and Control. Disponível em: <www.commercialdiplomacy.org/case_study/case_batteries.htm>.

International Atomic Energy Agency. "Frequently Asked Chernobyl Questions". International Atomic Energy Agency, s/d. Disponível

em: <www.iaea.org/newscenter/features/chernobyl-15/cherno-faq.shtml>. Acesso em: 4 de janeiro de 2013.
International Center for Prison Studies. "World Prison Population List". International Center for Prison Studies, University of Essex. Disponível em: <www.apcca.org/uploads/9th_Edition_2011.pdf>.
International Energy Agency. "Global Carbon-Dioxide Emissions Increase by 1.0 Gt in 2011 to Record High". International Energy Agency. Disponível em: <www.iea.org/newsroomandevents/news/2012/may/name,27216,en.html>. Acesso em: 29 de junho de 2013.
International Land Coalition. *Commercial Pressures on Land*. Disponível em: <http://www.landcoalition.org/cpl>.
IPPC. "Integrated Pollution Prevention and Control (IPPC): Reference Document on Best Available Techniques for the Tanning of Hides and Skins". European IPPC Bureau (EIPPCB). Disponível em: <http://eippcb.jrc.es/reference/BREF/tan_bref_0203.pdf>.
ISDA (International *Swaps* Derivatives Association). Data on Credit-Default *Swaps*. Disponível em: <http://www2.isda.org/>.
ISIDORE, Chris. "Corporate Profits Hit Record as Wages Get Squeezed". *CNNMoney*. Disponível em: <http://money.cnn.com/2012/12/03/news/economy/record-corporate-profits/>. Acesso em: 1º de janeiro de 2014.
ISLAMZADE, Arif. "Sumgayit: Soviet's Pride, Azerbaijan's Hell". *Azerbaijan International* 2, nº 3, pp. 26–27,30, 1994.
JACKSON, Robert; VENGOSH, Avner; DARRAH, Thomas H.; VARNER, Nathaniel R.; DOWN, Adrian; POREDA, Robert; OSHORN, Stephen G.; ZHAO, Kaigung; KARR, Jonathan D. "Increased Stray Gas Abundance in a Subset of Drinking Water Wells Near Marcellus Shale Gas Extraction". *Proceedings of the National Academy of Sciences of the United States* 110, nº 28, pp. 11.213–11.214, 2013.
JAMASMIE, Cecilia. "Doe Run Peru to Be Liquidated After Rejected Restructuring of La Oroya Smelter". Mining.com. Disponível em: <www.mining.com/doe-run-peru-to-be-liquidated-after-rejectedrestructuring-of-la-oroya-smelter>.
JOHNSON, Kirk. "E.P.A. Links Tainted Water in Wyoming to Hydraulic Fracturing for Natural Gas". *New York Times*, 8 de dezembro de 2011.

JOHNSTON, David Cay. *Perfectly Legal: The Covert Campaign to Rig Our Tax System to Benefit the Super Rich–and Cheat Everybody Else*. Nova York: Penguin Group, 2005.

_____. "Where's the Fraud, Mr. President?" Reuters, 13 de dezembro de 2011.

_____. "Corporate Tax Rates Plummet as Profits Soar". The National Memo, 16 de julho de 2013.

JONES, Graydon. "Work Will Resume at Crescent Mine". *Spokane Chronicle*, 28 de abril de 1989.

JONES, P. D.; LISTER, D. H.; LI, Q. "Urbanization Effects in Large-Scale Temperature Records, with an Emphasis on China". *Journal of Geophysical Research* 113, n° D16: pp. 1-12, 2008.

JORGENSEN, Dan. "Hinterland History: The Ok Tedi Mine and Its Cultural Consequences in Telefolmin". *Contemporary Pacific*, 22 de setembro de 2006.

JOWIT, Juliette. "Is Water the New Oil?" *Observer*, 1° de novembro de 2008.

JOYCE, Christopher. "Quakes Caused by Waste from Gas Wells, Study Finds". National Public Radio, 11 de abril de 2012.

Jubilee Debt Campaign. "2. How Big Is the Debt of Poor Countries?" Jubilee Debt Campaign. Disponível em: <http://jubileedebt.org.uk/faqs-2>.

_____. *The State of Debt: Putting an End to 30 Years of Crisis*. Jubilee Debt Campaign, Londres, 2012.

_____. "How Big Is the Debt of Poor Countries?" Jubilee Debt Campaign, Londres. Disponível em: <http://jubileedebt.org.uk/faqs-2/how-big-is-the-debt-of-poor-countries>.

KAHN, Hilary E. *Framing the Global: Entry Points for Research*. Bloomington: Indiana University Press, 2014.

KAISER, Tania. "Dispersal, Division and Diversitication: Durable Solutions and Sudanese Refugees in Uganda". *Journal of Eastern African Studies* 4, n° 1, pp. 44–60, 2010.

KARAIAN, Jason. "Spanish Real Estate Has Lost More Than a Third of Its Value, But It's Still Overvalued". *Quartz*. Disponível em: <http//qz.com/124088/spanish-real-estate-has-lost-more-than-a-third-of-its-value-but-its-still-overvalued/>. Acesso em: 1° de janeiro de 2014.

KAROLY, D. J. "The Recent Bushfires and Extreme Heat Wave in Southeast Australia". *Bulletin of the Australian Meteorological and Oceanographic Society* 22, pp. 10–13, 2009.

KATZ, M. Jonathan. "Dominican Town Looks to Clean Up Pollution". *Washington Post*, 20 de junho de 2007.

KAUL, B.; SANDHU, R. S.; DEPRATT, C.; REYES, F. "Follow-up Screening of Lead-Poisoned Children near an Auto Battery Recycling Plant, Haina, Dominican Republic". *Environmental Health Perspectives* 107, n° 11, pp. 917–920, novembro de 1999.

Keep Tap Water Safe. "List of Bans Worldwide". Keep Tap Water Safe. Disponível em: <http://keeptapwatersafe.org/global-bans-on-fracking/>. Acesso em: 2 de janeiro de 2014.

KELLEHER, James. "Signs of Life Returning to Times Beach". Reuters, 25 de maio de 2007.

KENNEDY, Loraine. "Variations on the Classical Model: Forms of Cooperation in Leather Clusters of Palar Valley, Tamil Nadu". In: KESHAB DAS (org.). *Indian Industrial Clusters*. Burlington: Ashgate, 2005, pp. 103–227.

KENNY, J. F.; BARBER, N. L.; HURSON, S. S.; LINSEY, K. S.; LOVELACE, J. K.; MAUPIN, M. A. "Estimated Use of Water in the United States in 2005". *U.S. Geological Survey Circular* 1344, n° 52, 2009. Disponível em: <http://pubs.usgs.gov/circ/1344/>.

KEOHANE, David. "The Decline of US Shadowing Banking, Charted". *Financial Times*, 29 de maio de 2012.

KERANEN, Katie M.; SAVAGE, Heather M.; ABERS, Geoffy A.; COCHRAN, Elizabeth S. "Potentially Induced Earthquakes in Oklahoma, USA: Links between Vasrewarer Injection and the 2011 Mw 5.7 Earthquake Sequence". *Geology* 41, n° 6, pp. 699–702, 2013.

KINNARD, Christophe; ZDANOWICZ, Christian M.; FISHER, David A.; ISAKSSON, Elisabeth; VERNAL, Anne de; THOMPSON, Lonnie C. "Reconstructed Changes in Arctic Sea Ice over the Past 1,450 Years". *Nature* 479, n° 7374, pp. 509–512, 2011.

KIRKHAM, Chris. "Private Prisons Profit from Immigration Crackdown, Federal and Local Law Enforcement Partnerships". *Huffington Post*, 7 de junho de 2012.

KLAUK, Erin. "Environmental Impacts at Fort Belknap from Gold Mining". Science Education Center, Carleton College, 2013.

_____. "Political Issues on the Fort Belknap Reservation from Gold Mining". Science Education Center, Carleton College, 2013.

_____. "Exploration and Development History of Gold Mining at the Zortman-Landusky Mine". Science Education Resource Center, Carleton College, 2013.

KNOBEL, Beth. "Secret Soviet City Opens Its Dirty Doors". *Living on Earth*. 1º de agosto de 1997.

KNORR CETINA, K.; PREDA, A. (orgs.). *The Oxford Handbook of the Sociology of Finance*. Oxford: Oxford University Press, 2013.

KOCJAN, John; OGILVIE, Don; SCHNEIDER, Adam; SRINIVAS, Val. "The Deloitte Shadow Banking Index". Disponível em: <www.deloitte.com/assets/Dcom-UnitedStates/Local%20Assets/Documents/CFO_Center_FT/US_FSI_The_Deloitte_Shadow_Banking_052912.pdf>. Acesso em: 28 de julho de 2012.

KOPSINI, Christina. "Drugs from Car Batteries". [Grego] *Kathimerini*. Disponível em: <http://news.kathimerini.gr/4dcgi/_w_articles_ell_2_08/04/2012_478530>.

KRAINER, John. "Housing Prices and Bank Loan Performance". FRBSF Economic Letter 2009-06. Federal Reserve Bank of San Francisco. 6 de fevereiro de 2009.

KRAMER, Anna. "Q&A: La Oroya's Future". Oxfam America. Disponível em: <www.oxfamamerica.org/articles/q-a-la-oroyas-future>. Acesso em: 8 de janeiro de 2013.

KRIPPNER, G. R. *Capitalizing on Crisis: The Political Origins of the Rise of Finance*. Cambridge, MA: Harvard University Press, 2011.

KROTZ, Dan. "Thawing Permafrost Could Release Vast Amounts of Carbon and Accelerate Climate Change by the End of This Century". Berkeley Lab News Center RSS, 22 de agosto de 2011.

KRUGMAN, Paul. "Trade Does Not Equal Jobs". *The Conscience of a Liberal* [blog], *New York Times*, 6 de dezembro de 2010.

KUBISZEWSKI, Ida; CONSTANZA, Robert; FRANCO, Carol; LAWN, Philip; TALBERTH, John; JACKSON, Tim; ALYMER, Camille. "Beyond GDP:

Measuring and Achieving Global Genuine Progress". *Ecological Economics* 93, pp. 57–68, 2013.

KUMHOF, Michael; RANCIÈRE, Romain. "Inequality, Leverage and Crises". Artigo WP/10/268. Fundo Monetário Internacional, Washington, D.C., 2010.

LAFLURE, Rebecca. "The Mess Gets Worse at Hanford's Nuclear Site". The Center for Public Integrity. Disponível em: <http://www.publicintegrity.org/2013/11/18/13770/mess-gets-worse-hanford-s-nuclear-site>. Acesso em: 5 de janeiro de 2014.

LAMBIN, Eric E.; MEYFROIDT, Patrick. "Global Land Use Change, Economic Globalization, and the Looming Land Scarcity". *PNAS* 108, n° 9, pp. 3465–3472, 2011.

Land Matrix. "Why Do the Numbers Constantly Change?" Land Matrix. Disponível em: <www.landmatrix.org/en>. Acesso em: 29 de junho de 2013.

———. The Online Public Database on Land Deals. Land Matrix. Disponível em: <http://landportal.info/landmatrix>. Acesso em: 29 de junho de 2013.

LANDES, David S. *The Wealth and Poverty of Nations: Why Some Are So Rich and Some So Poor*. Nova York: W.W. Norton & Company, 1999.

LECKIE, S.; SIMPERINGHAM, Z.; BAKER, J. "Bangladesh's Climate Displacement Nightmare". *Ecologist* [blog]. Disponível em: <www.theecologist.org/blogs_and_comments/commentators/other_comments/854868/bangladeshs_climate_displacement_nightmare.html>. Acesso em: 29 de novembro de 2013.

LEISTNER, Marilyn. "The Times Beach Story". *Synthesis/Regeneration* 7–8, 1995.

Lenntech. "Chromium and Water: Reaction Mechanisms, Environmental Impact and Health Effects". Lenntech, Delft, Holanda. Disponível em: <www.lenntech.com/periodic/water/chromium/chromium-and-water.htm>.

LERNER, Stephen; BHATTI, Saqib. "Forcing Banks to the Bargaining Table: Renegotiating Wall Street's Relationship with Our Communities". In: CHESTER HARTMAN e GREGORY D. SQUIRES (orgs.) *From Foreclosure to Fair Lending*. Nova York: New Village Press, pp. 177–205.

LEVRING, Peter. "Denmark Feeds World's Biggest Home Debt Load as Caps Spurned". Bloomberg. Disponível em: <http://www.bloomberg.com/news/2013-11-14/denmark-feeds-world-s-biggest-private-debt-as-caps-rejected.html>. Acesso em: 1º de janeiro de 2014.

LEVY, Dan; GOPAL, Prashant. "Foreclosure Filings in U.S. May Jump 20% from Record 2010 as Crisis Peaks". Bloomberg, 13 de janeiro de 2011.

LIDSKY, Theodore I.; SCHNEIDER, Jay S. "Lead Neurotoxicity in Children: Basic Mechanisms and Clinical Correlates". Brain: A Journal of Neurology 126, nº 1, pp. 5–19, 2002.

LIMA, João. "Bank of Portugal Forecasts Deeper Economic Contraction This Year". Bloomberg. Disponível em: <http://www.bloomberg.com/news/2013-03-26/bank-of-portugal-forecasts-deeper-economic-contraction-this-year.html>.

LIU, Yao; ROSENBERG, Christoph B. "Dealing with Private Debt Distress in the Wake of European Financial Crisis". Fundo Monetário Internacional, Washington, D.C., Artigo 13/44, 2013.

LONG, Katy. *Home Alone? A Review of the Relationship between Repatriation, Mobility and Durable Solutions for Refugees*. Genebra: United Nations High Commissioner for Refugees, 2010.

"Louisiana Incarcerated: How We Built the World's Prison Capital". *Times-Picayune*. Disponível em: <www.nola.com/prisons>.

LUCAS, Linda E. *Unpacking Globalization: Markets, Gender and Work*. Kampala, Uganda: Makerere University Press, 2005.

Marcellus Drilling News. "List of 78 Chemicals Used in Hydraulic Fracturing Fluid in Pennsylvania". Marcellus Drilling News. Disponível em: <http://marcellusdrilling.com/2010/06/list-of-78-chemicals-used-in-hydraulic-fracturing-fluid-in-pennsylvania>.

MARCUSE, Peter. "Blog #43–Who Lost the War on Poverty, and Who Won It?" Peter Marcuse's Blog.WordPress.com. Disponível em: <http://pmarcuse.wordpress.com/2014/01/25/blog-43-who-lost-the-war-on-poverty-and-who-won-it/>.

MARGULIS, Matias E.; MEKEON, Nora; BORRAS, Saturnino M. "Land Grabbing and Global Governance: Critical Perspectives". *Globalizations* 10, nº 1, pp. 1–23, 2013.

MASON, Cody. "Too Good to Be True: Private Prisons in America". Sentencing Project. Disponível em: <http://sentencingproject.org/doc/publications/inc_Too_Good_to_be_True.pdf>.

MASSEY, Steve. "Bunker Hill Founder Says Insiders Clean". *Spokane Chronicle*, 27 de setembro de 1991.

_____. "Bunker Hill Sale Yields Much Less than Predictions". *Spokane Chronicle*, 30 de agosto de 1991.

MATTERA, Philip. "Still, Not So Sterling: A Look at Revett Minerals". Clark Fork Coalition and Rock Creek Alliance. Disponível em: <www.earthworksaction.org/files/pubs-others/FS_StillNotSoSterling.pdf>.

MAYER, Judith. "The Trouble with Palm Oil". *Indonesia Today*. Disponível em: <www.insideindonesia.org/feature-editions/the-trouble-with-oil-palm>. Acesso em: 1º de julho de 2013.

MCCLESKY, Claire O'Neill. "Mexico to Build 2 Private Prisons by Year-End". Insight Crime. Disponível em: <www.insightcrime.org/news-briefs/mexico-to-build-2-private-prisons-by-year-end>.

MCCLURE, Robert. "Pegasus Gold—from Boom to Bankruptcy". *Seattle Post-Intelligencer*, 13 de junho de 2001.

MCCORMACK, Simon. "Prison Labor Booms as Unemployment Remains High; Companies Reap Benefits". *Huffington Post*, 10 de dezembro de 2012.

MCDONALD, Douglas C. "Private Penal Institutions". *Crime and Justice* 16, pp. 361–419, 1992.

MCKIBBEN, Bill. "Global Warming's Terrifying New Math: Three Simple Numbers That Add Up to Global Catastrophe—and That Make Clear Who the Real Enemy Is". *Rolling Stone*, 19 de julho de 2012.

MCMICHAEL, Philip. "A Food Regime Genealogy". *The Journal of Peasant Studies* 36, nº 1, pp. 171–196, 2009.

MCQUAID, John. "Finally, a Victory against Mountaintop Removal". *Slate*, 30 de novembro de 2012.

MCTIGHE, Laura. "The War on Drugs Is a War on Relationships: Crossing the Borders of Fear, Silence and HIV Vulnerability in the Prison-Created Diaspora". In: JENNA LOYD, MATTHEW MITCHELSON e ANDREW BURRIDGE (org.). *Beyond Walls and Cages: Bridging Prison Abolition and Immigrant Justice Movements*. Athens: University of Georgia Press, 2012.

_____. "Privatizing Punishment: A Global Analysis of Private Prison Expansion in 2005". (Artigo Inédito), 2013.

Michigan Citizens for Water Conservation. "History Highlights". Michigan Citizens for Water Conservation. Disponível em: <www.savemiwater.org/about/history>. Acesso em: 22 de janeiro de 2013.

MILANOVIC, Branko. *Worlds Apart: Measuring International and Global Inequality*. Princeton: Princeton University Press, 2005.

_____. *Global Inequality Recalculated*. Working paper n° 5.061, Banco Mundial, 2009.

_____. "Global Inequality: From Class to Location, from Proletarians to Migrants". Working Paper n° 5.820, Banco Mundial, 2011.

_____. "Global Inequality: From Class to Location, from Proletarians to Migrants". *Global Policy* 3, n° 2, pp. 125–134, 2012.

MILES, David K.; PILLONCA, Vladimir C. "Financial Innovation and European Housing and Mortgage Markets". *Oxford Review of Economic Policy* 24, n° 1, pp. 145–175, 2008.

Mineral Policy Center. "Cyanide Leach Mining Packer". Mineral Policy Center, agosto de 2000. Disponível em: <www4.nau.edu/itep/waste/HazSubMap/docs/Mining/Cyanide_Leach_Packet.pdf>. Acesso em: 13 de julho de 2013.

Mines and Communities. "Hell on Earth". Mines and Communities. Disponível em: <www.minesandcommunities.org/article.php?a=1409>. Acesso em: 15 de junho de 2013.

Mining Truth. "How Corporations Evade Liability for Pollution at Closed Mines". *Mining Truth*. Disponível em: <www.miningtruth.org/wp-content/uploads/2013/01/How-Corporations-Evade-Liability-Mining-Truth.pdf>. Acesso em: 23 de junho de 2013.

MISHEL, Lawrence. "Who's Grabbing All the New Pie? Economic Snapshots". Economic Policy Institute, Washington, D.C., 1° de agosto de 2007.

_____. "Huge Disparity in Share of Total Wealth Gain since 1983". Economic Policy Institute, Washington, D.C., 15 de setembro de 2011.

_____. "Economy Built for Profits Not Prosperity". Economic Policy Institute, Washington, D.C., 28 de março de 2013.

MISHEL, Lawrence; BERSTEIN, Jared. "Economy's Gains Fail to Reach Most Workers' Paychecks". Economic Policy Institute, Washington, D.C., 30 de agosto de 2007.

MISHEL, Lawrence; BIVENS, Josh. "Occupy Wall Streeters Are Right about Skewed Economic Rewards in the United States". Economic Policy Institute, Washington, D.C., 26 de outubro de 2011.

MISHEL, Lawrence; BIVENS, Josh; GOULD, Elise; SHIERHOLZ, Heidi. *The State of Working America*. 12ª ed. Ithaca, NY: Cornell University Press, 2012.

MISHEL, Lawrence; SHIERHOLZ, Heidi. "The Sad but True Story of Wages in America". Issue Brief #297. Economic Policy Institute, Washington, D.C., 14 de março 2011.

MITCHELL, Josh. "More Americans Living in Others' Homes". *Wall Street Journal*, 22 de julho de 2013.

MITCHELL, Larry D. "Zortman and Landusky Mines: Water Quality Impacts". Environmental Quality Council, Helena, MT. Acesso em: 9 de janeiro de 2013.

MOIR, Matt. "Idle No More and Canada's Prison Apartheid". *The Tyee*, 2 de janeiro de 2013.

MOLNAR, Augusta; BARNEY, Keith; DEVITO, Michael; KARSENTY, Alain; ELSON, Dominic; BENAVIDES, Margarita; TIPULA, Pedro; SORIA, Carlos; SHEARMAN, Phil; FRANCE, Marina. *Large Acquisition of Rights on Forest Lands for Tropical Timber Concessions and Commercial Wood Plantations*. Roma: International Land Coalition, 2011.

MORRIS, Tim. "Louisiana's Incarceration Rate Is n°. 1 in Nation". *Times-Picayune*, 2 de março de 2009.

MOYO, Dambisa. *Dead Aid: Why Aid Is Not Working and How There Is Another Way for Africa*. Londres: Penguin, 2010.

MURPHY, Kevin. "In a Fouled Jungle, Tribes Win One". *New York Times*, 12 de junho de 1996.

MURPHY, Sophia. "Land Grabs and Fragile Food Ecosystems: The Role of Globalization". Institute for Agriculture and Trade Policy, Minneapolis, MN, 2013.

NASA. "Measuring Vegetation (NDVI & EVI): Feature Articles". *Earth Observatory*. Disponível em: <http://earthobservatory.nasa.gov/Features/MeasuringVegeration/measuring_vegetation_2.php>.

_____. Disponível em: <http://earthobservatory.nasa.gov/Features/WorldOfChange/aral_sea.php>.

National Climatic Data Center. "Billion-Dollar Weather/Climate Disasters". National Climatic Data Center. Disponível em: <www.ncdc.noaa.gov/billions/>. Acesso em: 22 de novembro de 2013.

_____. "Drought-August 2013". National Climatic Data Center. Disponível em: <www.ncdc.noaa.gov/sotc/drought/2013/8>. Acesso em: 22 de novembro de 2013.

National Prisoner Statistics Program. "Prisoners in 2010 (Revised)". Bureau of Justice Statistics, U.S. Department of Justice. Disponível em: <http://bjs.ojp.usdoj.gov/index.cfm?ty=pbdetail&iid=2230>. Acesso em: 8 de fevereiro de 2013.

National Wildlife Federation. "Hard Rock Mining Pollution". National Wildlife Federation. Disponível em: <www.nwf.org/Wildlife/Policy/Mining-Loopholes.aspx>.

NELLAS, Demetris. "Greek Bill Opens Way for Civil Service Layoffs". Associated Press, 28 de abril de 2013.

NEUMANN, Jeannette. "Blackstone, Deutsche Bank in Talks to Sell Bond Backed by Home Rentals". *Wall Street Journal*, 30 de julho de 2013.

Newmont Mining Corporation. "Form 10-K". Securities and Exchange Commission. Disponível em: <www.sec.gov/answers/form10k.htm>. Acesso em: 23 de junho de 2013.

_____. "Newmont Announces Record Operating Cash Flow of $3.6 Billion and Record Annual Revenue of $10.4 Billion in 2011". Press release. Newmont Mining Corporation, Denver, CO, 23 de fevereiro de 2012.

New York Times. "Mine in Wilderness Approved After 14 Years". *New York Times*, 28 de dezembro de 2001.

Nigeria Intel. "Privatising the Prisons". Nigeria Intel. Disponível em: <www.nigeriaintel.com/2012/12/17/privatising-the-prisons>.

NOAA. "State of the Climate: Global Hazards for August 2011". National Climatic Data Center, National Oceanic and Atmospheric Administration, Washington, D.C., 2011.

_____. "State of the Climate: Global Hazards for July 2012" (publicado online em agosto de 2012). National Climatic Data Center, National Oceanic and Atmospheric Administration, Washington, D.C. Disponível em: <www.ncdc.noaa.gov/sotc/national/2012/7>.

_____. "Wildfires–August 2012". National Climatic Data Center, National Oceanic and Atmospheric Administration, Washington, D.C. Disponível em: <http://www.ncdc.noaa.gov/sotc/fire/2012/8>. Acesso em: 4 de janeiro de 2014.

_____. "Billion-Dollar Weather/Climate Disasters". National Climatic Data Center, National Oceanic and Atmospheric Administration, Washington, D.C. Disponível em: <www.ncdc.noaa.gov/billions/>. Acesso em: 22 de novembro de 2013.

_____. "Drought-August 2013". National Climatic Data Center, National Oceanic and Atmospheric Administration, Washington, D.C. Disponível em: <www.ncdc.noaa.gov/sotc/drought/2013/8>. Acesso em: 22 de novembro de 2013.

_____. Disponível em: <http://marinedebris.noaa.gov/sites/default/files/GPmap_2012_NOAAMDP.jpg>.

NOORANI, Shehzad. "Children of the Black Dust". CNN, 28 de setembro de 2008.

Norilsk Nickel. "History: Mastering Norilsk Ore Deposits". Norilsk Nickel. Disponível em: <www.nornik.ru/en/about/history>. Acesso em: 13 de junho de 2013.

Novinite. "Bulgaria: Foreclosure Auctions Jump in 2011". Novinite [Sofia News Agency]. Disponível em: <www.balkaninsight.com/en/article/bulgaria--foreclosure-auctions-jump-in-2011>. Acesso em: 3 de agosto de 2013.

NOVO, Andre; JANSEN, Kees; SLINGERLAND, Maja; GILLER, Ken. "Biofuel, Dairy Production and Beef in Brazil: Competing Claims on Land Use in São Paulo State". *The Journal of Peasant Studies* 37, n°4, pp. 769–792, 2010.

OECD. *Growing Unequal? Income Distribution and Poverty in OECD Countries*. Paris: OECD, 2008.

_____. *Divided We Stand: Why Inequality Keeps Rising*. Paris: OECD, 2011.

_____. "Annex Table 27: General Government Financial Balances". Economic Outlook Annex Tables. Disponível em: <www.oecd.org/eco/outlook/economicoutlookannextables.htm>. Acesso em: 1° de janeiro de 2014.

_____. "Economic Outlook n°. 93–June 2013–Flash File". Disponível em: <http://stats.oecd.org/Index.aspx?DataSetCode=EO93_FLASHFILE_EO93>. Acesso em: 1° de janeiro de 2014.

_____. "Income Distribution and Poverty". OECD. Stat Extracts. Disponível em: <http://stats.oecd.org/index.aspx?DataSetCode-IDD>. Acesso em: 1º de janeiro de 2014.

_____. "Incidence of Involuntary Part Time Workers". Disponível em: <http://stats.oecd.org/Index.aspx?DatasetCode=INVPT_I>. Acesso em: 1º de janeiro de 2014.

_____. "OECD: Stat Extracts". Disponível em: <http://stats.oecd.org/>. Acesso em: 1º de janeiro de 2014.

_____. "Central Government Debt". OECD. Stat Extracts. Disponível em: <http://stats.oecd.org/Index.aspx?queryid-8089>. 2014.

Office of the United States Trade Representative. "Free Trade Agreements". Office of the United States Trade Representative. Disponível em: <www.ustr.gov/trade-agreements/free-trade-agreements>.

_____. "Negotiations for the Transatlantic Trade and Investment Parrnership Have Begun". Press release, 8 de julho. Disponível em: <www.ustr.gov/about-us/press-office/blog/2013/july/TTIP-negotiations-begin>.

_____. "The United States in the Trans-Pacific Partnership". Online fact sheet. Disponível em: <www.ustr.gov/about-us/press-office/fact-sheets/2011/november/united-states-trans-pacific-partnership>.

OLSON-SAWYER, Kai. "Really? Shale Gas Fracking Uses a Lot of Water? Really!" Grace Communications Foundation. Disponível em: <www.gracelinks.org/blog/901/really-shale-gas-fracking-uses-a-lot-of-warer-really>.

ORTIZ, Isabel; CUMMINS, Matthew. *The Age of Austerity: A Review of Public Expenditures and Adjustment Measures in 181 Countries*. Nova York: Initiative for Policy Dialogue. Genebra: The South Centre, 2013.

Oxfam. "Our Land, Our Lives: Time Out on the Global Land Rush". Oxfam Briefing Note, outubro de 2012.

PAGER, Devah; WESTERN, Bruce; BONIKOWSKI, Bart. "Discrimination in a Low-Wage Labor Market: A Field Experiment". Discussion paper nº. 4469. Institute for the Study of Labor, Bonn, 2009.

PALMER, Lisa. "Q and A: The Angry Economist". *Green: A Blog about Energy and the Environment. New York Times*, 1º de março de 2013.

PALMER, M. A.; BERNHARDT, E. S.; SCHLESINGER, W. H.; ESHLEMAN, K. N.; FOUFOULA-GEORGIU, E.; HENDRYX, M. S.; LEMLY, A. D.; LIKENS,

G. E.; LOUCKS, O. L.; POWER, M. E.; WHITE, P. S.; WILCOCK, P. R. "Mountaintop Mining Consequences". *Science* 327, pp. 148–149, 2010.

PAPADEMETRIOU, D.; TERRAZAS, A. "Immigrants and the Current Economic Crisis: Research Evidence, Policy Challenges, and Implications". Migration Policy Institute, Washington, D.C., 2009.

PARENTI, Christian. *Lockdown America*. Londres: Verso, 2008.

PARIS, Costas; STEVIS, Manna; BOUROS, Stelios. "Eurozone Meets on New Greek Aid Deal". *Dow Jones Financial News*, 9 de fevereiro de 2012.

PATOSKI, Joe Nick. "Water Policy in Legislature Rode on One Word". *New York Times*, 9 de junho de 2011.

PATTERSON, Scott. "Dark pools Face Scrutiny". *Wall Street Journal*. Disponível em: <http://online.wsj.com/news/articles/SB10001424127887324069104578527361102049152>. Acesso em: 25 de novembro de 2013.

PENDER, James S. "Community-Led Adaptation in Bangladesh". *Forced Migration Review* 31, pp. 54–55, 2008.

_____. "What Is Climate Change? And How It Will Affect Bangladesh?" Briefing paper. Church of Bangladesh Social Development Programme, Dhaka, 2008.

PENN, Ivan. "The Profits on Water Are Huge, but the Raw Material Is Free". *Tampa Bay Times*, 16 de março de 2008.

PERALTA, Eyder. "Pa. Judge Sentenced to 28 Years in Massive Juvenile Justice Bribery Scandal". National Public Radio, 11 de agosto de 2011.

PERLEZ, Jane; JOHNSON, Kirk. "Behind Gold's Glitter: Torn Lands and Pointed Questions". *New York Times*, 24 de outubro de 2005.

PETTIT, Kathryn L. S.; RUEBEN, Kim. "Investor-Owners in the Boom and Bust". MetroTrends. Disponível em: <www.metrotrends.org/Commentary/mortgage-lending.cfm>. Acesso em: 13 de julho de 2012.

Pew Center on the States. *One in 100: Behind Bars in America 2008*. Washington, D.C.: Pew Charitable Trusts, 2008.

_____. *One in 31: The Long Reach of American Corrections*. Washington, D.C.: Pew Charitable Trusts, 2009.

_____. *Prison Count 2010: State Population Declines for the First Time in 38 Years*. Washington, D.C.: Pew Charitable Trusts, 2010.

PHILLIPS, Jonathan D. "Impacts of Surface Mine Valley Fills on Headwater Floods in Eastern Kentucky". *Environmental Geology* 45, n° 3, pp. 367–380, 2004.

PILKINGTON, Ed. "The Village at the Tip of the Iceberg". *Guardian*. 27 de setembro de 2008.

PINO, Isaac; KANNEL, Charlie; GARDNER, Tom. "How Dow Chemical Can End the Tragedy in Bhopal". *Motley Fool*, 27 de julho de 2012.

PISTOR, Katharina. "The Standardization of Law and Its Effect on Developing Economies". *The American Journal of Compararive Law* 50, nº 1, pp. 97–130, 2002.

PMEL. Hawaii Carbon Dioxide Time Series. PMEL Carbon Program, National Oceanic and Atmospheric Administration, Washington, D.C., 2012.

PORTER, Lynn. "Introduction to Hanford Issues". Hanford Watch. Disponível em: <www.hanfordwatch.org/introduction.htm>. Acesso em: 9 de janeiro de 2013.

PORTES, Alejandro. *Economic Sociology: A Systematic Inquiry*. Princeton, NJ: Princeton University Press, 2010.

POUILLER, Francisca. "Doe Run Workers Protest to Demand Smelter Reopen". Miningweekly.com, 14 de junho de 2010.

POWLEY, Tanya; WARWICK-CHING, Lucy. "Stateless and Super-rich". *Financial Times*, 28 de abril de 2012.

POYNTER, Bilbo. "Private Prison Companies Look to Canada as Industry Faces Lawsuits in US". *Guardian*, 19 de junho de 2012.

"Prison Population Around the Globe [Gráfico]". *New York Times*, 22 de abril de 2008.

Prison Reform Trust. "Background to Private Prisons". Prison Reform Trust. Disponível em: <www.prisonreformtrust.org.uk/ProjectsResearch/Privatesectorprisons>. Acesso em: 4 de janeiro de 2013.

Productschap Margerine, Vetten en Oliën. "Fact Sheet Palm Oil". Productschap Margerine, Vetten en Oliën. Disponível em: <www.mvo.nl/LinkClick.aspx?fileticket=jsFVMZwZzkc%3D>. Acesso em: 27 de junho de 2013.

PROVOST, Claire. "New International Land Deals Database Reveals Rush to Buy up Africa". *Guardian*, 27 de abril de 2012.

Public Citizen. "On Anniversary of U.S.-Korea FTA Implementation, U.S. Exports Down 9 Percent, Imports from Korea Up and Deficit with Korea Swells 30 Percent, Undermining Obama Export and Job Growth

Goals [Press release]. Public Citizen. Disponível em: <www.citizen.org/documents/press-release-korea-fta-one-year-anniversary.pdf>.

Public Services International Research Unit. *Prison Privatisation Report International*. Relatório n° 67, março/abril. Public Services International Research Unit, University of Greenwich, 2005.

_____. *Prison Pritatisation Report International*. Relatório n° 68, maio/junho. Public Services International Research Unit, University of Greenwich, 2005.

_____. *Prison Privatisation Report International*. Relatório n° 69, julho/agosto. Public Services International Research Unit, University of Greenwich, 2005.

_____. *Prison Privatisation Report International*. Relatório n° 70, setembro/outubro. Public Services International Research Unit, University of Greenwich, 2005.

PUTZEL, Louis; ASSEMBE-MVONDO, Samuel; NDONG, Laurentine Bilogo Bi; BANIOGUILA, Reine Patrick; CERUTTI, Paolo; TIEGUHONG, Julius Chupezi; DJEUKAM, Robinson; KABUYAYA, Noël; LESCUYER, Guillaume; MALA, William. "Chinese Trade and Investment and the Forests of the Congo Basin: Synthesis of Scoping Studies in Cameroon, Democratic Republic of Congo and Gabon". Working paper n°. 67. Center for International Forestry Research, Bogor, Indonesia, 2011.

QUIJANO, Aníbal. "Coloniality and Modernity/Rationality". *Cultural Studies* 21, n° 2–3, pp. 168–178, 2007.

RAMESH, Randeed. "Bhopal Water Still Toxic 25 Years After Deadly Gas Leak, Study Finds". *Guardian*, 1° de dezembro de 2009.

RAVANERA, Roel R.; GORRA, Vanessa. *Commercial Pressures on Land in Asia: An Overview*. Roma: International Land Coalition, 2011.

RAWAT, Vidya Bhushan; BHUSHAN, Mamidi Bharath; SUREPALLY, Sujatha. *The Impact of Special Economic Zones in India: A Case Study of Polepally SEZ*. Roma: International Land Coalition, 2011.

RAY, M. K. "The Water Grab on the Augustin Plains. Sierra Club". Disponível em: <http://southern.nmsierraclub.org/water-grab-on-the-augustin-plains>. Acesso em: 22 de novembro de 2013.

RealtyTrac. "More than 1.2 Million Foreclosure Filings Reported in 2006". RealtyTrac. Disponível em: <www.realtytrac.com/content/press-rele-

ases/more-than-12-million-foreclosure-filings-reported-in-2006-2234>. Acesso em: 17 de julho de 2012.

_____. U.S. Foreclosure Activity Increases 75 Percent in 2007. RealtyTrac. Disponível em: <www.realtytrac.com/content/press-releases/us-foreclosure-activity-increases-75-percenr-in-2007-3604>. Acesso em: 17 de julho de 2012.

_____. "2008 Year-End Foreclosure Market Report". RealtyTrac. Disponível em: <www.realtytrac.com/content/news-and-opinion/2008-year-end-foreclosure-market-report-4621>. Acesso em: 17 de julho de 2012.

_____. "Record 2.9 Million U.S. Properties Receive Foreclosure Filings in 2010 Despite 30-Month Low in December. RealtyTrac. Disponível em: <www.realtytrac.com/content/foreclosure-marker-report/record-29-million-us-properties-receive-foreclosure-filings-in-2010-despite-30-month-low-in-december-6309>. Acesso em: 17 de julho de 2012.

_____. "February 2012 U.S. Foreclosure Market Report: Foreclosure Tide Rising in Half of Largest Metro Areas. RealtyTrac. Disponível em: <www.realtytrac.com/content/foreclosure-market-report/february-2012-us-foreclosure-market-report-7069>. Acesso em: 13 de julho de 2012.

_____. "Foreclosure Trends". RealtyTrac. Disponível em: <www.realtytrac.com/trendcenter>. Acesso em: 28 de julho de 2012.

_____. "All-Cash and Institutional Investor Purchases down from Year Ago in June but Short Sales Continue to Increase". RealtyTrac. Disponível em: <www.realtytrac.com/content/foreclosure-market-report/us-residential-sales-report-june-2013-7812>. Acesso em: 3 de agosto de 2013.

_____. "Single Family Home Flipping Increases 19 Percent in First Half of 2013 While Profits Soar". RealtyTrac. Disponível em: <www.realtytrac.com/content/foreclosure-market-report/us-residential-sales-report-june-2013-7812>. Acesso em: 3 de agosto de 2013.

REICH, Robert B. *Aftershock: The Next Economy and America's Future*. Nova York: Vintage, 2011.

Reuters. "PNG Government Takes Full Ownership of Ok Tedi Mine". Reuters. Disponível em: <http://www.reuters.com/article/2013/09/19/png-oktedi-idUSL3N0HF0VC20130919>. Acesso em: 4 de janeiro de 2014.

Right to Water and Sanitation. "Case against Coca-Cola Kerala State: India. Right to Water and Sanitation". Disponível em: <www.righttowater.info/ways-to-influence/legalapproaches/case-against-coca-cola-kerala--state-india>. Acesso em: 9 de janeiro de 2013.

RIGNOT, E.; VELICOGNA, I.; BROEKE, M. R. van den; MONAGHAN, A.; LE-NAERTS, J. T. M. "Acceleration of the Contribution of the Greenland and Antarctic Ice Sheets to Sea Level Rise". *Geophysical Research Letters* 38, n° 5: L05503, 2011.

ROBLES, Frances. "Pollution Sickens Children in Dominican Republic". *Miami Herald*, 13 de março de 2007.

RODRIGUEZ, Michelle Natividad; EMSELLEM, Maurice. *65 Million "Need Not Apply": The Case for Reforming Criminal Background Checks for Employment*. National Employment Law Project, Nova York, 2011.

ROGERS, Simon; EVANS, Lisa. "World Carbon Dioxide Emissions Data by Country: China Speeds Ahead of the Rest". *Guardian*, 31 de janeiro de 2011.

ROMM, Joe. "Shale Shocked: 'Highly Probable' Fracking Caused U.K. Earthquakes, and It's Linked to Oklahoma Temblors". Think Progress. Disponível em: <http://thinkprogress.org/climate/2011/11/02/360014/shale-fracking-earthquakes>. Acesso em: 26 de junho de 2013.

ROTH, Mitchel P. *Prisons and Prison Systems: A Global Encyclopedia*. Westport, CT: Greenwood, 2006.

ROTHKOPF, David J. *Superclass: The Global Power Elite and the World They Are Making*. Nova York: Farrar, Straus and Giroux, 2009.

Royal Tropical Institute. "Indonesia: Food Security and Land Governance Tenure". IS Academy on Land Governance for Equitable and Sustainable Development. Netherlands Ministry of Foreign Affairs, Amsterdã, 2012.

RUBIO, Blanca. *Explotados y Excluidos: Los Campesinos Latino americanos en la Fase Agroexportadora Neoliberal*. Cidade do México: Plaza y Valdés, S.A. de C.V, 2003.

RUDITSKY, Jake. "Toxic Felis: A Visit to Russia's Most Polluted City". *The Exile* (Moscou), 24 de junho de 2004.

RULLI, Maria Cristina; SAVIORI, Antonio; D'ODORICO, Paolo. "Global land and Water Grabbing". *Proceedings of the National Academy of Sciences of the United States* 110, n° 3, pp. 892–897, 2013.

RUPP, D. E.; MOTE, P. W.; MASSEY, N.; RYE, C. J.; ALLEN, M. "Did Human Influence on Climate Make the 2011 Texas Drought More Probable?" *Bulletin of the American Meteorological Society* 93, n° 7 (Julho), pp. 1.053-1.057, 2012.

SAEZ, Emmanuel. "Striking It Richer: The Evolution of Top Incomes in the United States (Updated with 2008 Estimates)". Department of Economics, University of California, Berkeley, 2010.

Salem-News. US Energy Department Announces It Still Plans to Use Hanford as a National Radioactive Waste Dump". *Salem-News*. Disponível em: <http://www.salem-news.com/articles/december132013/hanford-waste.php>. Acesso em: 5 de janeiro de 2014.

SAMEK, Kelly. "Unknown Quantity: The Bottled Water Industry and Florida's Springs". *Journal of Land Use* 19, n°. 2, pp. 569-595, 2004.

SAMPANIOTIS, Theodosios. "Greek Real Estate Market: Prices and Activity Decline Escalates, Uncertainty Increases". *Eurobank*. Disponível em: <http://www.eurobank.gr/Uploads/Reports/GREECE%20Macrofebruary%202013.pdf>. Acesso em: 1° de janeiro de 2014.

SAMPLE, Ian. "Global Food Crisis Looms as Climate Change and Population Growth Strip Fertile Land". *Guardian*, 31 de agosto de 2007.

SANGHAM, A. S.; Plachimada Struggle Solidarity Committee. "A Call to Struggle... for Water... for Life". *Kerala Letter* [blog]. Disponível em: <http://keralaletter.blogspot.com/2010/01/call-to-strugglefor--waterfor-life.html>. Acesso em: 30 de julho de 2012.

SANTER, B. D.; TAYLOR, K. E.; WIGLEY, T. M. L.; PENNER, J. E.; JONES, P. D.; CUBASCH, U. "Towards the Detection and Attribution of an Anthropogenic Effect on Climate". *Climate Dynamics* 12, n° 2, pp. 77-100, 1995.

SANTOSO, Puji; AFRIZAL, Jon. "Two Killed, Five Injured in Riau Land Disputes". *Jakarta Post*, 24 de novembro de 2004.

SASSEN, Saskia. *The Mobility of Labor and capital: A Study in International Investment and Labor Flow*. Cambridge: Cambridge University Press, 1988.

_____. *The Global City: New York, London, Tokyo*. 2ª ed. revisada. Princeton, NJ: Princeton University Press. 2001.

_____. "A Bad Idea: Using a Financial Solution to the Financial Crisis". *Huffington Post*, 20 de novembro de 2008.

_____. "Mortgage Capital and Its Particularities: A New Frontier for Global Finance". *Journal of International Affairs* 62, n° 1, pp. 187–212, 2008.

_____. *Territory, Authority, Rights: From Medieval to Global Assemblages*. 2ª ed. Princeton, NJ: Princeton University Press, 2008.

_____. "Two Stops in Today's New Global Geographies: Shaping Novel Labor Supplies and Employment Regimes". *American Behavioral Scientist* 52, n° 3, pp. 457–496, 2008.

_____. "A Savage Sorting of Winners and Losers: Contemporary Versions of Primitive Accumulation". *Globalizations* 7, n° 1, pp. 23–50, 2010.

_____. *Cities in a World Economy* [4ª edição revisada]. Thousand Oaks, CA: Sage/Pine Forge, 2011.

_____. "The Global Street: Making the Political". *Globalizations* 8, n° 5 (outubro), pp. 565–571, 2011.

_____. "Interactions of the Technical and the Social: Digital Formations of the Powerful and the Powerless". *Information, Communication & Society*. DOI: 10.1080/1369118X.2012.667912, 2012.

_____. "Global Finance and Its Institutional Spaces". In: KARIN KNORR CETINA e ALEX PREDA (orgs.) *The Oxford Handbook of the Sociology of Finance*. Oxford: Oxford University Press, 2013.

_____. Forthcoming. *Ungoverned Territories*. Cambridge, MA: Harvard University Press.

SASSEN, Saskia; DOTAN, Natan. "Delegating, Not Returning, to the Biosphere: How to Use the Multi-scalar and Ecological Properties of Cities". *Global Environmental Change* 21, n° 3, pp. 823–834, 2011.

SCHUUR, Edward A. G.; ABBOTT, Benjamin. "Climate Change: High Risk of Permafrost Thaw". *Nature* 480: pp. 32–33, 2011.

SCHWARTZ, Mike. "Bottled Water Conflicts". Department of Geography, University of Wisconsin, Eau Claire, 2004.

SCHWARTZKOPFF, Frances. "Denmark Races to Prevent Foreclosures as Home Prices Sink". Bloomberg.com, 18 de março de 2013.

SCOTT, James C. *Seeing Like a State: How Certain Schemes to Improve the Human Condition Have Failed*. New Haven: Yale University Press, 1999.

SCOTT, Robert E. "Trade Policy and Job Loss". Working paper n°. 289. Economic Policy Institute, Washington, D.C., 2010.

_____. "The China Toll: Growing U.S. Trade Deficit with China Cost More than 2.7 Million Jobs between 2001 and 2011, with Job Losses in Every State". Briefing paper #345, Economic Policy Institute, Washington, D.C., 2012.

_____. "No Jobs from Trade Pacts". Economic Policy Institute, Washington, D.C., 2013.

SEAGER, R.; TING, M. F.; HELD, I. M.; KUSHNIR, Y.; LU, J.; VECCHI, G.; HUANG, H. P.; HARNIK, N.; LEETMAA, A.; LAU, N. C.; LI, C.; VELEZ, J.; NAIK, N. "Model Projections of an Imminent Transition to a More Arid Climate in Southwestern North America". *Science* 316, n° 5.828, pp. 1.181–1.184, 2007.

"Sea Level". *The Guardian*. Guardian News and Media. Disponível em: <http://www.theguardian.com/environment/sea-level>.

SEC. Release n°. 34-68842. Disponível em: <www.sec.gov/rules/sro/finra/2013/34-68842.pdf>. Acesso em: 25 de novembro de 2013.

SEICRAIG, Bruce. "This Reclamation Plan Uses Waste to Bury Waste". *High County News* 122, 19 de janeiro de 1998.

SEN, Amartya. *Development as Freedom*. Nova York: Anchor, 2000.

SEN, Arjun. "Heat on Cold Drinks". *Statesman*, 12 de agosto 2003.

SENDER, Henny Arash Massoudi; RAVAL, Anjli. "US Housing Groups to Launch IPOs. *Financial Times*, 13 de maio de 2013.

SERRANO, Fernando. "Environmental Contamination in the Homes of La Oroya and Concepcion and Its Effects in the Health of Community Residents". United Nations, Office of the High Commissioner for Human Rights, Genebra, 2008.

SHAH, Shahid. "Corporate Farming Raises Concern among Local Growers". *The News (Pakistan)*, 28 de janeiro de 2009.

SHEPARD, D.; ANURADHA, M. *(Mis)Investment in Agriculture: The Role of the International Finance Corporation in the Global Land Grab*. Oakland Institute. Disponível em: <http://www.oaklandinstitute.org/>.

SHERMAN, Arloc; STONE, Chad. "Income Gaps Between Very Rich and Everyone Else More than Tripled in Last Three Decades, New Data Show". Center on Budget and Policy Priorities, Washington, D.C., 2010.

SHINN, Mary Beth. "Homelessness, Poverty and Social Exclusion in the United States and Europe". *European Journal of Homelessness* 4, 2010.

Sierra Club: Southern New Mexico Group. "The Water Grab on the Augustin Plains". Disponível em: <http://sourthern.nmsierraclub.

org/water-grab-on-the-augustin-plains>. Acesso em: 22 de novembro de 2013.

SILLS, Ben; TARTAR, Andre. "Spain Recession Seen Ending by 2014 as Austerity Eases". Bloomberg.com, 13 de junho de 2013.

SMEEDING, Timothy M. "Globalization, Inequality, and the Rich Countries of the G-20: Evidence from the Luxembourg Income (LIS)". Working paper n°. 48. Center for Policy Research. Disponível em: <http://dx.doi.org/10.2139/ssrn.1809030>.

SMITH, Jim. "A Long Shadow over Fukushima". *Nature* 472, n°. 7, 5 de abril de 2011.

SMITH, Merrill. "Warehousing Refugees: A Denial of Rights, a Waste of Humanity". In: *World Refugee Survey* 2004. Arlington, VA: U.S. Committee for Refugees, 2004.

SMITH, Yves. "New Whistleblower Describes How Bank of America Flagrantly Violates Dual Tracking, Single Point of Contact Requirements in State/Federal Mortgage Settlement". *Naked Capitalism* [blog], 21 de fevereiro de 2013.

SMYTH, Sharon. "Spain Home Expropriation Plans Seen Violating EU Bailout". *Bloomberg Businessweek*, 12 de maio de 2013.

SNYDER, Howard N. "Arrest in the United States, 1980–2009". Bureau of Justice Statistics, U.S. Department of Justice, 22 de setembro de 2011.

SOLOMON, S.; QIN, D.; MANNING, M.; CHEN, Z.; MARQUIS, M.; AVERYT, K. B.; TIGNOR, M.; MILLER, H. L. (orgs.). *Climate Change 2007: The Physical Science Basis*. Contribution of Working Group I to the Fourth Assessment Report of the Intergovernmental Panel on Climate Change. Cambridge: Cambridge University Press, 2007.

STAMARIS, Georgios. "Homeless in Greece in the Current Financial Crisis: What Perspectives?" University of Athens. Disponível em: <http://crisis.med.uoa.gr/elibrary/13.pdf>.

STIFFARM, Dean L. "Community Involvement Conference and Training: The Zortman & Landusky Goldmines". Fort Belknap Indian Community – Environmental Department, Harlem, Montana. Disponível em: <www.epancic.org/2005/download/presentations/ballroom_a/thu/stiffarm.pdf>. Acesso em: 9 de janeiro de 2013.

STIGLITZ, Joseph E. *Freefall: Freemarkets and the Sinking of the Global Economy*. Nova York: W. W. Norton & Company, 1999.

_____. *The Price of Inequality*. Nova York: W W. Norton & Company, 2012.

_____. "Globalisation Isn't Just about Profits. It's About Taxes Too". *The Guardian*. Disponível em: <http://www.guardian.co.uk/commentisfree/2013/may/27/globalisation-is-about-taxes-too>.

STIGLIRZ, Joseph E.; KALDOR, Mary (orgs.). *The Quest for Security: Protection without Protectionism and the Challenge of Global Governance*. Nova York: Columbia University Press, 2013.

STOTT, P. A. "External Control of 20th Century Temperature by Natural and Anthropogenic Forcings". *Science* 290, n° 5.499, pp. 2.133–2.137, 2000.

STOTT, P. A.; JONES, G. S.; CHRISTIDIS, N.; ZWIERS, F.; HEGERL, G.; SHIOGAMA, H. "Single-Step Attribution of Increasing Frequencies of Very Warm Regional Temperatures to Human Influence". *Atmospheric Science Letters* 12, n° 2, pp. 220–227, 2011.

STOTT, P. A.; STONE, D. A.; ALLEN, M. R. "Human Contribution to the European Heatwave of 2003". *Nature* 432, n° 7017, pp. 610–614, 2004.

SUDBURY, Julia (org.). *Global Lockdown: Race, Gender, and the Prison-Industrial Complex*. Nova York: Routledge, 2005.

SUMMERILL, Joseph. "Housing Federal Prisoners in Local Jails". Statement of Joseph Summerill Before the Committee on Appropriations: Commerce, Justice, Science, and Related Agencies, 11 de março de 2011.

SUTCLIFFE, Bob. "World Inequality and Globalization". *Oxford Review of Economic Policy* 20, n° 1, pp. 15–37, 2004.

_____. Postscript ao artigo "World Inequality and Globalization". Banco Mundial, Washington, D.C., 2007.

SYDOR, Guy. "The World's Highest Railroad". Disponível em: <http://www.peruhotel.com/english/article.php3?idarticle=13>. Acesso em: 9 de janeiro de 2013.

TAGLIABUE, John. "Parts of Low Country Are Now Quake Country". *New York Times*, 27 de março de 2013.

TARLOCK, Dan A. *Bottled Water: Legal Aspects of Groundwater Extraction*. Madison, Wisconsin: State Environmental Resource Center, 2004.

Tax Justice Network. "The Cost of Tax Abuse". Tax Justice Network. Disponível em: <www.tackletaxhavens.com/Cost_of_Tax_Abuse_TJN_Research_23rd_Nov_2011.pdf>.

TEUBAL, Miguel. "Expansión del Modelo Sojero en la Argentina. De la Producción de Alimentos a los Commodities". *Realidad Económica*, nº 220, 2006.

Texas A&M University. "Texas Water Law". Texas A&M University. Disponível em: <http://texaswater.tamu.edu/water-law>. Acesso em: 13 de julho de 2013.

THEODORIKAKOU, O.; ALAMANOU, A.; *et al.* "Homelessness in Greece–2012: An In-Depth Research on Homelessness in the Financial Crisis". Klimaka NGO–Greece. European Research Conference: Access to Housing for Homeless People in Europe, York, 21 de setembro de 2012. Disponível em: <www.slideshare.net/FEANTSA/seminar-3-klimaka>.

THOMPSON, Derek. "Europe's Record Youth Unemployment: The Scariest Graph in the World Just Got Scarier". *Atlantic*, maio de 2013.

THOMPSON, Mark. "Spanish Economy Shrinks Again". *CNNMoney*, 23 de outubro de 2012.

TOWNSEND, P. K.; TOWNSEND, W. H. "Assessing an Assessment: The Ok Tedi Mine". Disponível em: <www.maweb.org/documents/bridging/papers/townsend.patricia.pdf>.

TSUKIMORI, Osamu; LAYNE, Nathan. "Areas near Japan Nuclear Plant May Be Off Limits for Decades". Reuters, 27 de agosto de 2011.

UNCTAD. *World Investment Directory*, volume 10: *Africa*. Nova York: United Nations, 2008.

UNDP. *A Time for Bold Ambition: Together We Can Cut Poverty in Half: UNDP Annual Report*. Nova York: UNDP, 2005.

_____. *Human Development Report 2007–2008*. Nova York: UNDP, 2008.

_____. *Human Development Report 2013*. Nova York: UNDP, 2013.

UNEP/GRID. *Planet in Peril: An Atlas of Current Threats to People and the Environment*. Arendal, Norway: UNEP/GRID, 2006.

UNHCR. *Global Trends 2011*. Genebra: United Nations High Commissioner for Refugees, 2012.

_____. "Annex Tables". *Global Trends 2011*. Disponível em: <www.unhcr.org/pages/4fd9a0676.html>. Acesso em: 2 de janeiro de 2013.

UNICEF. "Progress on Drinking Water and Sanitation". Disponível em: <www.unicef.org/media/files/JMPreport2012.pdf>. Acesso em: 18 de junho de 2013.

United Nations Framework Convention on Climate Change. "A Summary of the Kyoto Protocol". United Nations Framework Convention on Climate Change. Disponível em: <http://unfccc.int/kyoto_protocol/background/items/2879.php>. Acesso em: 18 de junho de 2013.

URBAN, Rob; SMYTH, Sharon. "Greek Banks Follow Euripides to Help Borrowers: Mortgages". *Bloomberg Businessweek*, 26 de julho de 2012.

U.S. Committee for Refugees. *World Refugee Survey 2009*. Arlington, VA: U.S. Committee for Refugees, 2009.

U.S. Energy Information Administration. "Assumptions to the Energy Outlook 2012: Coal Modual". U.S. Energy Information Administration. Disponível em: <www.eia.gov/forecasts/aeo/assumptions/pdf/coal.pdf>. Acesso em: 9 de janeiro de 2013.

_____. "Total Energy: Annual Energy Review". U.S. Energy Information Administration. Disponível em: <www.eia.gov/totalenergy/data/annual/showtext.cfm?t=ptb0701>. Acesso em: 9 de janeiro de 2013.

U.S. International Trade Commission. USITC Interactive Tariff and Trade Data Web. Data for 2000–2013, year-to-date, April, downloaded June 21 via spreadsheet. Disponível em: <http://dataweb.usitc.gov/>.

VAN LYNDEN, G. W. J. "European and World Soils: Present Situation and Expected Evolution". *Proceedings of I International Conference: Soil and Compost Eco-biology, León, Spain*, 2004.

VAN ONSELEN, Leith. "Three Headwinds for the US Housing Recovery". MacroBusiness. Disponível em: <www.macrobusiness.com.au/2013/07/factors-that-may-thwart-the-us-housing-recovery>. Acesso em: 3 de agosto de 2013.

VARCHAVER, Nicholas; BENNER, Katie. "The $55 Trillion Question". *CNN Money*, 30 de setembro de 2008.

VERGANO, Dan. "Climate Change Threatens New Dust Bowl in Southwest". *USA Today*, 6 de abril de 2007.

VERMEULEN, Sonja; GOAD, Nathalie. *Towards Better Practice in Smallholder Palm Oil Production*. Natural Resources Issues Series 5, Londres: IIED, 2006.

VIDAL, John. "Chinese Food Security May Be Motivating Investments in Africa". *Guardian*, 10 de maio de 2012.

VIÑAS, Maria-José. "Satellites See Unprecedented Greenland Ice Sheet Surface Melt". NASA. Disponível em: <www.nasa.gov/topics/earth/features/greenland-melt.html>. Acesso em 30 de julho de 2012.

VISSER, Oane; SPOOR, Max. "Land Grabbing in Post-Soviet Eurasia: The World's Largest Agricultural Land Reserves at Stake". *Journal of Peasant Studies* 38, n° 2, pp. 299–323, 2011.

VON BRAUN, Joachim. "Food and Financial Crises: Implications for Agriculture and the Poor". *Washington D.C.: International Food Policy Research Institute (IFPRI) Food Policy Report* 20. Disponível em: <http://www.ifpri.org/PUBS/agm08/jvbagm2008.asp>.

VON BRAUN, Joachim; AHMED, Akhter; ASENSO-OKYERE, Kwadwo; FAN, Shenggen; GULATI, Ashok; HODDINOTT, John; PANDYA-LORCH, Rajul; ROSEGRANT, Mark W.; RUEL, Marie; TORERO, Maximo; VAN RHEENEN, Teunis; VON GREBMER; Klaus. "High Food Prices: The What, Who, and How of Proposed Policy Actions". *Washington D.C.: International Food Policy Research Institute (ifpri) Policy Brief.* Disponível em: <http://www.ifpri.org/pubs/ib/foodprices.asp>.

VON BRAUN, Joachim; MEINZEN-DICK, Ruth. "'Land Grabbing' by Foreign Investors in Developing Countries: Risks and Opportunities". *Washington D.C.: International Food Policy Research Institute (ifpri) Policy Brief* 13. Disponível em: <http://www.ifpri.org/publication/land-grabbing--foreign-investors-developing-countries>.

Voyant Solutions Pvt. Ltd. "Final Report for City Corporation cum Business Plan for Raniper Town". Disponível em: <http://municipality.tn.gov.in/ranipet/Ranipet.pdf>. Acesso em: 9 de janeiro de 2013.

WAGENHOFER, Erwin. *We Feed the World*. Allegro Film Produktionsfirma GmbH. Disponível em: <www.youtube.com/watch?v=qyAzxmN2s0w>. Acesso em: 18 de junho de 2013.

WALD, Matthew L. "Analysis Triples U.S. Plutonium Waste Figures". *New York Times*, 11 de julho de 2010.

WALMSLEY, R. *World Population List* (9ª ed). Essex: International Centre for Prison Studies, 2011.

WALSH, Bryan. "Dzerzhinsk, Russia". The World's Most Polluted Places. *Time*. Disponível em: <www.time.com/time/specials/2007/article/0,28804,1661031_1661028_1661021,00.html>. Acesso em: 9 de janeiro de 2013.

WARNER, Koko; DUN, Olivia; STAL, Marc. "Field Observations and Empirical Research". *Forced Migration Review* 31, pp. 13-15, 2008.

WARNOCK, Veronica Cacdac; WARNOCK, Francis E. "Markets and Housing Finance". Social Science Research Network. Disponível em: <http://papers.ssrn.com/sol3/papers.cfm?abstract_id=981641>. Acesso em: 28 de julho de 2012.

_____. "Developing Housing Finance Systems". Reserve Bank of Australia Annual Conference Volume, pp. 49-67. Disponível em: <http://www.rba.gov.au/publications/confs/2012/pdf/warnock-warnock.pdf>. Acesso em: 8 de janeiro de 2014.

WARREN, L. H. "Leather Buffers' Nodes". *Journal of the American Medical Association* 114, n° 7, p. 571, 17 de fevereiro de 1940.

Washington State Department of Ecology. "Hanford Quick Facts". Washington State Department of Ecology. Disponível em: <http://web.archive.org/web/20080624232748/http://www.ecy.wa.gov/features/hanford/hanfordfacts.html>.

_____. "Ecology Statement on Notification of More at Risk Consent Decree Milestones". Washington State Department of Ecology. Disponível em: <http://www.ecy.wa.gov/programs/nwp/sections/tankwaste/twtreatment/pages/20131008_statement.html>. Acesso em: 5 de janeiro de 2014.

WASSENER, Bettina. "Raising Awareness of Plastic Waste". *New York Times*, 14 de agosto de 2011.

WATKINS, Thayer. "The Chaebol of South Korea". San Jose State University faculty webpage. Disponível em: <www.sjsu.edu/faculty/watkins/chaebol.-htm>.

Wellington Water Watchers. "Nestlé Waters Canada, Permit to Take Water". Wellington Water Watchers. Disponível em: <www.wellingtonwaterwatchers.ca/nestle-waters-canada-permir-to-take-water/>. Acesso em: 23 de novembro de 2013.

WESTERN, Bruce; PETTIT, Becky. "Incarceration & Social Inequality". *Daedalus*, verão de 2010.

WHITE, Alan. "Foreclosure Crisis in Europe vs US". Credit Slips: A Discussion on Credit, Finance, and Bankruptcy. Disponível em: <www.creditslips.org/creditslips/2011/08/foreclosure-crisis-in-europe-vs-us.html>. Acesso em: 8 de fevereiro de 2013.

WHITE, Ben; BORRAS JR., Saturnino M.; HALL, Ruth; SCOONES, Ian; WOLFORD, Wendy. "The New Enclosures: Critical Perspectives on Corporate Land Deals". *Journal of Peasant Studies* 39, n° 3–4, pp. 619–647, 2013.

White House. The U.S.-South Korea Free Trade Agreement: More American Jobs, Faster Economic Recovery Through Exports" (informe). Disponível em: <www.whitehouse.gov/sites/default/files/fact_sheet_overview_us_korea_free_trade_agreernenr.pdf>.

WHO. "Chernobyl: The True Scale of the Accident". Organização Mundial da Saúde, Genebra, 2005.

_____. "Dioxins and Their Effect on Human Health". Organização Mundial da Saúde, Genebra, 2010.

WIENER BRAVO, E. "The Concentration of Land Ownership in Latin America: An Approach to Current Problems". CISEPA contribution to ILC Collaborative Research Project on Commercial Pressures on Land. Roma: ILC, 2011.

WIGLEY, T.; SANTER, B. "A Probabilistic Quantification of the Anthropogenic Component of Twentieth Century Global Warming". *Climate Dynamics*, 2012.

WILLIAMS, Laura. *Housing Landscape 2012*. National Housing Conference, Washington, D.C., 2012.

WOLMAN, David. "Train to the Roof of the World". *Wired* 14, n° 7, julho de 2006.

World Food Programme. "10 Things You Need to Know about Hunger in 2013". World Food Programme, Roma, 2013.

World Nuclear Association. "Chernobyl Accident 1986". World Nuclear Association. Disponível em: <www.world-nuclear.org/info/chernobyl/inf07.html>. Acesso em: 9 de janeiro de 2013.

WYLY, Elvin; MOOS, Markus; HAMMEL, Daniel; KABAHIZI, Emanuel. "Cartographies of Race and Class: Mapping the Class-Monopoly Rents of American *Subprime* Mortgage Capital". *International Journal of Urban and Regional Research* 33, n° 2, pp. 332–354, junho de 2009.

XING, Yuqing. "Facts About and Impacts of FDI on China and the World Economy". China: *An International Journal* 8, n° 2, pp. 309–327, 2010.

YUSUF, Hamid. "Land Administration System in Indonesia". Paper presented at the 17th ASEAN Valures Association Congress. Disponível em: <www.aseanvaluers.org/PDF/Land%20Administration%20System%20in%20Indonesia.pdf>. Acesso em: 1° de julho de 2013.

ZARCHIN, Tomer. "International Legal Precedent: No Private Prisons in Israel". *Haaretz*, 9 de novembro de 2009.

ZEISS, Geoff. "Large Water Diversion Projects, Environmental Impact and Convergence". *Between the Poles: All about Infrastructure* [blog]. Disponível em: <http://geospatial.blogs.com/geospatial/2011/03/large-water-diversion-projects-and-the-environment.html>. Acesso em: 30 de junho de 2013.

ZOOMERS, A. "Globalisation and the Foreignisation of Space: Seven Processes Driving the Current Global Land Grab". *Journal of Peasant Studies* 37, n° 2, pp. 429–447, abril de 2010.

ZUBER, Helen. "Mortgage Nightmares: Evictions Become Focus of Spanish Crisis". *Der Spiegel*, 22 de dezembro de 2012.

Agradecimentos

Muitas pessoas e acontecimentos contribuíram para este livro, e são tantos que não é possível mencionar todos. Sendo um projeto que durou vários anos, há um grande número de organizações e indivíduos a quem eu gostaria de agradecer: a maioria pode ser reconhecida no texto, mesmo que nem sempre pelo nome. No que toca à criação de um original, sou muito agradecida a Walter Kahn por seu ótimo trabalho com os estudos de caso, a Laura McTighe por sua pesquisa sobre as prisões, a Ana Zamora por seu trabalho incansável com as tabelas e os gráficos e a Eunkyong Shin, Mary Joseph, Sara Partridge e Jared Conrad-Bradshaw por sua ajuda. Tenho uma dívida muito grande com meu editor, Ian Malcom, e sua assistente, Joy Deng; a revisora, Sue Warga, e a editora de produção, Melody Negron. Todos os erros são meus.

ÍNDICE

Aabø, Ellen, 114
Aberfoyle, Canadá, 231
Acidentes nucleares: Chernobyl, Ucrânia, 215-218; impactos na saúde, 216-218; Hanford, Washington, 217-219; produção de plutônio, 218-219; Fukushima Daiichi, Japão, 219-220
África do Sul: pessoas deslocadas, 66; prisões e encarceramento na, 76, 82; investimento estrangeiro direto, diminuição do, 128; investidores em aquisições de terras, 132-133; fraturamento hidráulico na, 206; produção de cromo, 233
África subsaariana: aquisição de terras na, 106, 109, 128, 129; seca, 182; aquecimento global, efeito no, 183, 223; escassez hídrica, 166; crescimento do setor médio, sistema de, 254
África: crescimento do setor médio, sistema de, 23, 143; aquisição de terras em, 99, 114-118, 120, 129, 130, 131; dívida governamental, 113; investimento estrangeiro direto, declínio do, 128; compradores de residências de luxo, 159; seca, 182, 223, 239; degradação da terra, 182; ondas de calor, 184, 239
Agri AS, 130
Agrícola, produção: pequenos produtores rurais e camponeses, expulsão de, 10, 11, 100-103, 135, 255; zonas extremas para operações econômicas, 18; aquisição de terras por governos estrangeiros e, 101, 118; terra cultivada, área global total, 114; produção de óleo de palma (estudo de caso),133-136; degradação de terras e, 182-184; mudança climática, impactos na, 125, 222, 237-239; poluição por cromo e, 204; mineração/extração de recursos, efeito na, 214; escoamento de fertilizantes, impacto nos oceanos, 221-222; aumento do nível do mar e, 222
Água engarrafada, apropriação de água para, 224-31

Água, apropriação da: para fraturamento hidráulico, 206-208; Nestlé, 235-231; lei da captura, 227, 229; Coca-Cola, 232-233; Augustin Ranch, Novo México, 231

Água, escassez da: degradação da terra e, 182; desertificação e, 223; impactos econômicos, 223; esgotamento das águas subterrâneas, 230, 232

Água, poluentes na,: cianeto, 190-192; expulsões da, 192, 214; da mineração/extração de recursos, 192, 193-196, 205-206, 213-214; radioativa, 193-194, 218; dioxinas, 195, 234; impactos na saúde, 196; cromo, 201-204, 234; da indústria de curtume de couros, 201-204; da produção agrícola, 204; metais pesados, 205-206; do fraturamento hidráulico, 207-210; radiação, 208; produtos químicos, 209; componentes de gás natural, 209; de acidentes nucleares, 218; liberação de veneno em cursos d'água públicos, 233-234; pesticidas, 233; produtos químicos tóxicos, 234

Água: aquisição de terras e, 124, 126, 128; mercantilização da, 224-225; direito humano a, 225-227; proteção da, 228-229. *Ver também* Oceanos

Águas mortas, 179, 180, 245, 263

Águas subterrâneas, esgotamento, 184, 230, 232

Águas subterrâneas, poluição, 232, 233. *Ver também* Água, poluentes na

Ajuda estrangeira, mudança na, 109-110

Alasca, derretimento do *permafrost*, 242

Alemanha: crescimento do PIB, efeitos distributivos, 25; dívida governamental, 31; evasão fiscal, 31; desigualdade econômica, 41; desemprego, 48; asilo, oferecimento de, 72; prisões e encarceramento em, 80, 81, 84, 86; dívida de guerra, 110; investidores em aquisição de terras, 129; financiamento habitacional, 152; crise financeira, susceptibilidade a, 167

Alpcot Agro, 129

Alternative Trading Systems (ATS), ou Sistemas de Negociação Alternativos (SNA) 170

Alvara, Velasco, 200

América Central, 182

América do Sul: crescimento do setor médio, sistema de, 26; imigração, 59; prisões e encarceramento na, 82

América Latina: crescimento do setor médio, sistema de, 23; aquisição de terras, 99, 106, 118; dívida governamental, 113

Andorra, 78
Angola: crescimento do PIB, efeitos distributivos, 25; aquisição de terras em, 109
Antártida, 123, 235
Antimônio, produção: 200
Apollo Gold, 192
Appalachia, mineração em, 212
Aquecimento global, 182-185
Aquisição de terras por governos estrangeiros, expulsões: pequenos agricultores e aldeias, 10, 11, 100-103; flora/fauna, 101
Aquisição de terras por governos estrangeiros, impulsionadores de: produção de biocombustíveis, 100-101, 116, 120-122, 133-36; aumento do investimento, 100; infraestrutura de serviços, 100; sequestro de carbono, 116; demanda/preços de alimentos, 116; extração mineração/recursos, 116; demanda por madeira, 116, 121-123; zonas econômicas especiais (ZEES), 122-123; acesso e uso da água, 123, 120-128
Aquisição de terras por governos estrangeiros, investidores: diversidade de, 100; origem do investimento, 118; tipos de investidores, 122, 130; na África, por país de origem, 130-133
Aquisição de terras por governos estrangeiros: quantidade (total), 100-101, 113-118; dinâmicas sistêmicas, 100-101; compradores, diversidade de, 100; variedade geográfica, 100; presença global, 101-102; infraestrutura de serviços, 101; práticas materiais de, 102,128-129; programas de reestruturação do FMI e Banco Mundial possibilitando a, 103-113; dados, fontes de, 113-116; corrupção e, 113; uso da terra, 114; regionalismo, 116-121; países mais buscados, 118; por país, 124-125; por disponibilidade, 126-127; vendedores, africanos, 129-131; produção de óleo de palma (estudo de caso), 130-136; visão geral, 130-138
Ar, poluentes no: comércio de carbono e o direito a poluir, 12-14; impactos na saúde, 187-188, 214-215, 219-221; da mineração/extração de recursos, 163-187, 200-201, 205-206; da fundição de chumbo, 197; de acidentes nucleares, 215-220; de pesticidas, 220; gases venenosos de explosão química, 220
Arábia Saudita, investidores em aquisição de terras, 130, 133
Aral, mar de, 237-239
Argentina, 166
Arrighi, Giovanni, 163
Ásia: crescimento do setor médio, sistema de, 27; aquisição de ter-

ras em, 99, 107; degradação da terra, 182; aumento do nível do mar, 222
Asilo, solicitantes de, 66
Assiniboine, 190
Atlas Energy, 208
Atomredmetzoloto (ARMZ), companhia de mineração, 214-215
Atomredmetzoloto, minas de Chita, Rússia, 214-215
Augustin Ranch, Novo México, 231
Austrália: prisões e encarceramento na, 79-81, 83; investidores em aquisição de terras, 133; razão entre crédito familiar e a renda pessoal disponível, 158; fraturamento hidráulico na, 206
Áustria, 62
Azerbaijão, resíduos industriais em Sumgayit, 196
Azerbaijão, resíduos industriais, 196

Bahrein, 130
Bai, Z. G., 183
Bancário, setor: ativos, valor global total, 144; inovação no, 147; sistema bancário paralelo, 169-172
Barreiras ao comércio, consequências de levantar, 103-105
Barreiras ao comércio, levantamento das, 28
Baterias, mineração em busca de recursos, 176
Baterias, reciclagem, 197-198
Behring, mar de, 242

Bélgica, 80
Bem-estar social, programas de, 111
Benin, 123
Bhopal, Índia, 219-220
Bielorrússia, 216
Biocombustíveis, produção de, 99-100, 116, 120-122, 133-135
Bolívia, 78
Brabeck-Letmathe, Peter, 226
Brasil: desemprego, 48; aquisição de terra no, 118; pequenos agricultores, expulsão de, 118; investidores em aquisição de terras, 133; investimento no bem público, 163; apropriação de água no, 230
Broken Hill Proprietary, 214
Bulgária: execuções hipotecárias e expulsões, 61; pobreza e exclusão social, população em risco, 62
Bunker Hill Mining, 193
Burckhardt, Jacob, 12

Cabinet Mountain Wilderness Area, 194
Cádmio, produção de, 200
Califórnia, falência no Condado de Orange, 148
Camarões, 122
Capacidade, 144, 145, 179, 216
Capitalismo: relação entre avançado-tradicional, 19; novas formas, 27-29; formas emergentes, expulsões e destruição de, 256

Carbono, comércio de, 12-14
Carlin-Trend, mina, 191
Carvão, mineração de. *Ver* Mineração de Remoção de Cumes de Montanhas
Catar, 130
Cazaquistão, 130
Cerro de Pasco Copper Corporation, 130
Chernobyl, Ucrânia, 215-218
Chifre da África, 223
Chihuahua, Deserto de, 239
China, crescimento da classe média, 26-28; crescimento do setor médio; sistema de, 26; dívida governamental, 31; desemprego, 48, 51; prisões e encarceramento em, 78; investidores em aquisição de terras, 99, 122, 124, 129, 131; zonas econômicas especiais (ZEEs), 123; financiamento habitacional, 148; mercado de *superprime* para os muito ricos, 161; capital financeiro, positivos no, 175; aumento no nível do mar, cidade de Ho Chi Minh, 222; emissões industriais, 236
Chipre, 61
Chumbo, poluição por: impactos na saúde, 196, 198-199; reciclagem de baterias, 197-198; exposição global, 197; Haina, República Dominicana, 198-199; esforços de recuperação, 198-199; La Oroya, Peru, 200-201
Cianeto, gás, 220
Cianeto, lixiviação de, 190-192
Ciavarella, Mark (juiz "garotos por dinheiro"), 81
Cidades globais, nova geografia das, 17-19, 27-29, 122-123
Cingapura, 159
Circuito das Águas, fonte, 230
Classe média, crescimento da, 27
Classe média, expulsão da, 11
Cobre, mineração de, 187-188, 200
Columbia, rio, 217, 218
Contração econômica na economia global: excessiva, definida, 34; formas extremas, Grécia, Portugal, Espanha, 46-54, 254; redefinindo o espaço da economia, 46-48; desemprego, 48-51, 50-57; reestruturação, consequências da, 50-53; recuperação econômica, condições que se opõem a, 53; emigração, 57-58; execuções hipotecárias, 59-61; privação material e, 61-64; pobreza e risco de pobreza, 61-66; tendências de deslocamento, 65-66; taxas de falta de moradia, 65; taxas de suicídio, 65; investimento estrangeiro direto, diminuição do, 123; mudança em direção a, 251-255; brutalidade da exclusão em, 254-257. *Ver também* Desigualdade econômica

Coreia do Sul: crescimento do setor médio, sistema de, 26; desemprego, 48; investidores em aquisição de terras, 129, 130; relação entre crédito familiar e renda pessoal disponível, 157; crise financeira, impacto na, 168
Corporações: lucros e ativos, crescimento de, 28-30; trabalho prisional, benefícios de, 86; crise financeira, impacto nas, 168
Corrections Corporation of America (CCA), 79, 84
Costa do Marfim, 68
Costa Rica, 83
Couro, indústria de curtumes de, 201-204
Credit default swaps (CDS), ou *swaps* de crédito, 153, 165, 168-171
Credit Suisse, 171
Crescimento econômico: geografia da extração, 21-23, 260; acumulação primitiva, 21, 23-25, 154; desigualdade e, métodos de prevenção de, 25-28; economias de mercado ocidentais em comparação a não ocidentais, após a Segunda Guerra Mundial, 25-28; e prosperidade, reconsiderando, 174-176
Crianças: na pobreza, 62; exclusão social de, 62; medidas de austeridade e, 111; câncer em, 187; envenenamento por chumbo de, 196, 198, 200; reciclagem de baterias por, 197; no trabalho em curtumes, 204; envenenamento por urânio, 215; abandonadas, 254
Crise da hipoteca *subprime*: execuções hipotecárias e expulsões, 11, 146, 153-154; perdas especulativas pagas por fundos governamentais, 146, 156; indiferença dos investidores quanto a, 149, 151-153; fatores subjacentes, 153; empréstimos hipotecários por raça, 154-155
Crise financeira (2008): fatores subjazentes, 153, 165, 168-171; crescimento do PIB após, 167; desigualdade de riquezas após, 167; crises contidas em, 173
Crise financeira asiática (1997), 166, 167-169
Crises de ajuste, 166
Crises financeiras: perdedores, indiferença a, 149, 151-153, 166-167; significado de, 165-166, estabilidade pós-ajuste, 166-167; potencial para, 167-169
Cromo, poluição por, 200-204, 234-235
Crystal Springs Recreation Preserve, 228
Cuadrilla Resources, 210
Cummins, Matthew, 34

Dallara, Charles, 52
Dark pools, ou piscinas obscuras, 170-173
Defeitos congênitos, 212, 220, 233
Delta do Mekong, Vietnã, 222
Demanda/preço de alimentos, aquisição de terras por governos estrangeiros e a, 116
Dent, D. L., 183
Derivativos, 143-144
Desempregados, expulsão dos, 9, 11
Desemprego, 46, 48-50, 54, 168
Desertificação, 73, 182, 223, 223-239
Desigualdade econômica: estruturas de, 22-23, 34-38; extremos, alcançar, 22-25; pós-crise, 22; como expulsão, 34-38; taxas de crescimento econômico e, 25-27; crescimento em, 35-37; fase aguda, marcada por expulsões, 9; dentro de países, aumento, 44; entre países, 41; pré-crise, 65; programas de reestruturação do FMI e Banco Mundial, 108; aquisição de terras estrangeiras e, 113; reconsideração, 175
Desnutrição, 126, 128, 184
Destruição ambiental: o papel das inovações em, 21, 179; aceleração da, 179-180, 234-242; fim com a possibilidade de renovação, 179; genealogias da, 180; globalmente, similaridades da, 180; resumo geral, 241-245; prevenção da, 243-245; comércio de carvão e o direito a poluir, 244. *Ver também* Causas específicas de
Detentos, armazenamento de, 11
Diamantes, mineração de, 175
Dinamarca: desigualdade econômica, 41; execuções hipotecárias e expulsões, 61; pobreza e exclusão social, população em risco, 62; investidores em aquisição de terras, 133
Dióxido de carbono, emissões, 235-236
Ditadura, 135
Dívida governamental, crescimento da, 31-33, 37
Dívida, programas de alívio da, 104, 110. *Ver também* Programas de reestruturação do Fundo Monetário Internacional (FMI) e Banco Mundial
Dívida: crescimento em governos, 30-33, 37; necessidade de, 174
Djibuti, 131
Doe Run Company, 200-201
Donos de casas executados, indiferença aos, 149, 151-153, 166-167
Dubai, 161
Dust Bowl, 239
Duval, Frank, 190, 192-194
Dzerzhinsk, Rússia, 233-234

Economia de mercado, 25-29
Economias globais: riqueza, estruturas que criam extrema, 22-26;

mercado baseado em, mudanças nas, 25-29; mudanças na, expulsões marcadas pelas, 39; desigualdade econômica em, 41-46, 65; reestruturação pós--crise, consequências da 51-53; pré-crise, 65; PIB, valor total, 144; potencial de crescimento, 155, 157-158; crescimento de ativos, benefícios públicos do, 163

Egito, 131

Emigração, 46, 57-58

Emirados Árabes Unidos, 128, 130

Emissões de dióxido de enxofre, 187, 188-189, 197

Emissões radioativas: mineração/extração de recursos e, 193-194, 214-215; fraturamento hidráulico e, 207-209; de acidentes nucleares, 215-220

Encarceramento: riqueza global, concentração extrema da, 24-25; capitalismo avançado e, 74-76; vigilância carcerária como, 75-76; tendências de crescimento, 75, 77-78; tendências populacionais, 75; EUA em comparação global, 75-87; estatísticas, 77, 79. *Ver também* Prisões privadas com fins lucrativos

Equador, 83, 84

Era keynesiana, 17-19, 36, 88, 167

Eslovênia, 62

Espanha: contração econômica, 24, 45-54; desemprego, 51, 55-57; reestruturação, 51; recuperação econômica, condições opostas a, 54-55; emigração, 57-58; execuções imobiliárias e expulsões, 58, 61; pobreza e exclusão social, população em risco; 62; execuções hipotecárias, 146, 260; relação entre crédito familiar e renda pessoal disponível, 161

Estados Unidos, prisões nos, comparações globais, 76-88

Estados Unidos: crescimento do PIB, efeitos distributivos, 25-27; desigualdade econômica, 28-31, 35-37, 41-44; evasão fiscal, 31-32; desemprego, 54-57; desespero econômico nos, 65; investidores em aquisição de terras, 133; perdas especulativas pagas por fundos governamentais, 146, 155, 164-165; relação entre crédito familiar e renda pessoal disponível, 158; mercado de *superprime* para os muito ricos, 159; resgate de bancos, 164; crise financeira, susceptibilidade a, 167; seca, 182, 166, 228, 237; mudança climática, efeito na, 166; emissões industriais, 236; ondas de calor, 237. *Ver também* Hipoteca *subprime*, crise da hipoteca

Estônia, 59

Etiópia, aquisição de terras na, 115, 128, 129, 131

Europa: crescimento do setor médio, sistema de, 26; execuções hipotecárias e expulsões, 59
Evasão fiscal, 31 e 33
Execuções hipotecárias e expulsões, 11, 59, 146, 153-154, 260
Expulsão social: de crianças, 62; dos sem-teto, 65; aumentos da, 65, 74; donos de casas com execução hipotecária, indiferença aos, 149, 151-153, 166-168; tendência a, 253-256
Expulsão, dinâmicas: 11-19, 88-91, 251
Expulsão: processos e condições, diversidade de, 9-12; lógica da, 9; canais de, 10-11; instrumentos de 11, 253-258; complexidade produzindo brutalidade, 12-14; tendências subterrâneas, 13-17; 251-252, 255, 257; provável, concentração da riqueza global e, 24-25; o limite sistêmico da, 88-91, 251-259, 267; normalização da, 88; definida, 257
Expulsões ambientais: pela extração/mineração de recursos, 10-11; 192, 212, 214; efeitos de escala, 11-13; pela aquisição de terras por governos estrangeiros, 101; colaboradores das, 180
expulsos: os desempregados, 9, 11; abandono dos, 65; desespero dos, 65; aumentos de, 65, 263; indiferença aos, 149, 151-152, 175-176; invisibilidade dos, 166-167, 263. *Ver também* Pessoas deslocadas; Encarceramento
Extração, geografia global da, 260

Falências: suicídios e, 65; governos municipais, 148; indústrias de mineração, 192-195
Federal Bureau of Prisons (EUA), 86
Federal Prison Industries (EUA), 86
Filipinas, aumento do nível do mar, 165
Finanças: dinâmicas de expulsão, 18; formações predatórias possibilitadas pelas, 22; lucro, moralidade do, 143; como uma capacidade, 144-146; inovação nas, 148-153, 165, 259-261; crises como característica das, 163-164; limites de crescimento, 164-165; a linguagem da crise, 165-166; dívida, necessidade da, 174
Finlândia: desigualdade econômica, 42; execuções hipotecárias e expulsões, 61; pobreza e exclusão social, população em risco, 62
Flórida, apropriação de água na, 228-229
Fome, 101, 166-167, 254
Ford, Washington, 193
Formações predatórias, 22-23, 88-91, 113, 261-262
Fort Belknap Reservation, 192
França: evasão fiscal, 32; prisões e encarceramentos na, 80, 81,

84; investidores em aquisição de terras, 133; mercado de *superprime* para os muito ricos, 159; fraturamento hidráulico na, 206

Fraturamento hidráulico: impactos no lençol freático; 206-210; processo, 206; radioatividade e, 207-208; terremotos e, 210-211

Friis, Cecilie, 129-130

Fukushima Daiichi, Japão, 219-220

Furacão Sandy, 224

Gabão, 122

Gás metano, produção de, 242

Gás natural, 210. *Ver também* Fraturamento hidráulico

Gases venenosos; explosão química, Bhopal, Índia, 163-164

Giros de lixo, 180, 224

Giros oceânicos, 180, 224

Governos, municipais, 146, 155

Grécia: contração econômica, 24-25, 46-54; reestruturação, 51; recuperação econômica, condições contra a, 54-55; desemprego, 44-45; execuções hipotecárias e expulsões, 59-61; pobreza e exclusão social, população em risco, 61-62, 65; prisões e encarceramento em, 81-82, 84; venda de derivativos; 164

Groenlândia, 235, 240-241

Gros Ventre, 190

Guterres, António, 72

Habitação: papel econômico, 147-148; títulos lastreados por hipotecas residenciais, século XX em comparação ao XXI, 150-152. *Ver também* Hipotecas *subprime*, crise das

Haina, República Dominicana, 198-199

Haiti, 78

Hanford, Washington, 218-219

Hindustan Coca-Cola Beverages, 232

Hipoteca residencial, capital de, potencial de crescimento global, 155-158

Hipoteca *subprime*, desenvolvimento do instrumento, 13, 149-153, 260

Holanda: pobreza e exclusão social, população em risco, 62; investidores em aquisição de terras, 129-130

Hong Kong, prisões e encarceramento em, 82-83, 84; mercado de *superprime* para os muito ricos; 160-161

Hungria: execuções hipotecárias e expulsões, 59, 61; pobreza e exclusão social, população em risco, 62; prisões e encarceramento em, 81; relação entre crédito familiar e renda pessoal disponível, 157; execuções hipotecárias, 219

Hyundai Heavy Industries, 129

Iêmen, 67
Impostos corporativos, redução de, 30-31
Impostos: corporativos, redução de, 30-31; evasão fiscal, globalmente, 31-33; individuais, aumento nos, 30-31
Inclusão, afastamento da era da, 252-254
Índia: desemprego, 50; desespero econômico na, 65; aquisição de terras na, 123; zonas econômicas especiais (ZEEs), 123; investidores em aquisição de terras, 130; indústria de curtumes em Ranipet, 203-204; desenvolvimento industrial, 203; explosão química em Bhopal, 220; apropriação de água na, 232-233; poluição por cromo, Minas de Sukinda, 234-235; produção de cromo, 234-235
Indonésia: produção de óleo de palma (estudo de caso), 133-136; aumento do nível do mar, Jacarta, 222
Inovação: biosfera, ameaça à, 21, 179; concentração de riquezas e, 22; no sistema bancário, 148; na habitação, 147; financeira, 149
Insegurança alimentar, 123,154
Instituições financeiras, necessidade de, 174-175
Investimentos estrangeiros diretos, diminuição dos, 128-129

Irã, 68,72
Iraque, 68
Irlanda: execuções hipotecárias e expulsões, 61; prisões e encarceramento na, 81, 84
Israel: desigualdade econômica, 41; prisões e encarceramento em, 82; investidores em aquisição de terras, 131
Itália: investidores em aquisição de terras, 133; perdas especulativas pagas por fundos governamentais, 146

Japão: crescimento do setor médio, sistema de, 26-27; desemprego, 50; investidores em aquisição de terras, 130; financiamento habitacional, 148; relação de crédito familiar e renda pessoal disponível, 158; Fukushima Daiichi, desastre nuclear de, 219-220
Johnston, David Cay, 30
Jordânia, 130

Karmala, Índia, 232
Khorol Zerno, 129
Kootenai, Floresta Nacional, 194
Krasnokamensk, mina, Rússia, 214
Kring, Thomas, 114
Kuwait, 130

La Oroya, Peru, 200-201
Laos, 99

Lençol freático, poluição do, 209-210
Leste Europeu: aquisição de terras no, 117; razão entre crédito familiar e renda pessoal disponível, 157
Letônia: execuções hipotecárias e expulsões, 59, 61: pobreza e exclusão social, população em risco, 62; execuções hipotecárias, 146
Líbano, 131
Liberdade condicional como encarceramento, 75-76
Libéria, 78
Líbia: pessoas deslocadas, 67; aquisição de terras em, 120; investidores em aquisição de terras, 133
Little Bighorn River, 192
Lituânia, 62
Lógica de inclusão, 252
Londres: mercado de *superprime* para os muito ricos, 160; Parque Olímpico, 163
Louisiana, prisões e encarceramento em, 77, 87
Loverdos, Andreas, 65
Lucro, moralidade do, 143
Lumumba, Patrice, 105
Luxemburgo, 62

Madagascar: investimento estrangeiro direto, diminuição do, 128; aquisição de terras em, 130
Madeira, demanda em aquisição de terras por governos estrangeiros, 117, 121-123

Malásia, produção de óleo de palma (estudo de caso), 133-136
Mali: desigualdade econômica, 41; prisões e encarceramento em, 78; aquisição de terras em, 130
Manto de gelo, derretimento, 240-242
Marcellus Shale, estrato, 208
Maurício, 131
McKibben, Bill, 236
McTighe, Laura, 81
Meramec River, 196
Mercado habitacional global: capital de hipoteca residencial, crescimento potencial globalmente, 157-158; mercado de *superprime* para os muito ricos, 159-161
Metais pesados, poluição por, 187-200
Metais raros, mineração de, 176
MetaloXa Company, 198-199
México: prisões e encarceramento no, 76; crise financeira (1994), 166; desertificação, 239
Michigan, apropriação da água no, 230
Midnite Mines Inc., 193-194
Milanovic, Branko, 41
Minas de Sukinda, Índia, 234-235
Mineração de remoção do cume de montanhas, 211-215
Mineração/extração de recursos: expulsões ambientais, 10-11, 200-201; aquisição de terras por

governos estrangeiros para a, 116; pelos pobres, 175-176; de metais raros, 175-176, 190-192, 200; pobreza criada pela, 176; de metais pesados, 186-199, 193-194, 200, 205-206, 214-215, 234-235; custos de reparação, 190, 192, 194; sanções, 192-193; rentabilidade e falência, 192-195; por fraturamento hidráulico, 206-210; mineração de remoção do cume de montanhas, 212-214. Ver também Cromo, poluição por; Chumbo, poluição por; Metais específicos

Minorias, expulsões de, 11

Moçambique: pessoas deslocadas, condições climáticas para, 73-74; aquisição de terras em, 115, 130

Mogadíscio, Somália, 107

Molnar, Augusta, 121

Mônaco, 161

Montana, mineração/extração de recursos, 190, 194

Morgan Stanley, 129

Moscou, mercado de *superprime* para os muito ricos, 161

Mudança climática, efeito em: população de pessoas deslocadas, 66; desertificação, 73, 182, 223, 239; degradação da terra, 182-185; insegurança alimentar/desnutrição, 184; recarga de águas subterrâneas, 184; produção agrícola, 222, 237; temperatura da terra, aumento da, 236-237; corpos de água doce, 239; acidez no oceano; 239-240; níveis do oceano, 239-242; produção do gás metano, 242; derretimento do *permafrost*, 242

Murphy, Richard, 31-32

Murphy, Sophia, 115

Nevada, mineração de ouro em, 191

Newmont USA Limited, 193-195

Newtok, Alasca, 242

Níger, 78

Nigéria: aquisição de terras na, 109, 115; investimento estrangeiro direto, diminuição do, 128

Níquel, produção de, 187

Nível do chão, fatores ao nível do chão, 15, 17, 20, 46, 88, 89, 133

Norillag, campo de trabalhos forçados, 186

Noruega, 61

Nova Gales do Sul, 83

Nova York, mercado de *superprime* para os muito ricos, 159

Nova Zelândia, prisões e encarceramento na, 76, 83

Novo capitalismo global, 26

Novo México, Augustin Ranch, 231-232

Null, Stephen, 199

Nussbaum, Martha, 144

Oceania: prisões e encarceramento na, 83; aquisições de terra na, 117

Oceanos: zonas mortas, 180, 221-222; fragilidade, extensão da, 180; giros de lixo, 180, 224; produção agrícola, impacto na, 221-222; níveis de acidez, 221, 239; aumento do nível dos, 222-224, 239-243; mudança climática, efeito na, 239-243
Ok Tedi, mina, Papua-Nova Guiné, 213-214
Oklahoma: prisão e encarceramento em, 66; atividade sísmica, 210
Óleo de palma, produção (estudo de caso), 133-136
Olson, L., 183
Omã, 130
Ondas de calor, 182-185, 237
Organização Mundial do Comércio (OMC), 103-105
Órgãos humanos, coleta de, 17-19
Ortiz, Isabel, 34
Ouro, mineração de, 190-192, 200, 205-206

Palar River, 203, 204
Papua-Nova Guiné, Mina Ok Tedi, 213-214
Paquistão: concessão de asilo, 68, 72; aquisição de terras em, 119, 129
Pegasus Gold Corporation, 190-192
Península Taimyr, Sibéria, 188
Pensilvânia, aterros, 209
Pequenos agricultores e aldeias, expulsão de, 10, 11, 100-103, 118, 135, 255

Peru: prisões e encarceramento no, 76; produção de biocombustíveis, 121; poluição por chumbo no, La Oroya, 200-201
Pessoas deslocadas, condições que criam: aquisição de terras por governos estrangeiros, 10, 11, 100-102, 118, 255-256; execuções hipotecárias, 3, 11, 59-61, 146, 153-154; riqueza global, concentração extrema da, 24-25; mudanças climáticas, 66, 74, 242; conflito, deslocamento interno por, 66, 67-68; perseguição, 67; desastres ambientais, 72-74
Pessoas deslocadas: classificação de, 25, 66-68; tendências de crescimento, 66-67, 68; por país, 67, 69, 72; deslocamentos prolongados de, 68; por classificação, 69, 71; fatos e números, 70; populações em asilo por continente, 71; asilo, consequências econômicas de, 72
Pesticidas, 233
Petróleo, exploração de, 176
Plachimada, Índia, 232
Plantações de florestamento, crescimento das, 114
Plástico dissolvido em oceanos, 224
Plutônio, produção de, 218-219
Pobreza: classe média, 11; criação de redesenvolvimento urbano/gentrificação, 39; populações em risco, 61-62; condições

adversas para a recuperação econômica, 61-66; crianças, 62; programas de reestruturação do FMI e do Banco Mundial, 109; reestruturação e aumento da, 109; criação pela indiferença, 175-176; necessidade de, reconsiderando a, 175-176; mudanças climáticas e, 184; abandono de crianças, 254

Polônia, 61

Porto Rico, 80

Portugal: contração econômica, 46-54; recuperação econômica, condições opostas à, 54-55; desemprego, 55-56; execuções hipotecárias e expulsões, 59

Prata, mineração de, 209

Prisões federais, EUA, 86, 87

Prisões, privadas com fins lucrativos, 75-76, 79-88, 91

Privatização: novo capitalismo global e, 28; de prisões e de serviços carcerários, 75-76, 79-88, 91; reestruturação da dívida com, consequências da, 104

Programas de reestruturação do Fundo Monetário Internacional (FMI) e do Banco Mundial: objetivos, fracasso dos, 110-111; alívio histórico de dívidas em relação a, 110

Programas de reestruturação do Fundo Monetário Internacional (FMI) e do Banco Mundial, consequências dos: contração econômica/fiscal, 38; dívida governamental, crescimento da, 38; aquisição de terras por estrangeiros, 103-113; programas de alívio da dívida, 105; setor privado, 105; aprofundamento sistêmico do capitalismo avançado, 106; pobreza, 108-109; desigualdade de riquezas, 108; redes criminosas, 109; tráfico humano, 109; cortes nos programas de bem-estar social, 111

Programas de reestruturação do Fundo Monetário Internacional (FMI): objetivos dos, 258; expulsão sistêmica em, 259

Projeto financeiro da hipoteca *subprime*, função do, 13

Putzel, Louis, 122

Qaraqum, canal, 239

Quênia, 72

Químicos, fábricas de produtos, 233-234

Ranipet, Índia, 203-204

Recuperação econômica na economia global, condições que se opõem à: desemprego, 55-57; emigração, 57-58; execuções hipotecárias, 59-61; pobreza, risco de pobreza, exclusão social, privação material, 61-66

Recuperação econômica na economia global: contração fiscal para a, 34; expulsão sistêmica na, 258-259
Reenberg, Anette, 129
Refugiados, 11, 66-67, 68, 72
Reino Unido: evasão fiscal, 32; desigualdade econômica, 41; execuções hipotecárias e expulsões, 61; prisões e encarceramento no, 74-75, 76, 80, 84; investidores em aquisição de terras, 129-130, 132; compradores de imóveis de luxo, 161; mercado de *superprime* para os muito ricos, 161, ativos financeiros em relação ao PIB, 163; investimento no bem público, 163; crise financeira, susceptibilidade à, 167
República Democrática do Congo: pessoas deslocadas, 68; provedor de asilo, 72; aquisição de terras na, 122, 129
República Dominicana, poluição por chumbo em Haina, 198-199
República Tcheca: pobreza e exclusão social, população em risco, 62; prisões e encarceramento em, 81; razão entre o crédito familiar e a renda pessoal disponível, 157
Resgates a bancos, 164-165
Resíduos industriais: mecanismos variáveis, 185-186; Norilsk, Rússia, 186-189; Zortman-Landusky, EUA, 192-195; Times Beach, Missouri, 195-196; Sumgayit, Azerbaijão, 196-197
Rio Grande, bacia do, 230-232
Rio de Janeiro, sistema de transportes públicos, 163
Rohr Springs, Texas, 229
Romênia, 62
Rozenberg, Zhak, 189
Russel Bliss, companhia de reciclagem de óleo, 195
Rússia, resíduos industriais, 186-189
Rússia: crescimento do setor médio, sistema de, 26-27; evasão fiscal, 32; desemprego, 50; estatísticas de encarceramento, 78; prisões e encarceramento na, 78, 82, 84; aquisição de terras na, 99, 129; compradores de imóveis de luxo, 161; mercado de *superprime* para os muito ricos, 161; resíduos industriais em, 186-189; mineração de urânio nas minas de Atomredmetzoloto, em Chita, 214-215; desastre nuclear em Chernobyl, 216-218; liberação de veneno em cursos de água públicos, 233-234

Schaepman, M. E., 183
Securitização, definida, 144
Sem, Amartya, 144
Sem-teto, 65

Serra da Mantiqueira, região da, Brasil, 230
Setor de serviços, crescimento, 35
Sibéria: aquisição de terras na, 129; Península de Taimyr, 188
Simplicidade brutal, 12
Síndrome de Down, 215
Síria, 68
Sistema bancário paralelo, 170-173
Somália: crescimento do setor médio, sistema de, 23, 255; pessoas deslocadas, 68; aquisição de terras na, 107
Soros, George, 169
Spokane, reserva indígena, 193
Spokane, rio, 194
Stirling Mining, 194
Sudão do Sul, 67
Sudão: pessoas deslocadas, 67; aquisição de terras no, 115, 119, 129, 130
Suécia: desigualdade econômica, 41; execuções hipotecárias e expulsões, 59; pobreza e exclusão social, população em risco, 62; investidores em aquisição de terras, 99, 128-129, 130
Sul Global: programas de reestruturação do FMI e do Banco Mundial, consequências dos, 38, 103-109; pagamentos da dívida/serviço da dívida, 111, 113
Swift Gulch, tributário, 192

Tailândia: prisões e encarceramento na, 82; aumento do nível do mar, 188-189; aumento do nível do mar, Bangcoc, 188-189
Taiwan, 27
Tanzânia, 130
Taxas de suicídio, 46, 66, 254
Tendências conceitualmente subterrâneas, tendências subterrâneas: 14, 15, 17, 74, 145, 180, 257
Terceirização, 17-18, 28-29, 153
Terra cultivada, área total global, 114
Terra, degradação da: causas, 181-183; mudanças climáticas e, 182-184; definida, 182; evolução da, 183; resíduos tóxicos e, 185-186; Estado em relação à propriedade privada, impacto sobre, 187-188; por dioxinas, 195-196; acidentes nucleares, 217
Terra: terra cultivada, área global total, 114; terra de pastagem, crescimento da, 114; fragilidade, tamanho da, 180
Terras de pastagem, crescimento das, 114
Terras mortas 10, 21, 25, 101, 102, 179, 180, 205, 245, 255, 263
Terremotos, fraturamento hidráulico e, 210-211
Texas: prisões e encarceramento no, 66; apropriação de água no, 229
Thomas, Bob, 228

EXPULSÕES | 333

Times Beach, Missouri, resíduos industriais, 195-196
Títulos lastreados em hipotecas residenciais, século XX em relação ao século XXI, 150-152
Trabalhadores de baixa renda, expulsão, 9
Trabalho prisional, 86-87, 186
Tráfico humano, 109
Turquia, 51

Ucrânia, 99, 129
União Europeia: desemprego, 50; pobreza e exclusão social, população em risco, 62; ativos financeiros em relação ao PIB, 163
Union Carbide, fábrica de pesticidas, 220
Urânio, extração, 193-194, 214-215
US Marshals Service, EUA, 87

Vietnã: aquisição de terras no, 99; aumento do nível do mar, 222

Violência econômica: execuções hipotecárias e expulsões, 11, 59-61, 146, 150, 152, 153-154, 166-167; a governos municipais, 146, 155; na mineração e extração de recursos, 174-175

Washington: Midnite Mine, 193; Usina nuclear de Hanford, 218-219

Xangai, 160

Yup'ik Inuit, 242

Zâmbia, 129
Zinco, extração de, 200
Zonas econômicas especiais (ZEEs), 123
Zortman-Landusky, EUA, resíduos industriais, 189-195

Este livro foi composto na tipologia Dante MT Std, em corpo 12/15,5, e impresso em papel off-white no Sistema Digital Instant duplex da Divisão Gráfica da Distribuidora Record.